DER GROSSE GU KOMPASS

300 Fragen zum Baby

BIRGIT LAUE

ÜBER DIE AUTORIN

Birgit Laue, Jahrgang 1959, ist freiberufliche Hebamme mit über zwanzigjähriger Erfahrung in klinischer und außerklinischer Geburtshilfe. Als Lehrerin für Gesundheitsberufe sowie Fachreferentin für Gynäkologie und Geburtshilfe ist sie in der Fortbildung für medizinische Fachleute tätig.
Birgit Laue arbeitet zudem als freie Medizinjournalistin und ist Autorin mehrerer Bücher zum Thema Kinder- und Frauengesundheit, darunter »1000 Fragen an die Hebamme« im Gräfe und Unzer Verlag. Mehr über die Autorin und ihre Bücher finden Sie unter: www.birgitlaue.de

WICHTIGER HINWEIS

Alle Informationen und Ratschläge in diesem Buch wurden von der Autorin sorgfältig und nach bestem Wissen zusammengestellt und geprüft. Dennoch kann eine Garantie nicht übernommen werden. Eine Haftung der Autorin und des Verlags ist deshalb ausgeschlossen.
Jede Leserin und jeder Leser muss sich bei allen vorgestellten Maßnahmen und Selbstbehandlungen genau an die in diesem Buch gegebenen Anleitungen halten. Es ist jeweils vermerkt, wann Hilfe seitens des Arztes oder der Hebamme nötig ist. Wenn Sie sich bei der Behandlung nicht sicher sind, fragen Sie unbedingt einen Arzt! Sie sind verpflichtet, in eigener Verantwortung zu entscheiden, ob und wie weit Sie die in diesem Buch dargestellten Methoden, Pflege- und Vorbeugemaßnahmen anwenden möchten.

Inhalt

Ein Wort zuvor 5

Die Babyausstattung 6

Kinderzimmer und Mobiliar 7
Die Wickelecke 16
Kleidung 20
Tragehilfen, Kinderwagen & Co. 30

Die Babypflege 40

Nabelpflege 41
Augen, Nase, Ohren 42
Fingernägel schneiden 44
Wickeln 45
Waschen und Baden 53
Hautpflege 58

Die Babyernährung 62

Stillen 64
Abstillen 76
Fläschchenkost 78
Fläschchen, Sauger & Co. 84
Unverträglichkeiten und Allergien 86
Die Beikosteinführung 89

Der Babyschlaf 106

Eine gute Schlafumgebung 107
Der Schlafrhythmus 111
Schlafrituale 116

Babys Entwicklung 118

Wachsen und Werden 119
Trösten und Verstehen 133
Die Entwicklung fördern 144
Geschwister und Großeltern 150

Die Babygesundheit ... 156

Beim Kinderarzt	157
Impfungen	166
Gesundheitsstörungen und leichte Erkrankungen	171
Atemwegserkrankungen	179
Ohren	184
Fieber	187
Verdauungsprobleme	191
Zähne und Zahnen	194
Vorbeugen ist besser als Heilen	197

Mit Baby unterwegs ... 204

Reiseziel und Anreise	205
Reisevorbereitungen	213

Zeit und Geld fürs Baby ... 216

Elternzeit	217
Kindergeld	223
Pflege kranker Kinder	224

Extra: So entwickelt sich Ihr Kind im ersten Jahr ... 228

Entwicklungskalender	229

Zum Nachschlagen ... 241

Adressen, die weiterhelfen	241
Bücher, die weiterhelfen	247
Sachregister	250
Impressum	256

Ein Wort zuvor

Sicher haben Sie sich während der Schwangerschaft oft gefragt, wer wohl der kleine Mensch sein wird, der sich zu Ihnen auf den Weg gemacht hat. Mit der Geburt sind Sie dieser kleinen Persönlichkeit zum ersten Mal begegnet – und damit dem individuellen Wesen Ihres Kindes, seinen Wünschen und Bedürfnissen. Im gegenseitigen Kennen- und Liebenlernen entwickelt sich nun langsam das gemeinsame Familienleben, an dessen Beginn Ihnen und Ihrem Kind alles noch neu und völlig fremd ist.

Als freiberufliche Hebamme erlebe ich es immer wieder aufs Neue, dass fast alle Eltern im Umgang mit ihrem Baby die gleichen Ungewissheiten beschäftigen. Meist sind dies lebenspraktische Fragen zur Pflege und Gesundheit, zu Ernährungs- und Entwicklungsaspekten bis hin zur Organisation des Alltags mit Kind. Was also liegt näher, als die Antworten zu den wichtigsten dieser Fragen in einem praktischen Ratgeber zu sammeln?

Betrachten Sie meine Antworten dabei stets als Anregungen, die Sie jederzeit auf Ihre individuellen Bedürfnisse abstimmen können. Denn eines ist sicher: Auch wenn uns heute eine Fülle von Informationen zu Entwicklung, Pädagogik, Psychologie, Medizin und so weiter zur Verfügung steht – Patentrezepte gibt es nicht. Starke Kinder brauchen für eine gesunde Persönlichkeitsentwicklung vor allem eines: entspannte und zufriedene Eltern, die auch ihre eigenen Bedürfnisse nicht aus dem Blick verlieren.

Für das große Abenteuer des Lebens mit Ihrem Kind wünsche ich Ihnen viel Freude, Zuversicht und Selbstbewusstsein sowie ein stets tragendes, hilfreiches Netzwerk!

Ihre Birgit Laue

Die Babyausstattung

Wie allen werdenden Eltern macht es bestimmt auch Ihnen großen Spaß, voller Vorfreude in Babymärkten, Kaufhäusern, Second-Hand-Läden und im Internet nach süßen Strampelanzügen, bequemen Bettchen, schönem Spielzeug oder praktischen Pucksäcken zu stöbern. Schnell ist Ihnen dabei jedoch klar geworden: Das Angebot an Babyartikeln ist gigantisch und ziemlich unüberschaubar.

Da kann bei werdenden Eltern leicht Unsicherheit aufkommen: Was davon ist denn wirklich wichtig? Was brauche ich unbedingt für mein Kind, auf was kann ich getrost verzichten? Hinzu kommt: Ein Baby wächst und entwickelt sich rasant. Manche gute Anschaffung erweist sich deshalb schon bald als Fehlinvestition.

Stecken Sie bei aller Vorfreude auf Ihr Kind deshalb zunächst einmal ganz klar Ihren Finanzrahmen ab. Überlegen Sie sich gründlich, was über längere Zeit benötigt wird und welche Dinge vielleicht nur kurzfristig. Legen Sie eine Liste an: Bei welchen Dingen lohnt sich auf jeden Fall ein Kauf? Wo muss ich ganz besonders auf gute Qualität achten, auch wenn es dann etwas teurer wird? Was können Sie gebraucht kaufen und wo? Welche Dinge leihen Ihnen Freunde oder Verwandte, deren Kinder den guten Stücken bereits entwachsen sind? Manchmal sind gebrauchte Dinge sogar besser, weil sie im Laufe der Zeit schadstofffrei geworden sind. Die Antworten auf den folgenden Seiten helfen Ihnen bei Planung und Kauf. Außerdem können es Verwandte und Freunde wahrscheinlich kaum erwarten, Ihnen zur Feier des Familienzuwachses etwas Schönes oder Nützliches zu schenken. Scheuen Sie sich bei Anfragen nicht, Ihre Wünsche und Vorstellungen möglichst detailgenau zu äußern. Denn schließlich ist es eine Voraussetzung für die Freude am Schenken, dass die Beschenkten sich ebenfalls freuen.

Kinderzimmer und Mobiliar

❓ Braucht ein Baby unbedingt schon ein eigenes Zimmer?

Nein, absolut nicht. Im ersten Lebensjahr wird ein Kinderzimmer meist eher zum »Lager« für Babys Utensilien, und Ihr Kind ist sowieso am liebsten in Ihrer Nähe.
Wenn Sie kein Zimmer übrig haben, können Sie Wickelkommode, Kleiderschrank & Co. ebenso sinnvoll woanders unterbringen. Machen Sie einfach in Ihrem Kleiderschrank ein, zwei Fächer für die Kleidung Ihres Kindes frei. Statt einer eigenen Wickelkommode können Sie einen Wickelaufsatz über der Badewanne befestigen, oder Sie wickeln Ihr Kind einfach auf einer Unterlage auf dem Küchentisch. Für das Babybett ist Platz im Elternschlafzimmer – so haben Sie Ihr Kind auch nachts immer in Ihrer Nähe. Zum täglichen gemeinsamen Spielen können Sie eine Ecke im Wohnzimmer ebenerdig herrichten.

❓ Was muss ich beim Möbelkauf fürs Kinderzimmer beachten?

Empfehlenswert sind Möbel aus Massivholz, die mit natürlichen Ölen oder Wachsen behandelt wurden. Furnierte Möbel aus Span- oder Tischlerplatten sind verleimt, und die meisten Kleber dünsten Formaldehyd oder ähnliche Atemgifte aus. Möbel aus massivem Holz sind in der Anschaffung zwar erst einmal teurer, aber sie sind langlebiger und robuster als Billigmöbel. Wenn also noch Geschwister geplant sind, lohnt sich der Kauf allemal.
Praktisch sind Möbel, die nach ihrem Einsatz im Babyalter »mitwachsen«. So gibt es etwa Wickelkommoden, die ohne Wickelaufsatz als normale Kommode zum Aufbewahrungsort für Spielzeug werden. Auch Babybettchen lassen sich meist mit wenigen Handgriffen zum Kinderbett ohne Gitter umbauen und begleiten Ihr Kind damit bis ins Schulalter.

❓ Wie sinnvoll ist es, einen Stubenwagen oder eine Wiege anzuschaffen?

Tagsüber kann der Stubenwagen auf seinen Rollen problemlos von einem Zimmer ins andere geschoben werden. Manche Eltern nutzen das Gefährt, so lange ihr Baby noch sehr klein ist, auch als Bettchen für die Nacht. Voraussetzung ist eine gute, feste und gut passende Matratze (siehe Seite 9). Die sanfte Schaukelbewegung der Wiege ist dem Neugeborenen aus dem Mutterleib vertraut und deshalb ideal zum Beruhigen und Einschlafen. Doch bei Anschaffungspreisen von 150 bis über 800 Euro kann beides bei einem Neukauf zum teuren Spaß werden. Sobald Ihr Nachwuchs zu strampeln und sich zu drehen beginnt, haben Wiege und Wagen ausgedient – die Gefahr des Umkippens wird dann zu groß.

❓ Was gibt es beim Kauf eines Gitterbettchens zu beachten?

Wichtig ist besonders die Sicherheit. Achten Sie auf Qualität und Verarbeitung: Scharfe Kanten oder überstehende, spitze Teile sollten sich am Bett nicht finden lassen. Sinnvoll ist es, wenn das Bett schon mindestens 70 Zentimeter breit und 140 Zentimeter lang ist. Kleineren Betten entwachsen die Kinder zu schnell. Die Gitterstäbe sollten einen Abstand von 45 bis 60 Millimeter haben, damit Ihr Kind weder stecken bleiben noch hindurchrutschen kann. Anstrich oder Lasur sollten lösungsmittel- und schadstofffrei und unbedingt speichelfest sein. Das gilt übrigens auch, wenn Sie ein gebrauchtes Bettchen selbst neu lackieren.

🛈 TIPP

Sehr praktisch sind zwei herausnehmbare Gitterstäbe an der Frontseite des Babybettchens. Durch diese »Schlupfsprossen« wird Ihr Kind später sicher ganz begeistert allein ein- und aussteigen.

❓ Braucht man für das Babybett einen speziellen Lattenrost?

Ja, denn für gesunden Kinderschlaf ist ein guter Lattenrost sehr wichtig. Dieser sollte belastbar und stabil sein, um später auch heftigere Hopsattacken zu überstehen. Der Abstand zwischen den einzelnen Latten muss eng genug sein, damit Füße und Beinchen bei den ersten Steh- und Sprungversuchen nicht hindurchrutschen.

Bei höhenverstellbaren Bettchen sollten auf der höchsten Stufe zwischen Matratze und Oberkante des Gitters noch mindestens 30 Zentimeter Abstand sein. Ideal ist es, wenn es in der niedrigsten Position mindestens 60 Zentimeter sind, dann lässt sich das Bett auch noch nutzen, wenn Ihr Kind bereits stehen gelernt hat.

❓ Welche Matratze soll ins Kinderbett?

Sie sollte sicher und unverschiebbar im Rahmen liegen und recht fest sein, damit Ihr Kind nicht tiefer als etwa zwei Zentimeter einsinkt. Für Kinder eignen sich Latexmatratzen mit Kokoskern besonders. Achten Sie auf geprüfte Schadstofffreiheit. Die Anschaffung eines waschbaren, saugfähigen Matratzenschoners, der zusammen mit der Bettwäsche gewaschen werden kann, lohnt sich. Mehr zum Thema Kinderbett und Schlafumgebung lesen Sie ab Seite 107.

🛈 TIPP

Lassen Sie alle neuen Einrichtungsgegenstände, wie auch Tragehilfen, Krabbeldecken und den Kinderwagen, vor dem ersten Gebrauch einige Tage an der frischen Luft ausdünsten. Denn Verpackungsmaterialien enthalten sehr häufig Stoffe, die sich negativ auf das Hormon- und Immunsystem auswirken können oder krebserregend sind. Es dauert nach Öffnen der Verpackung rund ein bis zwei Tage, bis die Substanzen »verduftet« sind.

❓ Braucht mein Kind eine Wippe, eine Schaukel oder einen Babyhopser?

Legen Sie Ihr Kind tagsüber lieber auf eine Krabbeldecke. In der Wippe sitzt es mit gekrümmtem Rücken in unnatürlicher Haltung, die ihm keine Bewegungsfreiheit bietet und seine Wirbelsäule staucht – dies kann auf Dauer zu Fehlhaltungen führen. Außerdem kippen diese Geräte leicht um. Falls Sie bereits eine Babywippe haben, nutzen Sie sie bitte nur gelegentlich und auch nur kurzzeitig. Bleiben Sie auf jeden Fall immer in der Nähe, wenn Ihr Kind in der Wippe sitzt! Sie sollte – ebenso wie ein Maxi Cosi – auf keinen Fall zum Daueraufenthaltsort Ihres Kindes werden.

Ähnliches gilt für Babyschaukeln, die an einem Gestell oder an der Zimmerdecke frei schwingend aufgehängt werden. Es ist natürlich ein tolles Gefühl für Ihr Baby, wenn es in seinem Sitz durch die Luft segeln kann – seinen Gleichgewichtssinn kann es bei Spielen auf Ihren Beinen oder auf Ihrem Arm viel besser trainieren. Natürlich gilt auch für Babyschaukeln, dass Sie Ihr Kind niemals unbeaufsichtigt darin lassen dürfen, auch nicht für einen kurzen Moment, um an die Tür zu gehen oder den Herd abzustellen.

In den sogenannten Babyhopsern hat Ihr Kind keinen richtigen Halt, und es berührt den Untergrund nur mit den Zehenspitzen. Es »hängt« also in dem Gerät und hat nur geringen Bodenkontakt, sodass es nicht lernen kann, auf dem ganzen Fuß zu stehen. Dadurch kann es auf Dauer zu einem krankhaften Gangbild, zu Fußfehlstellungen und Muskelverkürzungen kommen.

🛈 TIPP

Statt teure »Babygeräte« anzuschaffen, die nur Platz wegnehmen, sollten Sie sich lieber täglich Zeit nehmen, um ausgiebig mit Ihrem Kind zu spielen und zu »sporteln«. Anregungen dazu erhalten Sie zum Beispiel in PEKiP-Gruppen (Adressen und Buchtipps siehe Seite 244 und 248).

❓ Und wie sieht es mit einem Laufgitter für mein Kind aus?

Spätestens, wenn Ihr Nachwuchs anfängt zu krabbeln, wächst mit seinem Bewegungsradius auch sein Unfall- und Verletzungsrisiko. In einem Laufstall haben Sie Ihr Kind in Sichtweite und müssen nicht dauernd hinter ihm herlaufen, um es von Gefahrenquellen im Haushalt fernzuhalten. Wenn zum Beispiel jemand an der Tür klingelt, die Waschmaschine »wandert« oder die Milch auf dem Herd überzukochen droht – oder alles gleichzeitig –, wird der Nachwuchs eben kurz in den Laufstall gesetzt und ist dort in Sicherheit.

Aber auch für jüngere Babys kann ein Laufgitter eine gute Alternative zum Stubenwagen bieten, und es ist dabei viel länger nutzbar. Wenn Sie sich ein Laufgitter anschaffen möchten, wählen Sie am besten gleich eine höhenverstellbare Variante, die Ihren Rücken schont und »mitwächst«. Sobald sich Ihr Sprössling selbstständig hinsetzen kann, sollten Sie den Boden des Gitters um eine Stufe absenken, da sich Ihr Baby sonst am Gitter hochziehen und aus dem Laufgitter stürzen könnte. Viele Babys üben an den Gitterstäben das Stehen und Gehen, da sie sich ganz leicht daran hochziehen können. Falls sie doch einmal umfallen, werden sie von der weichen Polsterung aufgefangen. Spätestens jetzt sollte das Gitter auf die unterste Stufe umgebaut werden, da Ihr Pfiffikus nun bald versuchen wird, auch über den Rand des Laufgitters zu klettern.

Ein Laufgitter ist eine gute und sichere Lösung, um das Baby kurzzeitig vor Gefahrenquellen zu schützen und ihm trotzdem eine gewisse Selbstständigkeit zu gewähren. Längere Zeit sollten Sie es dort aber nicht »parken« – sonst wird sein natürlicher Bewegungs- und Entdeckerdrang zu sehr eingeschränkt.

💡 TIPP

Achten Sie beim Herausheben des Kindes auf Ihren eigenen Rücken: Er sollte möglichst gerade bleiben, das Becken sollte leicht gekippt sein und die Kraft aus den Knien kommen!

❓ Lohnt sich die Anschaffung eines Babyfons?

Ein Babyfon ist vor allem dann sinnvoll, wenn Ihr Kind bereits allein in seinem eigenen Zimmer schläft. Es ist außerdem dann zu empfehlen, wenn Ihr Kind auch tagsüber regelmäßig außerhalb Ihrer unmittelbaren Reichweite (zum Beispiel im Kinderwagen im Garten oder auf der Terasse) schlummert. Mithilfe eines Babyfons können Sie es auch in diesen Fällen hören, wenn Ihr Kind sich bemerkbar macht.

Für den Dauergebrauch sind die Geräte allerdings nicht zu empfehlen, da sie Elektrosmog und Strahlung verursachen – deren Auswirkungen sind noch nicht vollständig erforscht, man geht aber davon aus, dass beides dem Kind schaden kann, ähnlich wie bei einem Radiowecker, der selbst für Erwachsene nicht zu empfehlen ist. Auch Geräte neueren Datums, die bereits weniger Elektrosmog und Strahlung verursachen, sollten Sie nicht dauerhaft in der Umgebung Ihres Kindes aufstellen.

Hinzu kommt, dass manche Babyfone Flammschutzmittel ausdünsten. Fragen Sie beim Kauf danach.

❓ Was muss ein guter Kinderhochstuhl eigentlich alles bieten?

Wählen Sie am besten ein Modell, das mitwachsen kann. Das heißt: Die Fußstütze sollte sich so einstellen lassen, dass Ihr Kind seine Füßchen im Sitzen immer bequem aufstellen kann. Hängende oder angehockte Beine sind auf Dauer schlecht für die Skelettentwicklung und die spätere Körperhaltung Ihres Nachwuchses.

Damit der Sitz auch für ganz kurze Beinchen passt, können Sie mit einem dick gepolsterten Einsatz im Rücken die Auflagefläche der Oberschenkel verkürzen. Eine breite, feste Rückenlehne gibt Ihrem Kind dann die notwendige Abstützung nach hinten.

Außerdem sollten Sie beim Kauf des Hochstuhls auf die rechts aufgezählten Eigenschaften achten:

- Die verstellbaren Tritt- und Sitzflächen sollten so fest sitzen, dass sie sich nicht durch Tritte, Hampeln und Strampeln lösen können.
- Breite Standflächen der Stuhlbeine bieten Kippsicherheit für Kletteräffchen.
- Ein Anschnallgurt hilft ebenfalls, Stürze zu verhindern.
- Achten Sie darauf, dass der Stuhl keine Öffnungen, Ritzen oder Löcher hat, an denen Ihr Kind sich verletzen könnte, zum Beispiel, wenn es den Kopf hindurchsteckt.
- Informieren Sie sich beim Kauf über schädliche Weichmacher und andere Schadstoffe in Lacken und Bezügen.

Braucht mein Baby eigentlich schon Spielzeug?

In den ersten Wochen und Monaten benötigen Babys noch kein Spielzeug. Sie würden dadurch ohnehin nur mit viel zu vielen Reizen überflutet, gegen die sie sich noch nicht abschirmen können.

Der wichtigste Spielpartner, den Ihr Kind für seine Entwicklung braucht, sind erst einmal Sie: Verwöhnen Sie es in den ersten Lebensmonaten mit so viel Körperkontakt wie möglich. Wiegen Sie es in den Schlaf, tragen Sie es häufig am Körper oder pflegen Sie es regelmäßig mit einer Babymassage. Fahren Sie die kleinen Fingerchen nach und gehen Sie mit Ihrer Hand auf seinem Arm »spazieren«. Lassen Sie Ihr Kind mit Ihrer Hand spielen.

Beschreiben Sie Ihrem Kind alles, was Sie gerade tun oder sehen. Hauptsache, es hört häufig den Klang Ihrer Stimme. Wiederholen Sie einzelne Lieder, Sprüche und Reime so oft wie möglich – auch wenn Sie zwischendurch mal genug davon haben. Ihr Kind liebt solche Wiederholungen, und es wird bald versuchen, das Gehörte und Ihre Mimik und Gestik nachzuahmen. Versteckspiele sind ebenfalls ein Hit. Sie können sich selbst unter einer Decke verstecken und plötzlich wieder auftauchen oder Sachen in der Hand oder hinter Ihrem Rücken verschwinden lassen.

❓ Welche Eigenschaften muss sinnvolles Spielzeug haben?

Ein Kind ist noch völlig offen für Eindrücke aus seiner Umgebung, und die Qualität der Sinnesreize beeinflusst seine gesunde Entwicklung. Wählen Sie deshalb ab dem sechsten Monat einfaches Spielzeug aus natürlichen Materialien wie Holz, Filz und Stoff. Damit wird die Wahrnehmung Ihres Babys nicht überfordert, sondern seine Sinne werden behutsam gepflegt und angeregt.

Kindgerechte Spielsachen fördern die Fantasie und Kreativität, ohne zu überfordern. Lassen Sie Ihr Kind viele unterschiedliche Materialien untersuchen und erforschen, so schulen Sie seine Sinne: Ist ein Gegenstand hart oder weich? Ist er flauschig, rau oder glatt? Warm oder kühl? Das herauszufinden macht Ihrem Baby nicht nur Spaß, sondern unterstützt seine Entwicklung auf spielerische Weise. So begreift Ihr Kind spielend das Leben.

Alles Spielzeug sollte so beschaffen sein, dass Ihr Kind damit gefahrlos und seinem Alter gemäß umgehen kann. In der Regel ist auf den Etiketten angegeben, ab welchem Alter ein Spielzeug geeignet ist.

Außerdem sollten die Sachen gut zu reinigen sein, damit sie ohne großen Aufwand hygienisch bleiben. Und bedenken Sie: Um spielen zu können, braucht ein Kind ein Gegenüber, das ausreichend Zeit und Zuwendung für es hat.

🅣 TIPP

Empfehlenswerte erste Spielsachen für Ihr Baby sind:
- eine Holzrassel,
- ein Schmusepüppchen aus Stoff,
- ein Filzball,
- ein Greifling aus Holz oder Stoff,
- ein Fühltuch,
- ein Mobile.

Mehr braucht Ihr Kind jetzt noch nicht.

❓ Was muss ich bei der Anschaffung von Spielzeug alles beachten?

Das Spielen fördert die Kreativität, die Koordination von Bewegungsabläufen und dient der Unterhaltung Ihres Kindes. Beim Spielzeugkauf sollten Sie Ihrem Kind zuliebe deshalb auf ein paar Dinge achten – die ruhig auch schenkfreudige Freunde oder Verwandte wissen dürfen:

- Achten Sie unbedingt immer darauf, dass das Spielzeug den aktuellen Sicherheitsanforderungen entspricht. Sie erkennen dies daran, dass es ein TÜV-/GS-Prüfzeichen hat.
- Spielzeug sollte aus geprüft schadstofffreien Materialien sein. Dazu gibt man Ihnen im guten Fachhandel sicher gerne Auskunft.
- Spielzeug für Kinder darf keine scharfen Kanten oder gefährlichen Spitzen haben.
- Plüschtiere und Puppen sollten keine aufgenähten Augen, Nasen, Knöpfe und Perlen haben, und sie sollten nicht fusseln. Der Grund: Kleine Teile, die sich vom Spielzeug ablösen, könnte Ihr Kind verschlucken und im schlimmsten Fall daran ersticken.
- Vermeiden Sie auch kleinteiliges Spielzeug, das Ihr Kind ebenfalls verschlucken könnte.
- Kinderohren reagieren sehr empfindlich auf Lärm. Spieldosen und Quietschtiere dürfen deshalb nicht so laut sein, dass sie das empfindliche Gehör Ihres Kindes schädigen könnten. Achten Sie beim Kauf auf die Lautstärke, und befestigen Sie die Spieluhr am besten so am Babybettchen, dass Ihr Kind sie sich nicht ans Ohr halten kann.
- Kontrollieren Sie das Spielzeug Ihres Kindes regelmäßig auf Beschädigungen, wie zum Beispiel geplatzte Nähte, lockere Fäden oder lose Teile.
- Das Bettchen muss – bis auf ein kleines Kuscheltier – stets frei von Spielzeug sein.
- Spielzeug an Kordeln oder Ketten gehört nicht über Kinderbett und Kinderwagen, es besteht sonst die Gefahr, dass Ihr Kind sich strangulieren könnte!

Die Wickelecke

❓ Unser Bad ist so klein! Kann die Wickelkommode nicht auch im Kinderzimmer stehen?

Selbstverständlich kann sie das! Für die tägliche Körperpflege behelfen Sie sich einfach mit einer kleinen Waschschüssel, die Sie kurz vor dem Wickeln mit warmem Wasser füllen. Stellen Sie die Schüssel aber sicherheitshalber außer Reichweite Ihres kleinen Wirbelwinds.

❓ Worauf sollte ich bei der Anschaffung einer Wickelauflage achten?

Wickelauflagen sind meist aus Kunststoff – das ist praktisch, weil sie leicht abwaschbar sind. Doch die Plastikauflagen sind häufig schadstoffbelastet. Liegt das Kind nackt auf der Wickelauflage, können die Schadstoffe über die empfindliche Haut schnell in den Körper gelangen.

Kaufen Sie unbedingt eine PVC-freie Unterlage. PVC enthält zinnorganische Verbindungen und Weichmacher, die zu Allergien führen können. Achten Sie beim Kauf auf die Kennzeichnung PP oder PE, diese Kunststoffe sind in der Regel frei von Weichmachern.

Legen Sie immer ein dickes, weiches Handtuch auf die Wickelauflage – das finden Babys viel kuscheliger als das kühle Plastik. Außerdem kommt die Haut Ihres Kindes so nicht in direkten Kontakt mit dem Kunststoff und möglicherweise darin enthaltenen problematischen Stoffen.

ⓦ WICHTIG

Lassen Sie Ihr Kind bitte niemals unbeaufsichtigt auf dem Wickeltisch liegen – und sei es auch nur für wenige Augenblicke! Denn sobald die Kleinen mobiler werden und sich um die eigene Achse zu drehen beginnen, ist die Gefahr eines Sturzes extrem hoch.

 **TIPP**

Wenn Sie sich für einen Wickeltisch entscheiden, sollte die Wickelfläche mindestens 55 Zentimeter tief und 70 Zentimeter breit sein. Achten Sie auch darauf, dass die Ecken des Tisches abgerundet sind. Die erhöhten Seitenteile müssen außerdem ausreichend hoch und gepolstert sein. Stellen Sie den Wickeltisch am besten in einer Zimmerecke auf: Durch die beiden Wände ist Ihr Kind von zwei Seiten gegen Herunterfallen gesichert.

Das benötigen Sie rund ums Wickeln:
- Einen Heizstrahler und eine blendfreie Lampe über dem Wickelplatz.
- Eine schadstofffreie, gut passende Auflage für den Wickeltisch.
- Unparfümierte, atmungsaktive Einmalwindeln in der passenden Größe (je nach Gewichtsklasse).
- Alternativ zirka 30 Stoff- oder Bindewindeln mit den entsprechenden Überhöschen aus Wolle, Mikrofaser oder Frotteefleece.
- 5 bis 10 kochfeste Moltonwindeln, einsetzbar als Spucktücher, zum Wischen, zum Kuscheln …
- Einen gut schließenden Windeleimer von ausreichender Größe.
- Eine Plastikschüssel für warmes Wasser.
- 10 bis 12 Waschlappen oder Reinigungstücher aus weichem Mull- oder Moltongewebe für die Popflege.
- 4 bis 6 weiche Handtücher als kuscheligen Bezug für die Wickelauflage.
- Ein hochwertiges reines Pflanzenöl, zum Beispiel Sonnenblumen-, Mandel- oder Sesamöl.
- Bei Wundsein eine abdeckende Pflegecreme mit Zinkoxyd oder Dexpanthenol.
- Eine Wickeltasche oder einen Wickelrucksack für unterwegs (siehe Seite 18).

TIPP

Eine Wickeltasche ist für Reisen und andere größere Unternehmungen mit Wickelkindern ein Muss. Die Auswahl an Modellen ist riesengroß, und die meisten Taschen sind in Stil, Design und Funktion heute gut durchdacht.

Das gehört in die Wickeltasche:
- 2 bis 3 Windeln in passender Größe und Plastiktüten zum Entsorgen,
- Wechselbody, Wechselhose, Wechselshirt / -pulli,
- Öltücher oder Waschlappen und Pflegeöl,
- Wickelunterlage (z. B. ein Badehandtuch),
- Desinfektionstuch für öffentliche Wickeltische, etwa in Kaufhäusern oder auf Autobahnraststätten,
- Pflege- und Sonnencreme,
- Taschentücher,
- Spucktuch,
- ein Spielzeug als Wickeltaschen-Dauerbewohner,
- Ersatzschnuller,
- eine Mahlzeit für das Kind,
- Getränk (Flasche oder Trinkbecher, bei größeren Kindern 1 kleines Tetrapack mit Strohhalm),
- für ältere Kinder: Knabbereien (für Verkehrsstaus & Co.),
- Pflaster (z. B. für Schürfwunden),
- 1 bis 2 Steckdosensicherungen zum Herausnehmen.

Für kurze Strecken:
Bei vielen Wickeltaschen-Modellen gibt es eine kleine Tasche, die separat aus der großen entnommen werden kann. Wenn Sie nur kurz unterwegs sind, sollte Folgendes in die kleine Tasche:
- zwei Windeln und Plastiktüte zum Entsorgen,
- ein großes Handtuch,
- Öltücher oder Waschlappen und Pflegeöl,
- ein Wechselbody.

❓ Wie wichtig ist ein Heizstrahler über dem Wickeltisch?

Der Körper eines Babys kann in den ersten Lebensmonaten seine Temperatur noch nicht selbst regulieren und kühlt daher sehr schnell aus. Deshalb brauchen Babys beim Wickeln, Waschen, Baden und so weiter grundsätzlich eine konstante Umgebungstemperatur von 22 bis 24 °C. Eine zusätzliche Wärmequelle schützt also vor Wärmeverlust – auch Frühjahrs- oder Sommerkinder. Und: Auf einem warmen Wickeltisch fühlt sich Ihr Baby pudelwohl.

Beim Kauf einer Wärmelampe lohnt es sich, auf Qualität und geprüfte Sicherheit zu achten. Sinnvoll sind Splitter- und Spritzwasserschutz. Nicht unbedingt nötig, aber nerven- und kostensparend: eine Abschaltautomatik.

Bringen Sie den Heizstrahler so an, dass das Kind ihn später nicht berühren oder am Kabel herunterziehen kann.

❓ Wo bekomme ich Sachen für die Babyausstattung gebraucht zu kaufen?

Kleidung, Kinderwagen & Co. aus zweiter Hand schonen nicht nur den Geldbeutel, sondern auch die Umwelt. Und auch Babys Gesundheit profitiert vom Second-Hand-Shopping: In gebrauchter Babykleidung finden sich weniger Chemikalienrückstände, die die Haut reizen könnten. Auch Möbel oder Kinderwagen sind, nicht mehr fabrikneu, längst »ausgedünstet«. Einzige Ausnahme: Einen Autositz sollten Sie nur dann gebraucht kaufen, wenn Sie sichergehen können, dass er völlig unfallfrei ist und den neuesten Sicherheitsrichtlinien entspricht.

Babyflohmärkte und Baby-Second-Hand-Shops sind tolle Fundgruben. Auch in Zeitungsinseraten oder im Internet, zum Beispiel unter dem Suchwort »Babyflohmarkt«, verkaufen Eltern oft neuwertige Kindersachen. Fragen Sie auch bei Nachbarn und Freunden nach, ob diese ihre ausgedienten Babymöbel verkaufen oder ausleihen möchten.

Kleidung

❓ Welche Kleidungsstücke und sonstige Textilien braucht mein Baby?

Für die ersten Lebenswochen benötigt Ihr Kind die folgende Grundausstattung:

- 6 Wickelbodys aus Baumwolle mit weit zu öffnendem Halsausschnitt,
- 6 Strampler oder Strampelanzüge mit Füßen, die am besten im Schritt aufknöpfbar sein sollten,
- 6 Langarmhemdchen aus Wolle oder Baumwolle,
- 2 Jäckchen oder leichte Pullis,
- 2 dünne Mützchen aus Wolle, Baumwolle oder Seide,
- 2 Paar Söckchen und ein Paar Woll- oder Lederschühchen zum Warmhalten,
- eine Ausgehjacke,
- einen Schlafsack (je nach Jahreszeit wärmer oder weniger warm, siehe auch Seite 108),
- eine kleine, weiche und waschbare Decke zum Einwickeln oder Zudecken,
- je nach Saison ein paar Fausthandschuhe aus Baumwolle, Fleece oder feiner Wolle, einen Schal, einen Winteroverall oder einen Sonnenhut.
- Ein überaus wichtiges Stück Stoff ist auch ein Mückennetz oder ein größeres Stück engmaschige Tüllgardine, die Sie im Sommer über das aufgeklappte Kinderwagenverdeck hängen können.

Achten Sie beim Kauf der Kleidungsstücke und Textilien auf schadstofffreie Materialien und waschen Sie die Teile vor dem ersten Gebrauch unbedingt, am besten gleich zweimal. Erst dann können Sie sicher sein, dass Imprägnierungen und Ähnliches nicht mit der empfindlichen Babyhaut in Berührung kommen. Am besten sind ohnehin gebrauchte Stücke, die bereits viele Waschgänge hinter sich haben und dadurch garantiert schadstofffrei sind!

❓ Welche Kleidergrößen soll ich am besten für mein Kind kaufen?

Schaffen Sie zunächst nur wenige Sachen in den ersten Größen an: Sie bekommen sicher einige Strampler und so weiter von Freunden und Verwandten geschenkt! Babykonfektionsgrößen richten sich nach der Körperlänge des Kindes. Die meisten Kollektionen beginnen mit Größe 50, es folgen 56, 62, 68 und so weiter.

Einem Baby, das 60 Zentimeter misst, passt am ehesten ein Strampler in Größe 62 – allerdings nicht lange, wählen Sie das Kleidungsstück also lieber gleich etwas größer. Übrigens fallen die Größen in der Regel von Hersteller zu Hersteller recht unterschiedlich aus. Es kann zum Beispiel sein, dass Ihr 60 Zentimeter langes Baby noch in eine Hose der 56er Größe passt, während ihm der Lieblingspulli in Größe 62 plötzlich zu eng geworden ist.

❓ Welche Kleidung brauche ich für mein Frühgeborenes?

Für Ihr Frühgeborenes sollten Sie Kleidungsstücke auswählen, die möglichst funktional sind und dem Prinzip der sanften Pflege entsprechen (»Minimal Handling«). Dadurch helfen Sie Ihrem Kind und sich, Stress und Ängste beim An- und Ausziehen zu vermeiden.

Frühgeborene haben im Gegensatz zu ihren rundlicheren, termingerecht geborenen »Kollegen« immer eine sehr zierliche Statur: Eine passgenaue, schmal geschnittene Kleidung hilft daher, Faltenbildung vorzubeugen. Zu kleine oder zu große Kleidung beeinträchtigt das Wohlbefinden Ihres Kindes, denn sie kann zu einer Einschnürung oder zu empfindlichen Druckstellen führen.

Puppenkleidung, wie sie leider oftmals noch empfohlen wird, ist für Babys absolut ungeeignet, denn das Material entspricht in keinster Weise den Anforderungen für Babykleidung und ist häufig sogar schadstoffbelastet.

❓ Worauf muss ich beim Kleiderkauf für mein Frühgeborenes besonders achten?

Folgende Punkte sollten Sie hier berücksichtigen:

- Verwenden Sie nur schadstoffgepüfte Naturmaterialien wie Baumwolle und Seide, die den Wärmeausgleich über die Haut unterstützen.
- Verzichten Sie auf Babywäsche mit Applikationen und Aufdrucken, denn diese enthalten oftmals belastende Weichmacher.
- Achten Sie auf flache Nähte und entfernen Sie vor dem Tragen die eingenähten Pflegeetiketten.
- Funktionale »Infusions«-Kleidung mit bedarfsgerechten Öffnungen an den Versorgungsstellen erleichtert das sanfte Be- und Entkleiden Ihres kleinen Patienten, ohne dass währenddessen die medizinische Versorgung unterbrochen werden muss.
- Praktische Anziehhilfen an den Ärmeln erleichtern das Bekleiden Ihres Kindes.
- Setzen Sie Ihrem Kind ein Mützchen ohne Umschlag auf, damit vermeiden Sie unnötige Druckstellen.
- Ziehen Sie das Mützchen auch über Babys Ohren, damit die sensiblen kleinen Öhrchen weniger an Geräuschbelastung verarbeiten müssen.

💡 TIPP

Eine sinnvolle Anschaffung für frühgeborene Babys ist auch eine kleine Hängewiege, die Sie sogar schon im Inkubator nutzen können. Sie hilft Ihrem Kind dabei, sich an die Schwerkraft zu gewöhnen, und fördert durch sanfte Wiegebewegungen seinen Gleichgewichtssinn. Das frühgeborene Kind kann so seine eigenen Bewegungen und seinen Körper besser wahrnehmen. Eine Bezugsadresse finden Sie im Anhang auf Seite 241.

Mehr wichtige Informationen und Tipps zum Thema Frühgeborene finden Sie ab Seite 124.

Welche Kleidungsstücke sind für Babys praktisch, welche eher nicht?

Die meisten Babys mögen es nicht, etwas über den Kopf gezogen zu bekommen oder beim Anziehen gar im Kleidungsstück »stecken« zu bleiben – und tun dies oftmals durch Zappeln und Zetern kund. Praktisch sind also Wickelbodys und Strampler, die im Windelbereich aufgeknöpft werden können. Dadurch ersparen Sie sich und Ihrem Kind beim Wickeln das komplette Ausziehen.
Knöpfe an Oberteilen sollten nicht am Rücken angebracht sein, sondern besser an den Schultern, so verursachen sie keine Druckstellen und sind angenehmer für Ihr Kind.
Eine modische Babyjeans mag süß aussehen, sie behindert aber Ihr Kind beim Strampeln.

Welche Materialien sind für Babykleidung am besten geeignet?

Im Gegensatz zu Kunstfasern wie Polyester oder Polyacryl lassen Naturfasern Babys Haut atmen. Je nach Jahreszeit und Wärmebedürfnis Ihres Kindes können Sie Kleidung aus Baumwolle, Wolle oder Seide verwenden, auch als Mischgewebe. Jedes Material hat dabei seine eigenen Vorzüge: Baumwolle ist atmungsaktiv, anschmiegsam, pflegeleicht und robust. Wolle speichert ausgezeichnet Wärme und fühlt sich nicht so schnell feucht an. Seide wirkt temperaturausgleichend und ist besonders für sehr sensible Haut geeignet.

TIPP

Wenn Sie Babys Haut und auch der Umwelt etwas Gutes tun wollen, wählen Sie Textilien aus Bio-Baumwolle (»kbA«, kontrolliert biologischer Anbau). Hier kommen bei Anbau und Verarbeitung keine gesundheitsschädlichen Chemikalien zum Einsatz. Außerdem verwenden die Hersteller schadstofffreie Färbemittel.

❓ Mit welchem Waschmittel soll ich die Babykleidung waschen?

Verwenden Sie zunächst das gleiche Waschmittel, das Sie bisher auch benutzt haben. Zwar enthalten die meisten Waschmittel waschaktive Substanzen (Tenside) sowie Duftstoffe, Bleichmittel, Enzyme und Konservierungsstoffe, die eine empfindliche Haut reizen können. Doch eine echte Allergie auf Waschmittel ist eher selten.

Wenn Ihr Kind allerdings sehr empfindliche Haut hat, steigen Sie besser auf ein unparfümiertes Sensitivwaschmittel um. Es gibt inzwischen auch Waschmittel aus pflanzlichen Rohstoffen, die enzym-, seifen- und alkalifrei sind und dermatologisch getestet wurden.

Weichspüler sind nicht empfehlenswert, da die enthaltenen synthetischen Duftstoffe sich lange in der Kleidung halten und das Risiko einer Unverträglichkeit erhöhen.

Setzen Sie dem letzten Waschgang eine Tasse Obstessig zu. Das spült auch den letzten Pulverrest aus, und Ihre Wäsche wird ganz ohne Weichspüler schön weich.

❓ Wie ziehe ich mein Baby im Sommer an?

Es sollte weder frieren noch schwitzen und keine Zugluft oder zu viel UV-Strahlung abbekommen – bei echten Sommertemperaturen manchmal gar nicht so einfach. In der Regel sind Sommerbabys folgendermaßen passend angezogen: Drunter ziehen Sie einen kurzärmeligen Baumwollbody und darüber eine leichte, locker sitzende Hose oder einen Baumwollstrampler sowie ein Hemdchen. Lange Ärmel und Hosenbeinchen schützen vor Sonne. Verzichten Sie auch bei hohen Temperaturen nie auf ein leichtes Mützchen, es schützt Ihr Kind vor Sonne und Zugluft. Wählen Sie leichte Stoffe wie dünne Baumwolle oder Seide. Beobachten Sie, wie sich Ihr Baby am wohlsten fühlt. Prüfen Sie im Nacken immer wieder seine Körpertemperatur. Die Haut Ihres Kindes sollte sich warm, aber nicht feucht anfühlen.

❓ Wie kleide ich mein Kind im Winter ideal?

Babys und Kleinkinder reagieren extrem empfindlich auf Kälte, da ihre körpereigene Wärmeregulierung noch nicht beziehungsweise nur unzureichend funktioniert. Zudem ist ihre Haut zunächst nicht durch eine ausreichend dicke Fettschicht vor den winterlichen Temperaturen geschützt. Vor allem der Kopf eines Neugeborenen, dessen Oberfläche im Verhältnis zu der des Körpers sehr groß und nur von einem feinen Haarflaum bedeckt ist, reagiert sehr empfindlich auf Kälte. Auch Ohren und Hände der kleinen Erdenbürger kühlen schnell aus. Seien Sie hier also besonders achtsam und sorgen Sie dafür, dass diese Körperpartien immer entsprechend gut bedeckt sind. Ein wollenes Mützchen und warme Handschuhe zählen deshalb zu den wichtigsten Bestandteilen einer jeden Winter-Garderobe. Eine Jacke oder ein Overall aus Schurwoll-Fleece hält Ihr Kleines auch bei kalten Temperaturen mollig warm. Für herrlich warme Füßchen sorgen kleine »Puschen« aus Lammfell oder dichtem Wollfilz.

❓ Welche Materialien sind am besten für die kalte Jahreszeit geeignet?

Einen wirksamen Schutz vor Kälte und ideale Voraussetzungen für ein gesundes Hautklima bietet Bekleidung aus naturbelassener Wolle: Aufgrund der natürlichen Kräuselung ihrer Fasern kann sie viel Luft einschließen und hält dadurch auch bei kältesten Temperaturen mollig warm. Sie wirkt temperaturausgleichend, indem sie die überschüssige Körperwärme an die Umgebung abgibt, und kann viel Feuchtigkeit aufnehmen, ohne sich dabei nass anzufühlen. Empfehlenswert ist Kleidung aus feiner Merinowolle, die schön weich ist und die natürlichen Hautfunktionen Ihres Kindes unterstützt. Wer es lieber etwas weniger »wollig« mag, kann auch auf Fleece-Kleidung zurückgreifen. Diese besteht aus hohlen Fasern, die die Wärme wie kleine Luftkammern speichern und das Auskühlen des Körpers verhindern.

❓ Mein Kind hat Neurodermitis. Worauf muss ich bei der Kleidung besonders achten?

Kleidung für Neurodermitis-Kinder sollte vor allem weich und angenehm zu tragen sein. Die Nähte dürfen an der Innenseite nicht zu sehr herausstehen, damit sie nicht scheuern – am besten ist Kleidung, deren Nähte auch an der Innenseite verlegt und vernäht sind.

Außerdem sollten Sie unbedingt alle Etiketten aus den Kleidungsstücken Ihres Kindes entfernen, da sie ebenfalls an der durch die Neurodermitis besonders empfindlichen Haut scheuern können. Gummibänder in den Nähten sollten nicht zu eng sitzen, am besten verzichten Sie ganz auf Kleidung mit Gummis. Auch der Halsausschnitt sollte groß genug sein und darf nicht an der Haut scheuern.

Achten Sie auch darauf, dass vorhandene Druckknöpfe möglichst nickelfrei und mit einer zusätzlichen Knopfleiste aus Baumwolle unterlegt sind. Der Schnitt der Kleidungsstücke sollte eine gute Luftzirkulation zulassen. Dann kann keine Stauungswärme entstehen, und die Haut wird nicht durch vermehrtes Schwitzen zusätzlich gereizt. Die Kleider sollten also nicht eng anliegend sein, aber auch nicht so weit, dass sie unangenehm drückende Falten werfen.

❓ Welche Fasern sind für mein Neurodermitis-Kind am besten geeignet?

Sensible Kinder vertragen unmittelbar auf der Haut meist keine tierischen Fasern, vor allem keine Schurwolle. Kleidung aus Seide dagegen ist einen Versuch wert: Hier gibt es zum Beispiel speziell für Kinder mit empfindlicher Haut gut sitzende Seidenbodys.

Zudem reagieren Neurodermitis-Kinder extrem empfindlich auf Chemierückstände aus Textilfarben, Faserbehandlungsmitteln und anderen Substanzen, die in den meisten neuen Kleidungsstücken enthalten sind und sich erst ganz allmählich komplett auswaschen.

Ganz besonders Unterwäsche, die Babys Haut unmittelbar berührt, sollte bei Kindern mit empfindlicher Haut möglichst ungefärbt und frei von chemischen Rückständen sein. Kleidung aus reiner Bio-Baumwolle bietet sich deshalb an: Vom Anbau bis hin zur späteren Verarbeitung der pflanzlichen Faser zum fertigen Kleidungsstück kommen keine Schadstoffe zum Einsatz. Allergische Reaktionen auf Rückstände in der Kleidung sind somit von vornherein ausgeschlossen. Das naturbelassene Baumwollmaterial ist gleichzeitig atmungsaktiv und sehr weich. Das garantiert ein gesundes Hautklima, und unangenehme Kratzgefühle werden vermieden. In jüngster Zeit bieten einige Hersteller zu diesem Zweck auch Kleidung aus silberummantelter Mikrofaser an, die jedoch noch sehr teuer ist.

Eine Alternative zur Babywäsche aus der recht teuren Bio-Baumwolle sind natürlich die kostbaren gebrauchten Kleidungsstücke aus dem Fundus von Nachbarn, Freunden, Bekannten und Verwandten – sie wurden bereits hunderte von Malen gewaschen und sind im Laufe der Monate schadstofffrei geworden. Achten Sie aber darauf, dass Kleidungsstücke, die zu einem Wärmestau führen können, für Neurodermitis-Kinder ein absolutes Tabu sind.

Mehr zum Thema Neurodermitis lesen Sie übrigens auf den Seiten 88 und 175.

WICHTIG

Denken Sie neben der richtigen Wahl der Kleidungsstücke für Ihr Baby außerdem daran, dass Hautreaktionen auch durch Waschmittel beziehungsweise Waschmittelrückstände ausgelöst werden können: Optische Aufheller und Duftstoffe sind die häufigste Ursache für allergische Reaktionen. Indem Sie nur spezielle Sensitiv-Waschmittel ohne Duftstoffe & Co. verwenden, am besten solche aus biologischer Erzeugung, und konsequent auf Weichspüler verzichten, beugen Sie diesem Risiko wirksam vor.

❓ Sollten Babys wirklich immer eine Mütze tragen?

Eine Mütze schützt die Fontanellen und schirmt gegen Witterungseinflüsse ab. Dieser Schutz ist wichtig, denn Neugeborene verlieren über den Kopf sehr viel Wärme, weil dessen Oberfläche im Vergleich zur Oberfläche des restlichen Körpers sehr groß ist. Ein leichtes Mützchen verhindert dies – auch in geschlossenen Räumen. Zum Schlafen allerdings, so lauten die derzeitigen Empfehlungen, sollte das Mützchen abgenommen werden.

Es gibt jedoch Kinder, denen eine Kopfbedeckung grundsätzlich unangenehm ist. Dann können Sie in der Wohnung darauf verzichten. Im Freien sollten jedoch auch Mützenverweigerer immer gut »behütet« sein: Je nach Witterung schützt eine Mütze gegen Wind und Kälte oder auch gegen die Sonne. Wenn es kalt beziehungsweise windig ist, sollten unbedingt auch die Ohren bedeckt sein.

❓ Soll ich mein Kind zur Nacht umziehen?

Ja, und zwar am besten von Anfang an. Denn damit gewöhnen Sie Ihr Baby an den Tag-Nacht-Rhythmus. Begleiten Sie das Anziehen des Schlafanzugs oder des Schlafsacks mit einem kleinen Gutenachtritual. So lernt Ihr Baby bald, dass jetzt Schlafenszeit ist.

Beim Schlaf ist es wichtig, eine Überwärmung zu vermeiden. Prüfen Sie die Körpertemperatur Ihres Babys in seinem Nacken: Fühlt Ihr Kind sich dort warm, aber nicht verschwitzt an, ist es richtig gekleidet. Kalte oder heiße Händchen oder Füße dagegen geben über die eigentliche Körpertemperatur nur wenig Aufschluss.

In den warmen Sommermonaten kann ein kurzärmeliger Body genügen, während im Winter ein langärmeliger Schlafanzug vorzuziehen ist. Schlafanzüge sollten tendenziell dünner sein als die Strampler, die Ihr Baby tagsüber trägt. Auch bei Kindern, die krank sind und fiebern, ist eine leichtere Schlafkleidung vorübergehend sinnvoll.

❓ Soll ich meinem Baby bereits Schuhe anziehen?

Kleine Babys brauchen noch keine Schuhe – diese würden die Fußentwicklung ohnehin nur beeinträchtigen. Barfußlaufen ist das Beste für kleine Füße: Dabei wird die Fußmuskulatur auf abwechslungsreiche Art trainiert und gekräftigt. Und eine kräftige Fußmuskulatur ist die beste Voraussetzung für gesunde Kinderfüße.

Ein fester Schuh soll die Füße stützen und schützen. Das ist jedoch erst dann wichtig, wenn Ihr Kind bereits selbstständig laufen kann. Ab dann beeinflusst ein schlechter Schuh die Fußentwicklung jedoch negativ, Verformungen und Fehlstellungen sind die Folge. Gute Babyschuhe sind deshalb aus weichem, flexiblem Material wie chromatfreiem Nappa-, Rind- oder Hirschleder. Auch Softleder und Lammfell sind hier geeignete Alternativen.

Eine rutschfeste Sohle ist ein Muss, um den noch unsicheren Stand und die ersten Gehversuche zu unterstützen. Die Schuhe sollten dermatologisch getestet, schadstofffrei und die etwaige Farbe sollte speichelfest sein – denn Babys stecken bekanntlich alles in den Mund! Verzichten Sie außerdem auf kunststoffbeschichtetes Schuhwerk: Denn auch Babys Füße sollten nicht schwitzen müssen.

Passende Schuhe sind übrigens innen mindestens 12 Millimeter länger als der Fuß. Neue Schuhe dürfen sogar noch 17 Millimeter Spielraum haben.

Es spricht nichts dagegen, die Schuhe für Ihr Kind auch gebraucht zu kaufen, wenn Sie das möchten.

TIPP

So ermitteln Sie die Schuhgröße Ihres Kindes: Bestreichen Sie seine Fußsohlen mit abwaschbarer Naturpigmentfarbe und machen Sie einen Fußabdruck auf Papier oder Karton. So können Sie nicht nur mit einem Lineal die Fußgröße genau messen, sondern haben auch eine Erinnerung an die putzigen kleinen Babyfüße.

Tragehilfen, Kinderwagen & Co.

❓ Was ist sinnvoller: eine Tragehilfe oder ein Tragetuch?

Ein richtig gebundenes, gutes Tragetuch erfüllt alle Anforderungen, die auch eine sichere Tragehilfe erfüllen muss (siehe Seite 32). Es ist vielseitig einsetzbar, da Sie es auf unterschiedlichste Arten binden können: So können Sie Ihr Baby anfangs liegend tragen, nach einigen Monaten vor dem Bauch und später auch auf der Hüfte oder dem Rücken. Vom ersten Tag an kann es zum ständigen Begleiter werden bis zu dem Zeitpunkt, an dem Ihnen Ihr Kind zum Tragen zu schwer wird. Das Tuch überlebt auf jeden Fall mehrere Generationen! Es lässt sich mit etwas Übung schnell und einfach handhaben, es müssen keine Gurte verstellt oder verzurrt werden.

Ein weiterer Vorteil der Tragetücher: Sie sind zwar nicht ganz billig, lassen sich aber nach der Tragezeit weiter verwenden: zum Beispiel als Babyhängematte, als Zimmerschaukel oder als Kuscheldecke. Außerdem können sie ohne Bedenken »weitervererbt« werden.

Die meisten der vielen angebotenen Tragehilfen sind dazu geeignet, das Kind senkrecht vor dem Bauch zu tragen, einige auch für das Tragen auf dem Rücken oder auf der Hüfte. Leider berücksichtigen nur wenige die anatomischen Besonderheiten kleiner Säuglinge: Sie kommen mit einem runden Rücken zur Welt, der sich erst noch in Doppel-S-Form ausbildet: Wenn das Kind den Kopf selbstständig halten kann, wenn es sitzen kann und wenn es laufen kann. Im Schlaf, wenn die Muskulatur erschlafft, muss die Möglichkeit gegeben sein, dass die Wirbelsäule rund werden kann. Ihre Rückenmuskulatur ist noch nicht kräftig genug, sodass Babys unter sechs Monaten in sich zusammensacken, wenn sie senkrecht getragen und nicht genügend unterstützt werden. Langfristig führt dies zu Haltungsschäden und Verdauungsproblemen. Eine Tragehilfe können Sie also nur dann guten Gewissens verwenden, wenn sie ganz bestimmte Voraussetzungen erfüllt (siehe Seite 32).

❓ Ist das Tragen im Tragetuch nicht schädlich für Babys Rücken?

Nein, das ist es absolut nicht. Ein Baby kommt bereits als »Tragling« zur Welt: Nimmt man es hoch, winkelt es seine Beine automatisch an, weil es getragen werden und sich festklammern will.

Im Tragetuch sitzt es eng an Sie angeschmiegt und anatomisch vollkommen korrekt: mit gerundetem Rücken, angehockten Beinen und leicht nach vorn gekipptem Becken. Die ständige Lageveränderung beim Gehen übt dazu Wachstumsreize auf die Rückenmuskulatur des Kindes aus und schult seinen Gleichgewichtssinn.

Schädlich ist das Tragen nur dann, wenn der kindliche Rücken nicht ausreichend gestützt wird. Machen Sie den Test: Ihr Baby darf und soll so eng eingebunden sein, dass es auch dann noch sicher an Ihrem Körper sitzt, wenn Sie sich nach vorn beugen.

In diesem Fall ist seine Wirbelsäule ausreichend gestützt, und Sie dürfen Ihr Baby stundenlang tragen, wenn Ihnen beiden dies gefällt! Auch im Haushalt haben Sie mit Ihrem kleinen »Beuteltierchen« beide Hände frei.

TIPP

Anfänglich sind viele Eltern beim Umgang mit den – je nach ihrer Körpergröße – 4,60 bis 5,20 m langen Tragetüchern unsicher. Doch die verschiedenen Bindetechniken erlernen sich so rasch wie das Schuhebinden: Wenn Sie den Dreh einmal raus haben, geht es fast von allein. Die meisten Anbieter von Tragetüchern bieten detaillierte Trageanleitungen als Prospekt oder sogar auf DVD an. Probieren Sie das Binden des Tragetuchs und das Hineinsetzen Ihres Kindes anfangs mit einer Puppe aus. Das klappt besser als mit einem zappelnden Baby, und Sie haben beim ersten »echten« Versuch schon etwas Erfahrung. Üben Sie das Binden, bis Sie sich sicher fühlen.

❓ Wie sieht eine wirklich gute Tragehilfe für mein Baby aus?

Eine Tragehilfe ist sehr praktisch für Mama und Papa, weil sie ihr Kind darin nah bei sich am Körper haben. Für das Baby ist sie komfortabel und bequem. Doch bequem ist keinesfalls immer gleichbedeutend mit ergonomisch optimal.
Eine empfehlenswerte Tragehilfe erkennen Sie an den folgenden Eigenschaften:

- Sie stützt Ihr Baby seitlich sicher ab, ohne es zu beengen, und lässt den Rücken des Kindes in einer runden Haltung. Das Köpfchen hat ausreichend Halt, und der Körper ist nicht gestreckt.
- Die Tragehilfe sollte in der Weite mehrfach stufenlos verstellbar sein und auch in der Länge und im Kopfbereich genügend Spielraum für das wachsende Kind haben.
- Damit sich die Hüftgelenke gesund entwickeln können, sollten die Öffnungen für die Beine immer seitlich an einem breiten Steg angebracht sein. Die Beinchen befinden sich dann in Spreiz-Anhock-Stellung. Auf diese Weise vermeiden Sie Fehlbildungen wie eine Hüftdysplasie beziehungsweise können sie sogar ausgleichen (siehe auch Seite 174).
- Die Tragehilfe hat gut gepolsterte Tragriemen und drückt oder scheuert weder bei ihrem Träger noch beim Baby.
- Die Tragehilfe kann sowohl für das Tragen am Bauch als auch auf dem Rücken verwendet werden.
- Babys Gewicht ist gleichmäßig verteilt – dies ist die Voraussetzung, dass die Tragehilfe Mama oder Papa keine Rückenschmerzen bereitet.
- Sehr junge Babys lassen sich in dem Sitz ebenso gut tragen wie größere, da er dem Körperumfang angepasst werden kann und die Ränder nicht zu hoch sind.
- Die Traghilfe ist waschbar.

Lassen Sie sich bei einem Neukauf im Fachhandel gut beraten, und gehen Sie dabei auch auf die hier aufgezählten Punkte ein. Am besten nehmen Sie Ihr Baby mit und probieren verschiedene Modelle aus.

❓ Ab wann kann ein Baby nach vorn gerichtet in der Babytrage sitzen?

Diese Trageweise erscheint vielen Eltern sehr reizvoll, da ihr Kind so »mehr von der Welt sieht«. Jedoch ist sie prinzipiell ungeeignet – unabhängig davon, welches Modell Sie verwenden, und unabhängig vom Alter Ihres Kindes. Der Grund: In der nach vorn gerichteten Haltung befinden sich die Kleinen viel zu aufrecht, ihr Rücken ist überstreckt und nicht rund, so wie es der kindlichen Anatomie entspräche. Wird Ihr Baby mit dem Gesicht nach vorn getragen, muss es die ganze Zeit über quasi gegen die Schwerkraft arbeiten. Die unzureichend gestützte kindliche Wirbelsäule wird bei jedem Ihrer Schritte »gestaucht« und dadurch viel zu stark belastet. Hinzu kommt, dass bei dieser Trageweise die Beinchen ohne Halt herunterbaumeln – die Spreiz-Anhock-Haltung, mit der Sie Fehlbildungen der Hüftgelenke vorbeugen beziehungsweise entgegenwirken können, ist nicht mehr gewährleistet.

Gerade der mutmaßliche Vorteil der »freien Sicht« ist außerdem ein weiterer Nachteil: Dem Baby ist es in dieser Haltung nicht möglich, sich an Sie anzukuscheln oder sich zurückzuziehen, wenn ihm die Reize von außen zu viel werden und es seine Ruhe haben möchte.

ⓦ WICHTIG

Ihr Baby will viel »von der Welt sehen« und wird täglich mit einer Vielzahl neuer Sinneseindrücke und Ereignisse konfrontiert. Hat es nicht genug Zeit und keinen geschützten Raum, um all diese Erlebnisse zu verarbeiten, kommt es zur Reizüberflutung oder Überstimulation. Trotzdem versucht Ihr Kind, möglichst viel mitzubekommen, zu hören, zu sehen und zu verstehen. Doch die Fähigkeit eines Babys, mit einer Überlastung der Sinne fertig zu werden, ist gering. Hieraus kann sich ein Weinverhalten entwickeln, das für das Kind und seine Familie große Probleme mit sich bringt (siehe Seite 136 ff.).

❓ Was ist beim Kauf eines Kinderwagens alles zu beachten?

- Das Wichtigste zuerst: Ein Kinderwagen muss sicher, praktisch und komfortabel sein. Er braucht eine hochwertige Matratze, eine gute Federung und große, luftgefüllte Reifen, um Erschütterungen auszugleichen und so die Wirbelsäule Ihres Kindes zuverlässig zu schonen. Höhenverstellbare Griffe, die sich Ihrer Körpergröße anpassen lassen, entlasten Ihren Rücken.
- Eine stabile Feststellbremse, die mindestens zwei Räder blockiert und leicht zu bedienen ist, sowie ein Sicherheitsgurt für das Kind sind ebenfalls ein Muss.
- Achten Sie beim Kauf des Kinderwagens darauf, welche Möglichkeiten er bietet, Gewicht zuzuladen. Ein stabiler Korb unter dem Wagen ist ideal, weil schwere Einkaufstaschen, die in einem Netz am Schiebegriff hängen, den Kinderwagen schnell kippen lassen können. Zusätzliche Stabilität bietet ein möglichst breiter Reifenabstand.
- Probieren Sie vor dem Kauf aus, ob sich Ihr Wunschgefährt problemlos zusammenfalten lässt, dann sparen Sie täglich eine Menge Zeit und Nerven. Vorsicht bei klappbaren Modellen: Achten Sie auf eine doppelte Klappsicherung, damit der Wagen nicht versehentlich zusammenklappt und sich Ihr Kind dabei quetscht.
- Weitere wichtige Kriterien: Die Innenverkleidung des Wagens sollte so beschaffen sein, dass ein Luftaustausch stattfinden und sich keine Hitze anstauen kann. Und es sollte ein Verdeck geben, das Ihr Kind ausreichend vor Sonne, Regen oder Schnee schützt. Und damit Ihr Kinderwagen lange schön bleibt und Sie ihn später vielleicht noch »vererben« können, sollten Sie darauf achten, dass er über einen abnehmbaren und waschbaren Stoffbezug verfügt.
- Gibt es für das gewählte Modell noch sinnvolles Zubehör?
- Achten Sie auch darauf, wie schwer das Gefährt ist: Wenn Sie den Kinderwagen oft die Treppe hochtragen müssen, fallen drei Kilo mehr oder weniger deutlich ins Gewicht.

TIPP

Wenn Sie beim Kauf des Kinderwagens die Kofferraummaße Ihres PKWs parat haben, können Sie sicher sein, dass das Lieblingsmodell auch wirklich hineinpasst.

Was soll ich beim Kauf einer Babyschale fürs Auto beachten?

Unfallforscher und Sicherheitsexperten empfehlen für den Schutz von Kindern bis drei Jahren rückwärts gerichtete Kindersitze. In vorwärts gerichteten Systemen ist die noch instabile Halswirbelsäule einem Aufprall kaum gewachsen. Beim Reboard-Sitz ist die Halswirbelsäule nur einem Siebtel der Belastung ausgesetzt. Achten Sie beim Kauf der Reboardschale auf das zugelassene Körpergewicht, eine einfache Handhabung und darauf, ob der Gurt für die Verzurrung lang genug ist. Auch die Prüfung auf nachgewiesene Schadstofffreiheit ist sinnvoll.

Auf dem Beifahrersitz können diese Sitze nur befestigt werden, wenn der Airbag ausgeschaltet ist, sonst ist es für das Baby lebensgefährlich! Bei manchen Fahrzeugen muss man dazu leider erst in die Werkstatt.

Kann ich die Babyschale mit Fahrgestell nicht auch statt eines Kinderwagens verwenden?

Das Fahrgestell für die Babyschale ist hauptsächlich dazu gedacht, es den Eltern beim Ein- und Aussteigen aus dem Auto leichter zu machen. Sie können Ihren Nachwuchs damit leicht und schnell transportieren, ohne Ihren eigenen Rücken zu sehr zu belasten. Allerdings sitzt Ihr Kind nicht sonderlich bequem in dieser Reboard-Schale. Genau aus diesem Grund sollten Sie es auch nicht über längere Zeit oder gar regelmäßig darin sitzen lassen, denn dies könnte bei Ihrem Kind zu Haltungsschäden führen. Eine Babyschale auf Rädern ist also keine Alltagslösung.

❓ Wie viel Zeit darf ein Kind denn in der Babyschale verbringen?

Solange ein Kind noch nicht selbstständig sitzen kann, ist die Rückenmuskulatur eigentlich noch zu schwach für eine schräg sitzende Haltung, denn dadurch wird Babys Wirbelsäule im Bereich der Lendenwirbel gestaucht. Außerdem sinken die Kinder bei Müdigkeit oder im Schlaf in sich zusammen, was auf Dauer die Atmung und die Verdauung behindert. Babyschalen eignen sich deshalb grundsätzlich nicht als dauerhafter »Aufenthaltsort«. Für das Auto gibt es aber noch keine echte Alternative zur Babyschale. Nehmen Sie Ihr Kind auf längeren Autofahrten während mehrerer Fahrtpausen aus dem Sitz, damit es sich bewegen kann. Dann brauchen Sie keine Nachteile zu befürchten.

❓ Kann ich die Babyschale fürs Auto auch gebraucht im Internet kaufen?

Dies birgt ein gewisses Risiko: Bei Verkäufen im Internet sind Mängel an gebrauchter Ware meist nicht ersichtlich, und der Verkäufer übernimmt auch keinerlei Haftung. Für den Schutz Ihres Kindes ist es jedoch wichtig, dass Sitz und Sicherheitsgurte der Schale völlig einwandfrei sind. Nach einer Beschädigung oder einem Unfall ist diese Sicherheit nicht mehr gewährleistet. Schon ein kleiner Aufprall führt zu feinen Rissen im Sitz und macht ihn unbrauchbar.

❓ Ab wann kann ich für mein Kind auch den Buggy nutzen?

Ein Buggy ist erst für Kinder geeignet, die bereits sicher und stabil sitzen können, und dies auch nur auf kurzen Strecken. Denn in dem ansonsten praktischen Gefährt wird der kindliche Rücken nicht ausreichend gestützt. Die Erschütterungen beim Fahren übertragen sich unmittelbar auf Babys Wirbelsäule, da eine Federung völlig fehlt. Die Rückenlehne sollten Sie nach hinten umklappen können, damit Ihr Kind auch im Liegen schlafen kann.

Buggys sind überwiegend Sommerfahrzeuge, denn im Winter wird es Ihrem Nachwuchs schnell zu kalt an Rücken und Po. Dann sollten Sie Ihrem Eiszäpfchen unbedingt einen Lammfellsack oder etwas Ähnliches gönnen. Bei Schnee sind die winzigen Doppelräder schlecht zu manövrieren, weil sich Eis und Schneematsch dazwischen festsetzen.

Das beliebteste Buggy-Modell ist zurzeit der sogenannte Jogger-Buggy – an sich eine gute, sportliche Idee für lauf-, skate- und walkbegeisterte Eltern. Neben den großen Luftreifen und dem sehr leichten Gewicht zeichnen sich die handlichen »Sportkinderwagen« auch durch eine integrierte Bremse aus. Allerdings sollte Ihr Kind Spaß an der Sache haben. Joggen mit Kind ist nicht für die Langstrecke geeignet, Ihrem Kind wird schnell langweilig, denn es hat, fest angeschnallt im Wagen, kaum Spiel- und Bewegungsmöglichkeiten. Aus dem gleichen Grund muss es für den Run warm eingepackt werden, denn es bewegt sich ja nicht.

Da ein Jogger-Buggy nur drei Räder hat, besteht zudem ein erhöhtes Kipprisiko bei schnellen Kurvenfahrten. Wenn Sie regelmäßig ein ausgiebiges Lauftraining absolvieren, versuchen Sie es vielleicht besser mit einem Babysitter. Für einen entspannten Lauf durch den Park ist ein solcher Wagen aber eine schöne Sache. Denken Sie beim Stadtbummel daran: In öffentlichen Verkehrsmitteln wird es mit einem Jogger oft eng, da er relativ lang und breit ist und entsprechenden Raum benötigt. Vermeiden Sie also besser Stoßzeiten.

TIPP

Achten Sie bei allen Kinderwägen darauf, dass die Schubstangen für Ihre Körpergröße lang genug sind, damit Sie selbst keine Rückenschmerzen bekommen. Sie sollten sie im Stehen so halten können, dass Ihre Unterarme um etwa 100 Grad angewinkelt sind.

 WICHTIG

»Sicherheit in Babys Heim«
Putzmittel, Steckdosen, Kerzenleuchter ... Spätestens wenn Ihr Nachwuchs zu krabbeln beginnt, sollten Sie Vorsorge treffen, um gefährlichen Unfällen vorzubeugen.
Halten Sie immer einen Erste-Hilfe-Kasten im Haus bereit, damit Sie kleinere Verletzungen sofort behandeln können. Rufen Sie im Zweifelsfall immer den Notarzt (Telefon: 112).

Hier ein Überblick über die häufigsten Unfallursachen und wie Sie sie vermeiden können.

- Lassen Sie Ihr Kind nie unbeaufsichtigt auf der Wickelkommode, es droht Sturzgefahr.
- Achten Sie darauf, dass sich Ihr Baby nicht unterkühlen kann. Nutzen Sie beim Wickeln einen Wickelheizstrahler mit Abschaltautomatik.
- Stellen Sie das Kleinkinderbett auf eine tiefere Ebene, damit Ihr Kind nicht herausfallen kann.
- Lassen Sie Ihr Baby in einem Schlafsack schlafen, und verzichten Sie auf Bettdecke und Kissen.
- Achten Sie darauf, dass Spielsachen keine Kleinteile haben, die sich lösen könnten.
- Verzichten Sie auf Gehhilfen im Lauflernalter.
- Die Schnullerkette Ihres Kindes sollte kurz sein.
- Achten Sie beim Hochstuhl auf Kippsicherheit.
- Lassen Sie keine scharfen, spitzen Gegenstände in greifbarer Nähe Ihres Kindes liegen.
- Verstauen Sie alle elektrischen Geräte sicher.
- Bewahren Sie Reinigungs- und Lösungsmittel sowie Medikamente unerreichbar für Ihr Kind auf.
- Sichern Sie die Fenster vor unerlaubtem Öffnen.
- Sichern Sie alle Treppenauf- und -abgänge mit Schutzgittern.
- Versehen Sie sämtliche Steckdosen mit passenden Kindersicherungen.

- Montieren Sie in Ihren Räumen Rauchmelder.
- Vermeiden Sie offen liegende Stromkabel.
- Machen Sie den Mülleimer unzugänglich.
- Lassen Sie niemals Plastiktüten herumliegen.
- Stellen Sie Wasserkocher, Kaffeemaschine, Fritteuse und so weiter außer Reichweite Ihres Kindes
- Installieren Sie Herdschutzgitter und Ofengitter.
- Beachten Sie die Rutschgefahr auf nassen Fliesenböden.
- Lassen Sie Ihr Kind nie unbeaufsichtigt baden, auch nicht im Badewanneneinsatz.
- Verwenden Sie Anti-Rutsch-Matten und Stoßsicherungen für die Armaturen in der Badewanne.
- Prüfen Sie vor dem Baden die Wassertemperatur.
- Verzichten Sie vorübergehend auf Tischdecken.
- Versehen Sie Möbel mit einem Kantenschutz.
- Möbel und Fernseher dürfen nicht umstürzen können, wenn Ihr Kind sich daran hochzieht.
- Machen Sie Teppiche rutschsicher, zum Beispiel mit Anti-Rutsch-Streifen.
- Bewahren Sie Zigaretten, Aschenbecher, Alkohol und Feuerzeuge für Ihr Kind unzugänglich auf.
- Verzichten Sie auf giftige Pflanzen.
- Schirmen Sie Blumenerde durch Blumengitter ab.
- Sichern Sie Ihren DVD-Player mit Schutzklappen.
- Sichern Sie Querstreben des Balkongitters mit einem Balkonnetz ab.
- Verschließen Sie Regentonnen und machen Sie Ihren Gartenteich unzugänglich. Lassen Sie Ihr Kind auch nie unbeaufsichtigt im Planschbecken spielen.
- Schließen Sie Gartengeräte, Dünger, Blumenerde, Farben, Lacke und Co. weg.
- Schützen Sie Ihr Kind durch regelmäßiges Eincremen konsequent vor Sonnenbrand.

Die Babypflege

Für Ihr Kind sind die täglichen Wickel- und Pflegeaktivitäten anfänglich ein großes und bisweilen auch ziemlich anstrengendes Abenteuer. Denn noch weiß es nicht genau, was dabei mit ihm passiert, es ist unsicher und vielleicht sogar ein wenig ängstlich. Für jede seiner Bewegungen, die sich nun deutlich anders anfühlen als im schwerelosen Schwebezustand in Mamas Bauch, benötigt es Zeit, Zuversicht und Ihre Geduld. Es muss schließlich eine Fülle von neuen Umgebungsreizen verarbeiten, die es noch nicht kennengelernt hat.

Bleiben Sie bei allen pflegerischen Handlungen immer mit Ihrem Kind im Kontakt: durch ihre Blicke, zärtliche Berührungen und erklärende Worte zeigen Sie, dass Sie Ihr Kind wahrnehmen und verstehen. So fühlt es sich sicher und geborgen, und das tägliche Pflegeprogramm wird schon bald sehr viel mehr als bloße Alltagsroutine – liebevolle Zuwendung pur, die jedes Baby genauso dringend für eine gesunde Entwicklung braucht wie seine Nahrung.

Verzweifeln Sie aber nicht, wenn Ihr »Zwiegespräch« mal nicht so recht in Gang kommt. Nicht immer sind Babys Bedürfnisse mit den Anforderungen eines Erwachsenenalltags in Einklang zu bringen. Vielleicht ernten Sie hin und wieder lautstarken Protest, den Sie dann ebenso tolerieren und anerkennen sollten. Vertrauen Sie darauf: Beim nächsten Mal wird wieder alles anders.

Nabelpflege

❓ Wie wird der Nabel des Babys richtig gepflegt?

Eine allgemeingültige Empfehlung gibt es dazu nicht. In vielen Kliniken wird der Nabelstumpf entweder mit Alkohol, einer speziellen Tinktur oder sogar einem antibiotischen Puder gepflegt, andere behandeln ihn gar nicht. Manchmal wird auch ein spezielles Nabelöl empfohlen. Bei der Abheilung des Nabels geht es allerdings darum, dass der Nabelschnurrest möglichst rasch eintrocknet und abfällt, um mögliche Infektionen zu verhindern. Der Nabelschnurrest enthält nach der Geburt noch sehr viel Wasser, das während des Eintrocknungsvorgangs verdunstet. Das restliche Gewebe trocknet ein und stirbt ab – ein notwendiger und erwünschter Vorgang. In der Hebammenpraxis hat sich ein Puder mit Heilpflanzenauszügen bewährt, der den Nabelschnurrest rasch austrocknet. Den Puder bekommen Sie von Ihrer Hebamme oder in der Apotheke.

Bevor Sie mit der Nabelpflege beginnen, waschen Sie sich unbedingt gründlich die Hände. Tragen Sie bei jedem Wickeln frisch eine kleine Dosis Puder auf. Entfernen Sie einmal am Tag alle Puderreste mit einer sterilen Kompresse, die Sie am besten mit verdünnter Ringelblumenessenz tränken. Erfahrungsgemäß fällt der Nabelschnurrest auf diese Weise nach drei bis vier Tagen bereits ab.

ⓘ WICHTIG

Puderdosen sind prinzipiell nicht als Kinderspielzeug geeignet! Beim zufälligen Lösen des Deckels kann sich der feinstaubige Puder über dem Gesicht entleeren. Durch den Schreck, bei dem es automatisch tief Luft holt, atmet das Kind den Puder sofort ein. Es besteht akute Erstickungsgefahr und das Risiko schwerwiegender Lungenerkrankungen als Spätfolge! Stellen Sie die Dose also bitte immer gleich außerhalb der Reichweite Ihres Kindes.

❓ Der Nabelschnurrest ist noch nicht abgefallen. Darf die Windel trotzdem über den Nabel reichen?

Nein, es ist wichtig, dass der Windelrand nicht über den Nabelrest reicht. Die feuchte Wärme in der Windel verzögert sonst den Abtrocknungs- und Heilungsprozess. Außerdem können Urin oder Kot die kleine Wunde infizieren. Falls die Windel noch etwas zu groß ist: Einfach den Windelrand nach innen umschlagen. Mit einer luftdurchlässigen Nabelkompresse bleibt der Nabel trocken, und die Windel kann nicht daran scheuern.

❓ Mein Baby hat am Nabel eine blutige Kruste. Soll ich sie beim Baden entfernen?

Versuchen Sie auf keinen Fall, die Krusten aus dem Nabel zu lösen, dabei könnten Sie Ihr Baby verletzen. Manchmal nässt die kleine Nabelwunde noch einige Tage, nachdem der Nabelschnurrest abgefallen ist. Das ist kein Grund zur Sorge. Wenn der Nabel allerdings unangenehm riecht, ständig nässt, gerötet oder eitrig entzündet ist, sollten Sie unbedingt Ihre Hebamme darauf ansprechen oder mit Ihrem Kind zum Kinderarzt gehen.

Augen, Nase, Ohren

❓ Wie lässt sich im Augenwinkel angetrocknetes Sekret entfernen?

Waschen Sie sich zunächst gründlich die Hände, um keine Bakterien in das Auge einzubringen. Dann tauchen Sie ein fusselfreies Baumwolltuch oder eine Kompresse in sauberes, lauwarmes Wasser und reiben das geschlossene Auge Ihres Kindes von außen zur Nasenwurzel hin vorsichtig aus. Verwenden Sie für jedes Auge ein frisches Tuch. Das Auswaschen mit Kamillentee reizt die Augen durch den Inhaltsstoff Azulen zusätzlich. Verzichten Sie also besser darauf.

❓ Meine Tochter (drei Wochen) muss ständig niesen. Hat sie schon Schnupfen?

Nein, ein so junges Kind hat wahrscheinlich noch keinen richtigen Schnupfen. Das Niesen Ihrer Tochter zeigt lediglich, wie sich die gesunde Nasenschleimhaut selbstständig reinigt. Dadurch wird sie irritierende Stoffe einfach wieder los.

❓ Wie entferne ich die Borken aus der Nase meines Sohnes (zwei Wochen)?

Träufeln Sie einen Tropfen Muttermilch oder isotone Kochsalzlösung (NaCl-Lösung 0,9 Prozent aus der Apotheke) in das verstopfte Nasenloch. Zwirbeln Sie anschließend die Ecke eines Papiertaschentuchs fest und spitz zusammen und schieben diese vorsichtig zirka 1 Zentimeter tief in das verkrustete Nasenloch ein. Die aufgeweichten Borken bleiben am Papiertuch kleben und lassen sich mit einer Drehbewegung gut aus der Nase herausziehen.

❓ Wie halte ich Babys Ohren sauber?

Mit einem weichen Waschlappen und etwas lauwarmem Wasser werden die Ohrmuschel und der Bereich hinter dem Ohr gereinigt. Es dürfen jedoch kein Wasser und keine Seife ins Ohr gelangen!
Wattestäbchen sind tabu: Zum einen könnte damit das zarte Trommelfell beschädigt werden, zum anderen drücken Sie das Ohrenschmalz damit nur weiter nach innen.

TIPP

Schauen Sie immer einmal hinter die Ohrmuscheln Ihres Kindes, ebenso in die Hautfalten am Hals und unter den Achselhöhlen: Regelmäßiges Säubern, sorgfältiges Trocknen und etwas Creme oder Öl reichen aus, damit die Falten nicht wund werden.

Fingernägel schneiden

❓ Ab welchem Alter darf man Babys Fingernägel schneiden?

Die weichen Nägel des Babys brechen in den ersten Wochen meist von selbst ab. In dieser Zeit ist ohnehin der Übergang vom hauchdünnen Nagel zum Nagelbett für Ungeübte schwer zu erkennen, und Sie schneiden schnell einmal aus Versehen in die kleinen Fingerchen.

Ab der sechsten bis acht Lebenswoche können Sie die Nägel dann unbesorgt mit einer speziellen Babynagelschere schneiden, die abgerundete Enden hat. Wenn Ihr Kind sich immer wieder stark kratzt, ziehen Sie ihm kleine Fäustlinge oder Söckchen über die Hände.

Sie dürfen eingerissene oder ausgefranste Fingernägel aber auch mit Ihren Zähnen abknabbern! Keine Angst: Zunge und Zähne sind sehr gefühlvoll. Es besteht keine Gefahr, dass Sie Ihr Baby dabei verletzen. Außerdem entstehen so keine scharfen Kanten an Babys Nägeln, die zu Kratzspuren in seinem Gesicht führen könnten.

Schneiden Sie Ihrem Baby anfänglich am besten die Nägel, wenn es schläft. Dann hält es wunderbar still, und Sie können ganz beruhigt schneiden.

❓ Kann ich zum Schneiden der Fingernägel auch einen Nagelknipser verwenden?

Das können Sie zwar tun, wenn Sie damit sehr vorsichtig sind. Aber die Verwendung einer abgerundeten Baby-Nagelschere ist einfacher und sicherer, weil Sie damit mehr Gefühl haben und die Schere besser in der Hand liegt.

Beim Schneiden gilt: Drücken Sie die kleinen Fingerbeeren während des Schneidens immer ein wenig vom Nagel weg, damit Sie nicht aus Versehen in die zarte Haut schneiden. Schneiden Sie die Fingernägel außerdem immer halbrund, nicht gerade oder spitz zulaufend.

Wickeln

❓ Was ist besser: Stoffwindeln oder Einwegwindeln?

Jede Methode hat ihre Vor- und Nachteile. Beides ist ungefähr gleich teuer, und beides belastet entgegen anderslautender Aussagen die Umwelt in ähnlichem Maße. Der Zeitaufwand ist durch das Waschen, Trocknen und Falten bei Stoffwindeln ein wenig höher. Etwas preisgünstiger wird das Wickeln mit Stoffwindeln dann, wenn Sie mehr als ein Kind damit wickeln.
Wenn Sie sich für Stoffwindeln entscheiden, schauen Sie im Telefonbuch oder Internet nach einem Windeldienst vor Ort: Die gebrauchten Stoffwindeln werden abgeholt, und Sie bekommen sie frisch gewaschen zurück.

❓ Stimmt es, dass Babys mit Stoffwindeln schneller sauber werden?

Moderne Einmalwindeln verwandeln in einer tiefer liegenden Schicht Urin und flüssige Anteile des Stuhls durch chemische Substanzen zu einer gelartigen Masse. Der Popo bleibt dabei weitestgehend trocken, die Kinder spüren keine unangenehme Feuchtigkeit wie bei den Stoffwindeln. Für manche Kinder ist aber das Gefühl des feuchten Unbehagens ein Grund, auf das Töpfchen oder die Toilette umzusteigen. Dennoch lässt sich nicht generell behaupten, dass mit Stoffwindeln gewickelte Kinder schneller sauber werden.

❓ Kann ich tagsüber mit Wegwerfwindeln wickeln und nachts mit Stoffwindeln?

Ja, natürlich! Viele Eltern, die sonst mit Stoffwindeln wickeln, nutzen unterwegs, nachts oder auf Reisen Einmalwindeln und machen gute Erfahrungen damit. Probieren Sie einfach aus, ob es Ihrem Kind gefällt.

WINDELNWECHSELN OHNE STRESS

Hier finden Sie im Überblick alle Handgriffe für den Windelwechsel:

1. Waschen und trocknen Sie Ihre Hände sorgfältig.
2. Legen Sie sich alle notwendigen Utensilien in Griffnähe. Wenn Sie Wegwerfwindeln verwenden, brauchen Sie eine frische Windel und eine Plastiktüte oder einen Windeleimer. Wenn Sie Stoffwindeln verwenden, benötigen Sie eine saubere Windel, Vlieseinlagen und ein Windelhöschen. Falls Ihr Baby wund ist oder zu Windelausschlag neigt, legen Sie sich zusätzlich etwas Wundschutzcreme bereit.
3. Während Sie Ihr Baby entkleiden, erzählen Sie ihm, was Sie gerade tun und was Sie als Nächstes tun werden. Lassen Sie sich dabei Zeit, achten Sie auf seine Reaktionen und Blicke und gehen Sie immer liebevoll darauf ein. Ihr Kind fühlt sich auf diese Weise sicher, geborgen und verstanden.
4. Öffnen Sie die Windel beziehungsweise lösen Sie die Klebestreifen der Höschenwindel und kleben Sie diese zusammen, damit sie nicht an Babys zarter Haut hängen bleiben und ihm wehtun. Entfernen Sie die schmutzige Windel aber noch nicht.
5. Wischen Sie den Po Ihres Babys mit den sauberen Ecken der benutzten Windel ab. Bei einem Jungen bedecken Sie den Penis sicherheitshalber mit einem mehrmals gefalteten Tuch, damit Sie vor einer »warmen Dusche« sicher sind.
6. Heben Sie den Po Ihres Babys von der Unterlage an, indem Sie mit der rechten Hand Babys rechten Oberschenkel umfassen und über den rechten Unterarm Babys linken Oberschenkel zusammen mit der ganzen Hüfte anheben. Sie können dazu auch eine Hand unter Babys Rücken schieben und die Windel dann unter seinem Po herausziehen.

Die Babypflege | 47

7. Falten Sie unter Ihrem Baby die Windel in der Mitte, die saubere Seite nach oben.
8. Säubern Sie nun mit einem warmen, feuchten Waschlappen den Genitalbereich Ihres Kindes (siehe auch Seite 48). Bereits angetrockneter Stuhl lässt sich mit einem weichen Tissue und etwas unparfümiertem Babyöl oder einem Ölpflegetuch gut lösen.
9. Heben Sie Ihr Baby an beiden Beinen leicht an und säubern Sie gründlich, aber sanft seinen Po. Sie können Ihr Kind dazu auch auf die Seite drehen.
10. Wechseln Sie die schmutzige Windel gegen eine saubere aus. Die obere Hälfte der neuen Windel (bei Einmalwindeln der Teil mit den Klebestreifen) gehört auf die Rückseite. Die untere Hälfte führen Sie durch die Beine Ihres Babys nach vorn. Achten Sie darauf, dass sich die Windel zwischen den Beinen nicht aufplustert. Beim Neugeborenen decken Sie den Bauchnabel mit dem verbliebenenn Nabelschnurrest nicht ab, sondern schlagen Sie den Windelrand einmal nach innen um. Es gibt auch spezielle Windeln für Neugeborene mit Aussparungen für den Nabel.
11. Verschließen Sie gegebenenfalls die Windel an beiden Seiten mit den Klebestreifen. Sie sollte fest sitzen, ohne in die Haut des Babys einzuschneiden.
12. Verkleben Sie die schmutzige Windel rundum gut, damit der Inhalt nicht heraustreten kann. Packen Sie die Windel in eine Plastiktüte und werfen Sie diese in den Abfalleimer. Bei Stoffwindeln »entsorgen« Sie den Inhalt gegebenenfalls in die Toilette und geben die Windel in den Windeleimer. Wenn Sie einen Windeleimer benutzen, sollte er einen gut schließbaren Deckel haben.
13. Ziehen Sie Ihr Baby an, und waschen Sie sich wieder gründlich die Hände.

❓ Wie pflege ich den Genitalbereich meiner Tochter am besten?

Reinigen Sie die großen (äußeren) Schamlippen mit einem feuchten Waschlappen oder auch mit ein wenig Öl von vorn nach hinten, also von der Scheide aus in Richtung After. Dadurch vermeiden Sie, dass Keime in die Scheide gelangen. Stuhlreste zwischen den großen und den kleinen Schamlippen können Sie auf die gleiche Art und Weise entfernen. Manchmal haben Mädchen einen leichten, neutral riechenden, weißlichen Ausfluss. Das ist völlig normal und dient der Selbstreinigung der Scheide.

❓ Und wie sollte die Intimhygiene bei einem Jungen erfolgen?

Penis und Hodensäckchen werden ebenfalls mit Wasser oder ein wenig Öl vorsichtig von Stuhlresten gereinigt. Säubern Sie vor allem auch die Falten in der Leistengegend und den Bereich unter dem Hoden gründlich. Zum Schrecken ihrer Eltern findet sich bei manchen Säuglingen plötzlich rot verfärbter Urin in der Windel, meist einmalig. Dies ist harmlos und wird als »Ziegelmehl« bezeichnet.

❓ Soll ich zum Waschen meinem Sohn immer einmal wieder die Vorhaut zurückziehen?

Nein, das sollten Sie auf keinen Fall tun. In den ersten Lebensjahren besteht eine natürliche Verklebung von Eichel und Vorhaut – ein sinnvoller Schutz vor Entzündungen der Eichel im Windelalter. In vielen Fällen löst sich die Vorhaut zwischen dem ersten und vierten Lebensjahr selbstständig von der Eichel ab. Manchmal dauert es auch bis in die Pubertät hinein. Durch das ständige Zurückziehen der Vorhaut könnte es zu Einrissen, Entzündungen und einer Narbenbildung kommen. Die Folge wäre eine echte Vorhautverengung (Phimose), die dann durch eine Beschneidung behoben werden müsste.

ⓦ WICHTIG

- Bitte lassen Sie Ihr Kind niemals allein auf dem Wickeltisch liegen, auch nicht für ein paar Sekunden. Übertragen Sie die Aufsicht bitte auch nicht auf Geschwisterkinder.
- Lassen Sie bei allem, was Sie tun, immer eine Hand an Ihrem Kind.
- Legen Sie sich alle nötigen Pflege- und Wickelutensilien immer vor dem Wickeln in Reichweite zurecht. Müssen Sie dennoch einmal etwas nachträglich holen, nehmen Sie Ihr Kind mit oder legen Sie es auf eine weiche Decke auf den Boden, zum Beispiel, wenn es an der Tür klingelt oder das Telefon schrillt.
- Achten Sie darauf, dass sich keine Pflegeartikel in Reichweite des Kindes befinden (siehe auch Kasten Seite 41).

❓ Woher kommen eigentlich Windeldermatitis und Wundsein?

Es gibt wohl kaum ein Kind, das nicht im Laufe seines ersten Lebensjahres mit mehr oder weniger starken Hautreizungen im Windelbereich zu kämpfen hat. Aus dem zarten, samtigen Babypopo wird dann in kürzester Zeit eine gerötete, bei Berührung schmerzende Wundfläche. Diese Hautentzündung bezeichnet man als Windeldermatitis. Fast ein Drittel aller Säuglinge erwischt es im Verlauf ihrer Wickelphase ein- oder mehrmalig, am häufigsten im Alter von 9 bis 12 Monaten. Das hat nicht unbedingt etwas mit mangelnder Hygiene zu tun. Eine leichte Erkältung mit erhöhter Körpertemperatur führt zum Beispiel zu konzentrierterem Urin und damit zur Hautreizung. Zahnen, Nahrungsumstellung, Durchfall, Behandlung mit Medikamenten oder eine Überempfindlichkeit gegen Pflegeprodukte sind ebenfalls mögliche Auslöser. Zusätzlich können sich Bakterien und Pilze auf der geschädigten Haut ansiedeln. Es kommt dann zu einem Ausschlag, der schlecht abheilt und in besonders schweren Fällen zu bluten beginnt.

❓ Wie beuge ich dem Wundsein vor?

- Stillen Sie so lange wie möglich, denn Muttermilchstuhl reizt die zarte Babyhaut am wenigsten.
- Häufiger Windelwechsel verringert den Kontakt zu aggressiven Stoffen aus Urin und Stuhl. Wechseln Sie nach dem Stuhlgang Ihres Kindes rasch die Windel.
- Wickeln Sie locker, damit die Haut atmen kann.
- Geben Sie dem Babypopo häufig »windelfrei«.
- Verwenden Sie hochwertige, dermatologisch getestete Babypflegeprodukte ohne Zusatz von (synthetischen oder natürlichen) Duftstoffen.
- Waschen Sie den Babypopo mit warmem, klarem Wasser, ohne Seife oder andere entfettende Badezusätze.
- Po und Hautfalten müssen trocken sein, bevor das Kind neu gewickelt wird.
- Wechseln Sie zu einer alternativen Wickelmethode. Der Fachhandel bietet viele verschiedene Methoden mit Naturtextilien an. Lassen Sie sich beraten!

❓ Wie kann ich meinem Kind bei Wundsein helfen?

Voraussetzung für eine erfolgreiche Behandlung ist, die Windelregion trocken zu halten und das Kind so oft wie möglich von der Windel zu befreien. Im Sommer ist das einfacher als im Winter – dann kann Ihr Kind sich ohne Windel in einem schön warmen Raum aufhalten.

Die Einmalhöschenwindeln der neueren Generation sind zwar sehr saugfähig, trotzdem sollten Sie ein wundes Baby tagsüber alle zwei Stunden und in der Nacht einmal wickeln. Manchmal ist es auch hilfreich, auf eine andere Windelmarke umzusteigen. Stoffwindeln sind in diesem Fall allerdings keine Alternative: Die Reibung des Stoffes kann bei einer ausgeprägten Windeldermatitis zur Verschlimmerung beitragen. Bei der täglichen Pflege ist jetzt zu beachten:

- Die Windel muss noch häufiger gewechselt werden, als Sie das sonst getan haben.

- Die Reinigung und das anschließende Abtrocknen der entzündeten Windelregion müssen sehr sorgfältig und gründlich erfolgen, vor allem jedoch behutsam, um dem Kind nicht zusätzlich wehzutun.
- Tränken Sie ein weiches, sauberes Tuch mit einer heilenden Lösung und benetzen Sie den betroffenen Hautbereich damit. Bewährt haben sich folgende Substanzen:
  – Ein wenig Muttermilch ist sehr hilfreich bei beginnendem Wundsein.
  – Verdünnte Calendula-Essenz wirkt entzündungshemmend, regulierend und heilend.
  – Ein Absud aus Kamillenblüten unterstützt die Heilung und desinfiziert.
  – Schwarztee, am besten aus biologischem Anbau, wirkt antibakteriell, gerbend und leicht kühlend
  – Eine dünn aufgetragene weiche Zinkpaste unterstützt die Heilung, ebenso mild gerbende Pasten mit Eichenrinde. Dicke Cremeschichten dagegen sind ungünstig: Sie verhindern, dass Luft an die Haut kommt. Außerdem reizen sie erneut beim Wegwischen.
- Windeleinlagen aus Bouretteseide sind angenehm auf der Haut zu tragen, liegen zart auf, verkleben nicht mit der Wunde, können Feuchtigkeit von der Haut ableiten und wirken aufgrund der wundheilungsfördernden Eigenschaften des Seidenleims hautberuhigend.

WICHTIG

Sollte sich nach zwei bis drei Tagen keine Besserung des Wundseins zeigen, gehen Sie am besten mit Ihrem Kind zum Kinderarzt. Er wird prüfen, ob sich eine zusätzliche Pilzinfektion auf dem geschädigten Hautgebiet ausgebreitet hat, und diese dann entsprechend behandeln. Gegen den »Windelsoor« wird Ihr Kinderarzt Ihnen eine nystatinhaltige Salbe oder Paste verschreiben. Fetthaltige Pflegeprodukte sollten Sie bei Pilzbefall nicht verwenden.

❓ Wie wähle ich die richtige Windelgröße für mein Kind aus?

Windeln gibt es in den Größen 1 bis 6, wobei Größe 1 für Frühchen oder Neugeborene mit 2 bis 5 kg Körpergewicht steht und Größe 6 für Kindergartenkinder bis 30 Kilogramm. Bei den gängigen Einwegwindeln stehen die jeweiligen »Gewichtsklassen« auf den Packungen. Wenn für das Gewicht Ihres Kindes zwei Gruppen passen würden, wählen Sie die größere Gewichtsklasse. Bei zu engen Windeln bilden sich Abschnürungen an den Oberschenkeln oder am Bauch. Etwas »knuffigere«, rundliche Kinder sollten lieber gleich eine größere Windel erhalten. Kaufen Sie nicht mehrere Windelpakete einer Größe auf Vorrat, denn nach einem Wachstumsschub kann die alte Größe sehr schnell zu klein sein!

❓ Wie kann ich mein Kind auch unterwegs stressfrei wickeln?

Wenn Sie zu Besuch bei jemandem zu Hause eingeladen sind, fragen Sie am besten schon vorher, in welchem Raum Sie Ihr Kind wickeln können. Nach Möglichkeit sollten Sie und Ihr Kind dort ungestört sein, und Sie sollten hinterher lüften können. Elternnasen verzeihen strenge Gerüche nämlich sehr viel schneller als die von Unbeteiligten.

In der Öffentlichkeit findet sich leider nicht überall eine günstige Wickelgelegenheit, auch wenn es in Kaufhäusern, Gaststätten & Co. immer öfter ein solches Angebot gibt. Finden Sie einmal gar keinen Platz für sich und Ihr Kind, können Sie auf die Rückbank oder – im Sommer – den Kofferraumdeckel Ihres Autos ausweichen oder eine Umkleidekabine im Kaufhaus nutzen. Die schmutzigen Windeln sollten Sie dann in eine Plastiktüte wickeln, gut verschließen und in der nächsten Mülltonne entsorgen.

Nehmen Sie für Ihr Kind ein vertrautes Spielzeug mit und sprechen Sie beruhigend mit ihm, so geben Sie ihm in der fremden Umgebung Sicherheit.

Waschen und Baden

❓ Wie halte ich mein Kind beim Baden richtig?

Für viele Eltern ist es änfänglich eine echte Zitterpartie, ihr Baby sicher in der Wanne zu halten. Baden Sie Ihr Kind doch zunächst einfach zu zweit: Rechtshänder schieben ihren linken Unterarm unter Babys Nacken, sodass der Schultergürtel völlig auf dem Unterarm ruht. Mit der linken Hand umfassen Sie Babys linke Schulter, die rechte Hand liegt zunächst unter dem Po. So können Sie Ihr Kind mit sicherem Griff ins Wasser eintauchen. Hat Ihr Kind »Bodenhaftung« auf dem Wannengrund, lösen Sie die rechte Hand, mit der Sie das liebevolle Badezeremoniell nun starten können. Die richtige Abfolge: von oben nach unten und von hinten nach vorn.

Die optimale Wassertemperatur für das Babybad liegt bei 37 bis 38 °C. Aber auch die Jüngsten haben schon unterschiedliche Vorlieben: Es gibt kleine Frostbeulen, denen schnell kalt wird. Oder robuste Wasserratten, die sich auch im lauwarmen Nass wohl fühlen. Für alle gilt: Sobald Füßchen oder Nase kalt werden, sollte das Baden beendet werden.

❓ Wie oft soll ich mein Kind baden?

Häufiges Baden belastet den Säureschutzmantel der dünnen Babyhaut. Für ein Neugeborenes reichen ein bis zwei Bäder in der Dauer von drei bis zehn Minuten pro Woche völlig aus, denn es macht sich – von gefüllten Windeln und gespuckter Milch einmal abgesehen – nicht schmutzig. Halten Sie den Windelbereich sauber, waschen Sie Händchen und Gesicht öfter mal mit klarem Wasser ab. Wenn Ihr Baby später zum Krabbelkind wird, darf es gerne öfter in die Wanne!

TIPP

Reinigen Sie das Gesicht Ihres Babys schon vor dem Bad mit einem Waschlappen und klarem warmem Wasser.

❓ Wann ist die beste Tageszeit zum Baden?

Babys mögen klare Strukturen und geregelte Tagesabläufe, deshalb sollten Sie Ihr Kind nach Möglichkeit immer etwa zur gleichen Zeit baden. Neugeborene badet man am besten zwischen den Mahlzeiten beziehungsweise rund eine Stunde danach – sie spucken sonst leicht.

Für ältere Babys ist ein Bad vor dem Schlafengehen oft ideal, da es beruhigt. Aber nicht alle Babys baden gern am Abend, manche planschen lieber morgens, andere baden überhaupt nicht gern. Beobachten Sie Ihr Kind und nehmen Sie seine Signale wahr – dann werden Sie seine Lieblingsbadezeit schnell herausfinden.

❓ Welcher Badezusatz ist empfehlenswert?

Trotz des großen, bunten Angebots an Badezusätzen: Es reicht, wenn Ihr Baby in klarem Wasser gebadet und dabei sanft von Hand oder mit einem Waschlappen abgewaschen wird. Einen Badezusatz können Sie verwenden, wenn Ihr Kind draußen spielt und krabbelt, denn erst dann kommt es in Kontakt mit Schmutz und fremden Keimen. Wählen Sie auf jeden Fall rückfettende Produkte ohne Tenside, um die Haut nicht zusätzlich auszutrocknen. Molke- und Kleiebäder sind für die gesunde Entwicklung des Säureschutzmantels der jungen Haut ideal.

🛈 TIPP

Kleopatra lässt grüßen: Ein idealer Badezusatz für Babys ist Muttermilch. Gerade Kindern mit empfindlicher Haut oder Neurodermitis hilft dies ausgezeichnet! Geben Sie einfach einige Spritzer Milch aus Ihrer Brust ins Badewasser oder pumpen Sie dazu etwas Milch ab.

Wenn Sie nicht stillen, können Sie auch einen Teelöffel Speiseöl mit zwei Teelöffeln Sahne verrühren und diese Mischung Babys Badewasser zusetzen.

Die Babypflege | 55

❓ Ab wann kann unser Kind mit uns zusammen in die Badewanne?

Nähe, Körperkontakt, Wärme, Schwerelosigkeit – das Bad mit Mama oder Papa in der großen Wanne ist für die meisten Babys ein Genuss. Sobald der Nabel Ihres Kindes vollständig abgeheilt ist, kann es mit dem nassen Vergnügen losgehen. Lassen Sie Ihr Kind anfänglich jedoch nicht länger als ein paar Minuten im Badewasser, da sein kleiner Körper sonst zu schnell auskühlt. Mit zunehmendem Alter kann der kleine Organismus seine Temperatur besser halten, dann darf auch mal länger geplanscht werden. Für das Familienbad lassen Sie am besten den Badezusatz erst einmal weg; später kann Ihr Kind noch lang genug mit duftenden Schaumbergen spielen.

❓ Ist ein Badeeimer eine lohnenswerte Anschaffung?

Ein Badeeimer ist die ideale »Wanne« für ein Baby-Entspannungsbad. Ihr Baby sitzt in der engen und festen Begrenzung des Eimers geborgen im warmen Wasser. Durch die Kombination von Enge, Wärme und Wasser fühlt sich Ihr Nachwuchs ähnlich sicher und geborgen wie früher im Mutterleib. Die besondere Form und der breite, gewölbte Rand des Eimers geben einen guten Halt und verhindern das Wegrutschen, sodass Säuglinge von selbst ihre natürliche embryonale Haltung einnehmen.

Durch die kleinere Wasseroberfläche bleibt das Badewasser zudem länger warm als in der Badewanne, Ihr Kind ist bis zu den Schultern rundum von warmem Wasser umgeben und kühlt nicht so schnell aus.

Der Badeeimer lässt sich von Anfang an nutzen und ist so lange aktuell, bis Ihr Kind etwa zwei Jahre alt ist. Verwenden Sie aber bitte für das Babybad keinen Haushaltseimer. Die Maße sind viel zu klein, was entsprechende Unfallgefahren birgt! Außerdem sind die Bodenkanten normaler Eimer meistens nicht rund geformt und für Ihr Baby deshalb unbequem.

❓ Brauche ich für mein Baby ein besonderes Shampoo?

Beim Haarewaschen benötigen Babys prinzipiell kein Shampoo; es reicht, wenn Sie das Haar beim Baden mit einem Waschlappen und klarem Wasser sanft abwaschen. Wenn der Haarschopf dichter wird, können Sie ein mildes Babyshampoo benutzen. Produkte, die laut Werbung beim versehentlichen Kontakt mit dem Auge keine Tränen verursachen, sind in den meisten Fällen nicht etwa frei von reizenden Stoffen, sondern enthalten oft ein oberflächlich wirkendes Betäubungsmittel. Verwenden Sie lieber ein neutrales Babyshampoo, das wenig schäumt, zum Beispiel eines aus dem Naturkostladen. Natürlich macht den meisten Kindern viel Schaum auch viel Spaß. Dieser wird umso üppiger, je mehr und je intensivere waschaktive Substanzen (Tenside) im Shampoo stecken. Bedenken Sie aber, dass dieses Haar und Kopfhaut nicht gut bekommt. Wenn die Haare am Hinterkopf verfilzen, liegt das am Reiben auf der Unterlage im Bettchen. Da hilft kein Shampoo, sondern nur regelmäßiges Kämmen und Bürsten.

❓ Kann ich meiner Tochter nach dem Bad schon die Haare föhnen?

Wenn Ihr Kind das mag, können Sie es ruhig föhnen. Aber Vorsicht: Die Luft darf nicht zu heiß aus dem Gerät strömen. Achten Sie bitte unbedingt darauf, dass Sie die niedrigste, also eher lauwarme Temperaturstufe gewählt haben und immer ausreichend Abstand zur Kopfhaut Ihres Babys halten (mindestens 30 Zentimeter). Um die Föhntemperatur fortlaufend kontrollieren zu können, halten Sie stets eine Hand unmittelbar ans Köpfchen Ihres Kindes. Viele Kinder fürchten sich allerdings vor dem lauten Gebläse. Wenn Ihre Tochter sich gegen das Föhnen wehrt, setzen Sie ihr einfach nach dem Bad ein Mützchen auf, bis die Haare trocken sind, und gehen Sie bei Wind oder Kälte nicht mit Ihrem Kind nach draußen, solange die Haare noch feucht sind.

TIPP

Bereiten Sie das Bad für Ihr Baby rechtzeitig und vor allem in Ruhe vor. Sie benötigen:

- eine Baby-Badewanne oder einen Badeeimer,
- ein Badethermometer,
- zwei weiche Moltonwaschlappen,
- ein bis zwei Kapuzenbadetücher,
- eine weiche Babyhaarbürste,
- etwas Pflanzenöl oder Creme,
- eine Babynagelschere,
- eventuell einen Heizstrahler,
- bei Bedarf einen Föhn.

Heizen Sie den Raum, in dem Ihr Baby gebadet werden soll, auf eine konstante Temperatur von 23 Grad vor. Lassen Sie das Badewasser einlaufen, überprüfen Sie die Wassertemperatur von 37 Grad mit dem Badethermometer und wärmen Sie ein Handtuch auf der Heizung an. Stellen Sie etwas Öl oder eine Creme bereit, und legen Sie Babys Kleidung und Windeln heraus, die es nach dem Baden anziehen soll. Auch wenn das Bad bei einem kleinen Baby nur fünf Minuten dauern soll: Nehmen Sie sich fürs Waschen ausreichend Zeit. Sagen Sie Ihrem Baby mit ruhiger Stimme, was Sie gerade tun. Beginnen Sie mit dem Oberkörper und wandern Sie dann mit dem Waschlappen weiter nach unten bis hin zu den Füßchen. Vergessen Sie die Ohrmuscheln und Hautfalten an Hals und Beinen nicht, denn dort sammeln sich oft Schweiß und abgestoßene Hautzellen an. Erst zum Schluss reinigen Sie Gesicht und Kopf mit einem frischen Waschlappen, sonst verliert Ihr Kind über den feuchten Kopf zu viel Wärme und kühlt rasch aus. Nach dem Planschen wickeln Sie Ihr Baby in das vorgewärmte Kapuzenbadetuch und trocknen es sorgfältig ab. Kontrollieren Sie dabei die anfälligen Stellen fürs Wundwerden in Hals-, Bein- und Achselfalten und hinter den Ohren. Wenn Ihr Baby etwas trockene Haut hat, massieren Sie leicht ein parfümfreies Pflanzenöl ein.

Hautpflege

❓ Welche Pflegeprodukte sind für Babys zu empfehlen?

Das Wichtigste haben Sie bereits vorrätig: Wasser und weiche Waschlappen. Zusätzlich benötigen Sie ein unparfümiertes Pflanzenöl zur täglichen Körperpflege, für die Babymassage sowie zum Entfernen von Creme- oder Stuhlresten im Windelbereich. Nehmen Sie am besten ein biologisches Mandel-, Oliven- oder Sonnenblumenöl.

Sollte der Po Ihres Kindes einmal wund sein, sollten Sie eine gute Heilsalbe zur Hand haben (siehe Seite 49 ff.).

Wichtig ist vor allem, dass Pflegeprodukte für das Baby nicht ständig gewechselt werden. Denn dadurch können viel schneller und leichter Hautirritationen oder sogar Allergien entstehen.

Dosieren Sie alle Pflegemittel sparsam – Sie brauchen meist viel weniger, als Sie denken. Das ist nicht nur gut für Babys Haut, sondern auch für Ihren Geldbeutel.

❓ Auf was müssen wir beim Kauf von Pflegeprodukten achten?

Legen Sie unbedingt Wert darauf, dass auf den Inhaltsstofflisten der einzelnen Produkte nur wenige, aber dafür hochwertige und natürliche Inhaltsstoffe stehen und dass die Produkte frei von synthetischen Zusätzen sind. Pflegemittel mit Farbstoffen, Duftstoffen und Konservierungsstoffen sollten Sie lieber stehen lassen.

Die meisten Eltern möchten zwar, dass ihr Kind gut duftet, sie tun ihm aber mit parfümierten Pflegeprodukten nichts Gutes: Viele der bei älteren Kindern auftretenden Hautreizungen, Ausschläge und Allergien sind darauf zurückzuführen, dass die Haut schon im Baby- und Kleinkindalter übertrieben »gepflegt« wurde. Freuen Sie sich lieber am natürlichen, guten Duft Ihres Babys!

❓ Kann ich zur Babypflege auch einfach mal Feuchttücher verwenden?

Den regelmäßigen Einsatz dieser Tücher kann ich nicht empfehlen, ganz besonders nicht im Windelbereich. Feuchttücher sind mit Konservierungsstoffen behandelt, da sie durch das Öffnen der Verpackung bei der Entnahme ständig mit Sauerstoff und Bakterien in Berührung kommen und daher schnell verderblich sind. Viele Babys entwickeln bei Hautkontakt mit diesen Konservierungsstoffen jedoch Rötungen, Entzündungen oder gar allergische Reaktionen. Nehmen Sie für unterwegs besser einen frischen, feuchten Waschlappen in einem Plastikbeutel mit. Oder Sie füllen ein pflanzliches Öl in einen Pumpzerstäuber (Drogeriemarkt) und packen für unterwegs ein paar weiche Tissues ein. So haben Sie bei Bedarf jederzeit ein frisches Ölpflegetuch, das zudem auf Babys Po kein unangenehm kühles Gefühl hinterlässt.

❓ Mein Sohn hat gerade sehr trockene Haut. Womit soll ich ihn eincremen?

Babyhaut ist um ein Vielfaches dünner als die Haut von Erwachsenen. Sie hat noch keine schützende Hornschicht und reagiert wesentlich sensibler auf Umwelteinflüsse. Da auch die Talgdrüsen bei Babys noch nicht voll funktionsfähig sind, fehlt der Haut zur Abwehr von Krankheitskeimen ein stabiler Schutzmantel. Dieser baut sich erst im Laufe der Jahre vollständig auf. Trockene Babyhaut braucht eine regelmäßige Pflege mit einer sogenannten Wasser-in-Öl-Emulsion. Diese Pflegeprodukte haben einen hohen Fett- und einen geringen Wasseranteil. Nach dem Auftragen entsteht ein leichter Fettfilm auf der Haut, der jedoch luftdurchlässig ist und den Wärmeaustausch ermöglicht.

Verwenden Sie bitte auch keine Babylotion oder -milch, denn diese enthalten als Konservierungsmittel meistens Alkohol, der die zarte Haut bei regelmäßigem Gebrauch zusätzlich austrocknen kann.

❓ Brauche ich eine spezielle Sonnencreme für mein Kind?

Ja, denn Babys Haut ist noch sehr dünn und bildet nur wenig Pigmente, die die Haut braun färben und die Zellkerne vor der UV-Strahlung bewahren. Babys sind den UV-Strahlen daher nahezu schutzlos ausgeliefert. Bis zum vollendeten ersten Lebensjahr sollten Sie Ihren Nachwuchs überhaupt nicht der direkten Sonne aussetzen, sondern ihn besser leicht bekleidet im Schatten platzieren. Da die UV-Strahlen dort jedoch ebenfalls wirksam sind, benötigt Ihr Kind auch im Schatten unbedingt eine Sonnenschutzcreme.

Die dermatologisch getestete Creme oder Lotion sollte eine möglichst hohe Schutzkategorie (Lichtschutzfaktor 30 und höher) und einen mineralischen Schutzfilter, wie zum Beispiel Titandioxid, haben. Die Inhaltsstoffe herkömmlicher Sonnencremes werden durch die Sonnenstrahlung so verändert, dass sie die Strahlungsenergie in thermische Energie (Wärme) umwandeln, was bei Ihrem Baby schnell zu Überhitzung führen könnte. Das Produkt sollte auch keine chemischen Zusatzstoffe enthalten.

Cremen Sie Ihr Kind besonders an denjenigen Stellen sehr gründlich ein, die nicht von der Kleidung bedeckt sind wie zum Beispiel die Fußrücken, sowie an den sogenannten Sonnenterrassen Stirn, Nase und Wangen, die sich besonders schnell röten. Geizen Sie nicht beim Eincremen! In Untersuchungen wurde festgestellt, dass zu dünn aufgetragene Cremes nicht die beschriebene Wirkung hatten. Setzen Sie Ihrem Kind außerdem einen Hut mit breiter Krempe auf und ziehen Sie ihm für draußen lange Hosen und luftige Hemdchen mit langen Ärmeln an.

ⓦ WICHTIG

Ihr Baby hat trotz aller Vorsicht doch einmal einen Sonnenbrand erlitten? Helfen Sie ihm mit geeigneten Sofortmaßnahmen! Welche das sind, lesen Sie auf Seite 177.

❓ Brauche ich auch im Winter spezielle Pflegeprodukte für mein Baby?

Babyhaut enthält im Vergleich zur erwachsenen Haut mehr Wasser und viel weniger schützendes Fett. Das macht sie durchlässiger und besonders empfindlich gegen Kälte, und in der kalten Winterluft wird sie daher sehr schnell trocken und rissig. Eine fetthaltige Creme bewahrt Baby- und Kinderhaut vor Verdunstungskälte. Je mehr Fett die Creme enthält, desto besser hält sie die Kälte ab. Dünn aufgetragen, legt der Kälteblocker einen Schutzfilm über die Kinderhaut und macht sie widerstandsfähig gegen Frost und Wind.

Cremen Sie das Gesicht und die Händchen Ihres Babys im Winter deshalb immer sorgfältig ein, wenn Sie gemeinsam nach draußen gehen. Am besten eignen sich dazu Produkte, die laut der Inhaltsstoffliste auf der Verpackung wasserfrei sind – denn sie gefrieren auch bei Minusgraden nicht auf der empfindlichen Haut.

Doch wenn die Temperatur deutlich unter null Grad liegt, es stürmisch oder nebelig ist, sollten Sie den Winterausflug ohnehin lieber auf sonnigere Tage verschieben.

❓ Mein Kind hat gerötete und wunde Stellen am Hals. Was kann ich dagegen tun?

Hautfalten neigen bei Babys ganz besonders dazu, wund zu werden (siehe auch Kasten Seite 57). Das Wichtigste ist, dass Sie alle Hautfalten, ob am Hals oder anderswo, stets sorgfältig sauber und trocken halten und diese Stellen ebenso sorgfältig behandeln wie einen wunden Po (siehe ab Seite 49). Behandeln Sie die Stellen nach der Reinigung mit etwas Creme oder Öl. Wenn Sie stillen, tragen Sie regelmäßig etwas Muttermilch auf die geröteten Stellen auf, das wirkt beruhigend und lindernd. Verwenden Sie zur Pflege Ihres Kindes bitte keinen Babypuder, da dieser durch die Hautfeuchtigkeit in den Falten klumpt und dann zusätzlich an der empfindlichen Haut reibt.

Die Babyernährung

Neugeborene brauchen noch nicht viele verschiedene Dinge: Sie brauchen zum Leben nur genug Liebe, Zeit, Wärme, Pflege und Muttermilch. Doch wenn es beim Säugling anfänglich noch so einfach ist, kommen spätestens nach fünf bis sechs Monaten andere Fragestellungen sowie umfangreiche Ernährungstipps und gut gemeinte Ratschläge fürs Zufüttern und die Beikosteinführung hinzu. Spätestens dann ist es an der Zeit, sich gründlich Gedanken über eine ausgewogene Ernährung Ihres Kindes zu machen: Worauf kommt es bei der Versorgung eines Babys wirklich an? Was gilt es unbedingt zu beachten? Wo haben wir einen persönlichen Spielraum? Nutzen Sie bei allen Ernährungsfragen auch die natürliche Neugier Ihres kleinen Gourmets. Ihr Kind hat generell an allem Interesse, was Sie tun – auch an Ihren Speisen, die es mit etwa einem halben Jahr nach und nach probieren darf. Der Ernährungsfahrplan auf der rechten Seite gibt Ihnen einen Überblick zur empfehlenswerten Ernährungsweise im ersten Lebensjahr.

Die Auseinandersetzung mit dem Thema Babyernährung ist übrigens auch eine gute Gelegenheit für die Eltern, ihre eigenen Essgewohnheiten einmal kritisch zu hinterfragen: Sie können Ihrem Kind ein gutes Vorbild sein und ihm vieles mitgeben, um ein ganzes Leben lang gesund zu bleiben. Bereiten Sie regelmäßige, leckere und gesunde Mahlzeiten zu, die Sie in Ruhe zusammen am schön gedeckten Familientisch genießen. Auf Seite 248 finden Sie auch noch ein paar Buchtipps dazu. Guten Appetit!

Tabelle 1: Ernährungsfahrplan für das erste Lebensjahr
(nach Empfehlungen des Deutschen Forschungsinstituts für Kinderernährung FKO, Dortmund)

	Morgens	Vormittags	Mittags	Nachmittags	Abends
1.–6. Monat	Muttermilch/Milchnahrung	Muttermilch/Milchnahrung	Muttermilch/Milchnahrung	Muttermilch/Milchnahrung	Muttermilch/Milchnahrung
Ab 7. Monat	Muttermilch/Milchnahrung	Muttermilch/Milchnahrung	Gemüse-(Fleisch)-Brei	Muttermilch/Milchnahrung	Muttermilch/Milchnahrung
Ab 8. Monat	Muttermilch/Milchnahrung	Muttermilch/Milchnahrung	Gemüse-(Fleisch)-Brei	Muttermilch/Milchnahrung	Milch-Getreide-Brei
Ab 9. Monat	Muttermilch/Milchnahrung	Muttermilch/Milchnahrung	Gemüse-(Fleisch)-Brei	Obst-Getreide-Brei	Milch-Getreide-Brei
10.–12. Monat	Muttermilch/Milchnahrung	Zwischenmahlzeit Obst/Getreide	Gemüse-(Fleisch)-Brei	Obst-Getreide-Brei	Milch-Getreide-Brei

Stillen

❓ Wie oft soll ich mein Baby stillen?

Ihr Baby darf so häufig trinken, wie es mag, und so lange, bis es satt ist. Dies nennt man »Stillen nach Bedarf«. Trinkt Ihr Kind oft, steigert sich die Milchmenge; wird es weniger häufig angelegt oder werden Stillmahlzeiten durch andere Nahrung ersetzt, wird die Milch auch weniger. In den ersten Lebenstagen sollte ein Säugling wenigstens sechs, besser noch acht bis zwölf Milchmahlzeiten innerhalb von 24 Stunden trinken. Es ist dabei völlig normal, dass Babys ihren Stillrhythmus immer wieder verändern und zum Beispiel bei Wachstumsschüben häufiger als sonst nach der Brust verlangen.

❓ Wie merke ich, dass mein Kind richtig an der Brust saugt?

Um effektiv zu saugen und den wichtigen Milchspendereflex zu stimulieren, ist es notwendig, dass Ihr Kind nicht nur an der Brustwarze nuckelt, sondern einen großen Teil des Warzenhofs mit dem Mund umfasst. Unterstützen Sie Ihren Säugling dabei mit dem sogenannten C-Griff: Legen Sie den Daumen oberhalb und die Finger unterhalb der Brustwarze auf die Brust. Der Abstand zur Brustwarze beträgt jeweils etwa drei Zentimeter. Heben Sie die Brust leicht an und drücken Sie Daumen und Finger mit sanftem Druck in Richtung Ihres Brustkorbs. Führen Sie Daumen und Finger mit leichtem Druck gleichzeitig in Richtung Brustwarze zusammen, sodass sich der Warzenhof zusammenschiebt. Wenn Ihr Baby nun seinen Mund öffnet, nehmen Sie es zu sich heran, damit es die Brustwarze gut fassen kann. Wichtig ist dabei: Bringen Sie das Kind zur Brust und nicht die Brust zum Kind! Sonst könnten Sie bald unter Rückenschmerzen leiden. Richtig zu stillen, bedeutet für Sie auch, es sich bequem zu machen und sich zu entspannen. Wenn Sie zum Beispiel im Sitzen stillen, halten Sie ein Kopfkissen bereit, das Sie als Armstütze nutzen.

TIPP

An den folgenden Anzeichen erkennen Sie, dass Ihr Baby beim Stillen richtig trinkt:

- Es macht erkennbare Saug- und Schluckbewegungen, und dabei bewegt sich die gesamte Muskulatur vom Kiefer bis zum Ohr.
- Sie hören deutlich, wie Ihr Baby schluckt.
- Seine Nase befindet sich ganz dicht an der Brust.
- Seine Lippen sind zu einem »Fischmündchen« nach außen gestülpt.
- Auch wenn es vielleicht beim Ansaugen zu leichten Schmerzen an der Brust kommt: Das eigentliche Trinken sollte für Sie nicht schmerzhaft sein.
- Ihre Brüste fühlen sich nach dem Stillen etwas weicher an als vorher.

? Stimmt es, dass Stillkinder keinen Schnuller bekommen sollen?

In seinen ersten Lebenstagen und -wochen ist ein gestilltes Baby noch damit beschäftigt, das Saugen an der Brust zu lernen – dabei wollen verschiedene Bewegungen und Muskeln koordiniert werden. »Schnullern« und Brusttrinken erfordern zwei ganz verschiedene Techniken, und manche Kinder geraten durcheinander, wenn beides zeitgleich angeboten wird. Man spricht dann von einer sogenannten Saugverwirrung. Diese kommt zwar nicht bei allen Stillkindern vor, denen ein Schnuller angeboten wird – doch wenn sie einmal aufgetreten ist, wird es schwer, die Kleinen wieder an die Brust zu gewöhnen.

Daher lautet die Empfehlung, dass Babys erst dann einen Schnuller bekommen sollten, wenn sie ohne Probleme an der Brust trinken und sich das Stillen eingespielt hat. In der Regel kann man davon ausgehen, dass dies nach etwa vier bis sechs Wochen der Fall ist.

❓ Woher weiß ich, dass mein Kind insgesamt genug trinkt?

Sichere äußere Anzeichen für ein gutes Gedeihen sind:
- Ihr Kind trinkt mindestens sechs bis acht Mahlzeiten am Tag, wobei es kräftig saugt und hörbar schluckt.
- Seine Haut ist rosig, und sein Körper ist warm.
- Insgesamt wirkt es zufrieden.
- Die große Fontanelle, die größte natürliche Knochenlücke im Schädeldach des Babys, ist nicht eingesunken.
- Ihr Kind hat sechs bis acht nasse Stoffwindeln oder vier bis sechs schwere Höschenwindeln am Tag, der Urin ist hell und geruchlos.
- Der Stuhl riecht nicht übel, sondern eher etwas säuerlich.
- Es gibt neben unterschiedlich langen Schlafphasen immer wieder Zeiten, in denen Ihr Baby wach und interessiert ist.
- Ihr Kind nimmt an Gewicht zu.
- Ihre Brust ist nach dem Stillen etwas weicher.

❓ Wie viel soll mein Baby zunehmen?

In den ersten Tagen nehmen gesunde Neugeborene meist bis zu sieben Prozent ihres Geburtsgewichts ab. Das ist normal, denn der Organismus scheidet nach der Geburt viel Wasser und das angesammelte Kindspech aus.
Je öfter ein Baby an der Brust trinkt, umso schneller nimmt es wieder zu. Nach zwei, drei Wochen sollte das Geburtsgewicht wieder erreicht sein. In den ersten drei Monaten nehmen Säuglinge etwa 110 bis 250 Gramm pro Woche zu, danach etwa 90 bis 150 Gramm bis zum sechsten Monat. Im zweiten Lebenshalbjahr sollten Kinder etwa 40 bis 90 Gramm pro Woche zunehmen. Die Berechnung geht vom niedrigsten Gewicht aus, nicht vom Geburtsgewicht. Ein gestilltes Baby hat sein Geburtsgewicht mit fünf bis sechs Monaten etwa verdoppelt. Probleme können dann entstehen, wenn die Milchbildung nicht richtig in Gang kommt oder das Neugeborene sich nicht gut an seine neuen Umweltbedingungen anpasst.

❓ Wie viel soll mein Baby pro Mahlzeit trinken?

Stillkinder verändern im Laufe der ersten Lebensmonate immer wieder ihre Rhythmen, und auch die Anzahl und Dauer der Mahlzeiten schwankt. Stillen Sie einfach nach Bedarf – so spielen Sie sich am besten aufeinander ein und lernen schnell die Reaktionen Ihres Kindes zu deuten. Die Trinkmenge pro Mahlzeit ist bei Stillkindern recht unterschiedlich, sie regulieren ihren Bedarf ja selbst. Mal trinken sie mehr, mal weniger, manchmal sehr häufig am Tag und manchmal seltener. Es gibt eine Faustregel: Die Trinkmenge in 24 Stunden sollte bei voll gestillten Kindern ab dem vierten Monat ein Siebtel des Körpergewichts in Millilitern betragen. Wenn Ihr Kind also zum Beispiel sechs Kilo wiegt, trinkt es täglich zirka 850 Milliliter. Da Sie aber nicht genau wissen, wie viel Ihr Kind bei der letzten Stillmahlzeit getrunken hat, hilft Ihnen dies nicht viel weiter. Beobachten Sie Ihr Kind und vertrauen Sie auf Ihre Stillfähigkeit: Wenn Ihr Kind gut gedeiht (siehe Seite 66), müssen Sie sich keine Gedanken über die Trinkmenge machen.

❓ Soll ich mein Kind immer vor und nach dem Stillen wiegen?

Nein, das häufige Wiegen bewirkt unnötigen Stress bei Mutter und Kind, der sich ebenfalls nachteilig aufs Stillen auswirkt. Zudem gibt Ihnen das Wiegen vor und nach der Mahlzeit wenig Auskunft über den Bedarf Ihres Kindes. Manchmal trinkt es weniger, manchmal mehr. Machen Sie sich darüber keine Sorgen. Die Trinkmenge sagt nämlich nichts über den Sättigungsgehalt einer Stillmahlzeit aus.
Möchten Sie Ihr Kind dennoch zu Ihrer Beruhigung regelmäßig wiegen, sollten Sie das nicht häufiger als einmal pro Woche tun, um sich nicht von kleinen Schwankungen irritieren zu lassen. Wenn Sie sich bezüglich der Gewichtszunahme Ihres Kindes unsicher sind, fragen Sie Ihre Hebamme oder den Kinderarzt um Rat.

❓ Kann mein Kind von Muttermilch auch zu dick werden?

Nein, eine Überfütterung mit Muttermilch ist nicht möglich. Hormone in der Milch sorgen dafür, dass der Körper des Babys das richtige Maß an Fettzellen und Muskelzellen anlegt, andere steuern vermutlich den Appetit des Säuglings. Eine Studie der Berliner Charité belegt sogar: Wer als Säugling sieben bis neun Monate lang Muttermilch getrunken hat, dessen Risiko für Übergewicht liegt etwa ein Drittel niedriger als das von Flaschenkindern.

Sobald Ihr Stillkind aktiver wird, trainiert es seine Speckröllchen von selbst wieder ab.

❓ Brauchen Stillbabys zusätzlich noch etwas Tee oder Wasser?

Nein, gesunde, reife Stillkinder brauchen keine zusätzliche Flüssigkeit, denn sie stillen ihren Hunger und ebenso ihren Durst von Anfang an ausschließlich mit der Muttermilch. Eventuell möchte Ihr Kind bei sommerlichen Temperaturen öfter an der Brust trinken. Es kann zum Beispiel gut sein, dass Ihr Baby im Hochsommer halbstündlich für ein bis zwei Minuten saugen möchte. Dadurch kommt es in den Genuss der durstlöschenden Vormilch und regt gleichzeitig den »Nachschub« an. Zusätzliche Flüssigkeitsgaben würden zudem Ihre Milchmenge reduzieren.

💡 TIPP

Wenn Sie auf ärztlichen Rat hin zufüttern müssen, sollten Sie in den ersten vier bis sechs Lebenswochen statt der Flasche einen Löffel, Becher, eine Spritze mit speziellem Aufsatz oder ein Brusternährungsset benutzen, um eine Saugverwirrung zu vermeiden (siehe Seite 65). Lassen Sie sich die Fütterungsmethoden von Ihrer Hebamme oder einer Stillexpertin zeigen.

❓ Bei uns dauert das Stillen insgesamt über eine Stunde. Ist das normal?

Durch das Trinken stillt Ihr Kind nicht nur Hunger und Durst, sondern befriedigt auch sein Bedürfnis nach Nähe und Geborgenheit. Wenn es gut angelegt ist und richtig saugt, darf es so lange trinken, bis es die Brustwarze von allein loslässt. Schauen Sie beim Stillen also besser nicht auf die Uhr, sondern auf Ihr Kind. Bei manchen Müttern verläuft die Milchabgabe langsam, auch dann dauert die Mahlzeit länger. Sollte die reine Trinkzeit bei einer Mahlzeit jedoch regelmäßig eine Stunde überschreiten, bitten Sie Ihre Hebamme um Unterstützung. Sie wird sich den Verlauf einer Stillmahlzeit ansehen und mit Ihnen gemeinsam eine Lösung finden.

❓ Reicht es, wenn mein Baby immer nur eine Brust pro Mahlzeit trinkt?

Wenn Ihr Kind gut gedeiht und Sie sich mit dieser Art zu stillen wohlfühlen, spricht nichts gegen ein wechselweise einseitiges Stillen. Dem Baby bei einer Mahlzeit beide Brüste anzubieten ist vor allem zu Beginn der Stillzeit sinnvoll, um die Milchbildung anzuregen. Frauen, die viel Milch haben, können aber langfristig auch nach Ihrer Methode verfahren.

❓ Nach dem Stillen spuckt meine Tochter oft einen Teil der Milch wieder aus. Was tun?

Kennen Sie das geflügelte Wort: »Speikinder – Gedeihkinder«? Wenn Ihre Tochter gut gedeiht und sich beim Spucken nicht sichtlich quält, ist das Spucken vermutlich völlig unbedenklich. Ihr Kind trinkt dann einfach mehr, als sein kleiner Magen fassen kann, und entledigt sich des Überflusses auf ganz natürliche Weise.

Lassen Sie Ihr Baby zwischen dem Wechsel von einer Brust zur anderen sowie nach jeder Stillmahlzeit aufstoßen. Legen Sie es dazu über Ihre Schulter und schützen Sie Ihre Kleidung mit einer Stoffwindel. Noch ein Tipp: Wickeln Sie Ihr Kind vor dem Stillen statt danach, denn das Hin- und Herdrehen bei vollem Magen fördert das Spucken noch zusätzlich.

Beim Schlafen lagern Sie den Oberkörper Ihres Kindes leicht erhöht, indem Sie ein kleines Keilkissen unter das Oberteil der Matratze legen. Benutzen Sie aber bitte kein Kopfkissen, denn das könnte die Atmung beeinträchtigen!

Mit der Zeit wird das Spucken dann ohnehin von selbst nachlassen, da das Verdauungssystem Ihres Kindes noch vollständig ausreifen wird.

WICHTIG

Wenn Ihr Baby nach jeder Mahlzeit schwallartig im hohen Bogen spuckt und auf Dauer merklich an Gewicht verliert, kann dies ein Hinweis auf einen Magenpförtnerkrampf sein. Dabei ist der Muskel am Magenausgang verdickt, sodass nur geringe Milchmengen vom Magen in den Darm fließen können. Gehen Sie in diesem Fall unbedingt möglichst bald mit Ihrem Kind zum Kinderarzt.

Muss ein Stillbaby nach der Mahlzeit unbedingt ein »Bäuerchen« machen?

Durch das »Bäuerchen« wird Ihr Kind beim Trinken geschluckte Luft wieder los – das beugt oftmals Spucken und Verdauungsbeschwerden vor. Dazu legen Sie Ihr Baby nach seiner Mahlzeit über Ihre Schulter auf ein Spucktuch und beklopfen seinen Rücken von unten nach oben sanft mit Ihrer hohlen Hand. Sie können sich Ihr Kind auch auf den Schoß legen und zart von hinten nach vorn über die Fontanelle streichen.

Eine Variante für Kinder, die den Kopf schon selbst halten können, ist die Fliegerposition. Dabei liegt Ihr Baby bäuchlings auf Ihrem Schoß, der Kopf liegt nicht mit auf, sondern

ist frei über Ihrem Oberschenkelrand. Klopfen Sie auch hier leicht Babys Rücken von unten nach oben.
Das Aufstoßen erfolgt meistens wenige Minuten nach einer Mahlzeit. Falls nicht, hat Ihr Kind diesmal vielleicht nicht viel Luft geschluckt. Manchmal tut sich auch stundenlang nichts, bis es plötzlich laut herausrülpst. Und manchmal tut sich eben auch gar nichts.

❓ Soll ich mein Kind zum Bäuerchen wecken, wenn es an der Brust einschläft?

Nein, das müssen Sie nicht unbedingt tun. Legen Sie Ihr Kind ruhig in sein Bettchen, zur Sicherheit erst einmal auf den Bauch. Es wird sich von selbst melden, wenn es Luft loswerden möchte. In Bauchlage kann es aufstoßen, ohne dass Erstickungsgefahr besteht.

❓ Mein Baby hat nach dem Stillen ständig Schluckauf. Kann ich etwas dagegen tun?

Da Ihr Baby in der Gebärmutter nicht geatmet hat, müssen sich die noch unreifen Muskeln des Zwerchfells jetzt zunächst einmal an die Bewegungen beim Ein- und Ausatmen gewöhnen. Die unregelmäßigen Muskelanspannungen beim Schluckauf helfen dabei, denn sie sorgen für ein wenig Training und den Aufbau der Muskulatur. So gesehen ist ein Schluckauf zwar lästig und manchmal recht quälend, aber er ist hilfreich für die Entwicklung Ihres Kindes.
Sobald es das erste Mal »hickst«, geben Sie Ihrem Kind einfach noch einmal kurz die Brust. In den meisten Fällen reicht dieser kleine Nachtisch oder ein wenig Nuckeln aus, um einen Schluckauf zu lindern. Versuchen Sie es auch einmal mit einer sanften Massage der Babyfußsohlen, während der Sie Ihrem Kind mit ruhiger Stimme ein Lied vorsingen können. Durch die Entspannung wird die Atmung ruhiger und tiefer, und der Zwerchfellkrampf, sprich Schluckauf, löst sich.

❓ Wie kann ich mir helfen, wenn meine Brustwarzen wund werden?

Die wichtigste Maßnahme: Richten Sie Ihre Aufmerksamkeit bei jeder Stillmahlzeit auf das korrekte Anlegen! Was außerdem noch hilft:

- Verschaffen Sie Ihren Brustwarzen mehr erholsame Pausen, indem Sie Ihr Kind prinzipiell häufiger und kürzer statt seltener und lange anlegen.
- Wechseln Sie häufig die Stillpositionen, am besten auch während einer Mahlzeit.
- Wenn Sie Ihr Kind von der Brust nehmen möchten, etwa weil es eingeschlafen ist, schieben Sie zuvor Ihren kleinen Finger in seinen Mundwinkel, um das Vakuum zu lösen.
- Lassen Sie Milch- und Speichelreste nach dem Stillen auf der Brustwarze antrocknen, sie beruhigen die stark beanspruchte Haut.
- Benutzen Sie Stilleinlagen aus Wolle oder einem Wolle-Seide-Gemisch, legen Sie bei Letzterem die Seidenseite auf die Haut. Der enthaltene Seidenleim fördert die Wundheilung. Wechseln Sie die Einlagen stets sofort, sobald sie feucht sind.
- Benutzen Sie vorübergehend keine Seife, kein Duschgel, keine Cremes oder Lotionen.
- Homöopathische Mittel können den Heilungsprozess beschleunigen, fragen Sie Ihre Hebamme oder einen Heilpraktiker danach.
- Ein gutes Mittel bei wunden Brustwarzen ist das Abtupfen der betroffenen Stelle mit verdünnter Calendula-Essenz. Die Wunde wird auf diese Weise desinfiziert und die Wundheilung angeregt.
- Legen Sie je ein Plastikteesieb, von dem Sie den Griff abschneiden (Kanten mit Schmirgelpapier entschärfen!), in Ihren BH. So wird das Wundgebiet optimal belüftet und die Heilung beschleunigt.
- Verwenden Sie zur Pflege eine spezielle Salbe aus reinem Lanolin (Wollfett).

❓ Meine Tochter beißt mir öfter so in die Brustwarze, dass es blutet. Wie kann ich das verhindern?

Wenn es wieder passiert, sagen Sie Ihrer Tochter ruhig, aber bestimmt, dass sie Sie nicht beißen darf, weil Ihnen dies Schmerzen bereitet. Babys verstehen bereits sehr viel – zumindest Ihr ernster Tonfall kommt bei Ihrem Kind an. Nehmen Sie Ihre Tochter ohne große Umschweife von der Brust, wenn Sie den Eindruck haben, dass sie gestillt ist. Legen Sie zum Schluss der Stillmahlzeit Ihren Finger in die Nähe ihres Mundes, um den Saugschluss, also das Vakuum in ihrem Mündchen, schnell zu lösen, und schieben Sie Ihren Finger zwischen die kleinen Kiefer, damit sie nicht zubeißen kann. Wenn Sie dennoch von einem Biss überrascht werden, ziehen Sie Ihr Kind nicht von sich weg, sondern drücken es zu sich heran, um den Druck seiner Kiefer nicht noch zu verstärken. Die meisten Babys lassen dann sofort los.

Sie können das Risiko, gebissen zu werden, außerdem verringern, indem Sie Ihrem Kind direkt nach dem Abnehmen von der Brust einen Beißring, ein Stück Veilchenwurzel, eine harte Brotrinde oder etwas anderes zum Beißen geben. Daran kann es dann nach Herzenslust seine Zähnchen ausprobieren.

❓ Ich habe einen Zahnarzttermin. Darf ich trotz Betäubung weiterstillen?

Ja, das dürfen Sie unbesorgt tun, denn eine örtliche Betäubung ist in normaler Dosierung in der Stillzeit unbedenklich. Das Betäubungsmittel wird schnell abgebaut und bleibt vorwiegend dort, wo es benötigt wird: im Zahnbereich. In der Muttermilch ist es nicht nachweisbar. Alle üblichen lokalen Betäubungsmittel, die beim Zahnarzt angewendet werden, sind kein Grund, das Stillen hinauszuzögern oder zu unterbrechen. Vorsicht: Sollten Sie Amalgamfüllungen haben, lassen Sie diese wenn möglich erst nach der Stillzeit entfernen. Sonst würde Ihr Stoffwechsel und damit auch die Muttermilch mit zu viel Quecksilber belastet.

WIE VÄTER JETZT HELFEN KÖNNEN

Während der Stillzeit wirken Mutter und Kind meist wie ein perfekt eingespieltes Team. Viele Väter haben jetzt das Gefühl, außen vor zu bleiben. Doch Studien zeigen, dass Frauen umso länger stillen, je mehr Unterstützung sie vom Partner erhalten.

So können Sie sich als Vater in der Stillzeit engagieren:

- Sagen Sie Ja zum Stillen. Ihre positive Haltung gibt Ihrer Partnerin Kraft und Zuversicht. Wenn Sie das Stillen auch selbst bejahen, fühlt sie sich von Ihnen zuverlässig getragen und unterstützt.
- Helfen Sie Ihrer Partnerin, eine bequeme Stillposition zu finden. In den ersten Tagen und nachts ist das Stillen im Liegen noch sehr komfortabel. Doch egal welche Stillposition sie bevorzugt: Ihre Partnerin sollte sich darin wohl fühlen, und das Baby sollte unbedingt freien Zugang zur Brust haben. Stützen Sie den Rücken und die Arme der Stillenden gut ab, eventuell auch ihre Füße.
- Entlasten Sie Ihre Partnerin. Mutter und Kind müssen anfänglich das Stillen gleichermaßen erlernen und zusammenfinden – eine sensible und sehr störanfällige Phase in der Stillbeziehung. Jetzt ist es besonders wichtig, dass Sie anwesend sind und im Haushalt mit anpacken.
- Wann immer Sie können, ermöglichen Sie Ihrer Partnerin eine Mütze voll Schlaf. In Babys ersten Lebenswochen sollten kurze Schlafphasen unbedingt auch über Tag eingeplant werden. Abends sinkt der Prolaktinanteil in der Muttermilch – ein Grund, warum Babys abends öfter weinen, denn das Hormon wirkt beruhigend. Schläft Ihre Partnerin tagsüber ein wenig, tankt sie Babys »Beruhigungsmittel" wieder auf, und Sie können sich auf einen entspannten gemeinsamen Abend freuen!
- Nehmen Sie sich Zeit für Ihr Kind. Verbringen Sie so viel Zeit wie möglich mit ihm. Spielen Sie mit ihm, tragen Sie

es im Tragetuch oder unternehmen Sie etwas, das Ihnen beiden Spaß macht. Auch Windelnwechseln, Kuscheln, Zubettbringen oder das gemeinsame Bad sind gute Möglichkeiten, eine innige Vater-Kind-Beziehung aufzubauen. Im Berufsalltag können Sie abends und am Wochenende Zeit für sich und Ihr Baby einplanen.

- Liebe während der Stillzeit: Viele Frauen erleben ihren eigenen Körper jetzt ganz neu und haben durch die immense Leistung der Geburt oft auch ein stärkeres Selbstbewusstsein. Das Bedürfnis nach körperlicher Berührung wird meist schon beim Pflegen und Versorgen des Babys und während des Stillens erfüllt. Hinzu kommt die anfängliche Übermüdung durch das nächtliche Stillen oder Füttern. Verständlich, dass sich viele Frauen nicht für weitere intime Berührungen begeistern können. Für frischgebackene Väter ist diese Umstellung oft schwierig. Manche Männer betrachten den Stillakt dann eifersüchtig als erotisches Liebesspiel. Das ist zwar zum Teil auch richtig, aber Stillen ist kein Ersatz für die sexuelle Beziehung zwischen Mann und Frau. Betrachten Sie Ihr Kind als »Ergebnis« Ihrer Liebe und Anziehung, üben Sie sich in Geduld, und sprechen Sie offen miteinander.

Viele Frauen haben durch die hormonelle Umstellung in der Stillzeit eine trockene Scheidenschleimhaut, die beim Sex Schmerzen bereitet. Verwenden Sie dann vorübergehend ein Gleitmittel und wechseln Sie beim Sex öfter die Positionen.

Oft verändert sich die Beziehung, wird stärker und stabiler. Dann kann über die Liebe zum Kind eine besonders intensive Verbindung zum Partner, auch in der sexuellen Beziehung, entstehen.

Abstillen

❓ Sollte ich abstillen, wenn ich Medikamente einnehmen muss?

Viel zu oft wird bei einer medikamentösen Behandlung eine Stillpause oder sogar das Abstillen empfohlen. Meist beziehen sich Ärzte dabei auf die Angaben im Beipackzettel des Arzneimittels. Viele Arzneimittelhersteller investieren jedoch nicht in eine gründliche Forschung, weil der Absatzmarkt »Stillende Frauen« für sie viel zu klein ist. Die Industrie argumentiert, die Kosten für aufwendige Forschungen nicht aufbringen zu können, und rät daher einfach durchweg von der Einnahme ihrer Präparate während Schwangerschaft und Stillzeit ab.
Es gibt jedoch auch gut untersuchte Präparate für die Stillzeit. Mittlerweile lässt sich für fast jede Indikation ein Arzneimittel finden, das das Weiterstillen erlaubt. Entsprechende Informationen zu erhalten ist leider nicht immer einfach, auch behandelnde Ärzte sind oftmals nicht gut oder richtig informiert. Das Beratungszentrum für Embryonaltoxikologie in Berlin gibt medizinischen Fachkreisen und in schwierigen Fällen auch stillenden Frauen selbst fachkundig Auskunft. Die Adresse finden Sie auf Seite 247.

❓ Wann empfiehlt es sich eigentlich, ein Kind abzustillen?

Diesen Zeitpunkt bestimmen Sie und Ihr Kind: Solange es Ihnen beiden Spaß macht, gibt es keinen Grund, mit dem Stillen aufzuhören. Irgendwann aber wird die Phase kommen, in der einer von beiden nicht mehr möchte – ideal, wenn das bei Ihnen beiden gleichzeitig eintritt. Dann müssen Sie lernen, sich voneinander zu lösen und werden auf andere Art und Weise wieder Nähe erleben. In Deutschland beträgt die durchschnittliche Stillzeit derzeit leider nur wenige Monate. Ein hoher Prozentsatz von Neugeborenen wird bereits im Wochenbett oder kurz danach abgestillt.

❓ Nach drei Monaten möchte ich nun langsam abstillen. Wie mache ich das?

Beikost kann etwa ab dem sechsten Lebensmonat eingeführt werden. Da Ihr Kind noch zu jung dafür ist, müssen Sie zunächst eine Flaschenernährung anstreben.
Um eine Stillmahlzeit am Tag zu ersetzen, legen Sie Ihr Kind zunächst wie gewohnt an, aber Sie lassen es sich nicht vollständig satt trinken. Bieten Sie ihm direkt im Anschluss an das Stillen eine Flasche mit Pre-Nahrung an. Steigern Sie die Menge der Flaschennahrung so lange, bis die Brustmahlzeit vollständig ersetzt ist. Die nächste Mahlzeit können Sie nach mindestens einer Woche auf die gleiche schonende Weise ersetzen. Beginnen Sie mit der Morgen- oder Mittagsmahlzeit. Sie sollten aber möglichst nicht zwei unmittelbar aufeinanderfolgende Stillzeiten ersetzen. Nehmen Sie sich für das Abstillen sechs bis acht Wochen Zeit.

❓ Wie kann ich möglichst schnell abstillen und die Beikost einführen?

Füttern Sie zunächst bei zwei bis drei Brustmahlzeiten über den Tag verteilt Beikost zu. Am Ende einer Woche sollte dann bei allen Stillmahlzeiten zugefüttert werden. So reduziert sich die nachgefragte Milchmenge – bis gar nicht mehr gestillt wird. Wenn Sie mit dieser natürlichen Maßnahme Schwierigkeiten haben, kann Ihnen Ihr Frauenarzt ein Medikament verordnen, das die Produktion des Stillhormons und damit die Milchbildung hemmt. Diese Arzneimittel haben allerdings einige Nebenwirkungen.

💡 TIPP

Beginnt Ihre Brust während des Abstillens zu spannen, pumpen Sie nur so viel Milch ab, dass die Spannung nachlässt, sonst regen Sie die Milchbildung an. Kühlen Sie Ihre Brust mit feuchten Tüchern oder einem Coolpack.

Fläschchenkost

❓ Ich möchte nicht stillen. Welche Ersatznahrung empfehlen Sie?

Empfehlenswert ist die sogenannte Anfangsmilch. Anfangsnahrungen können bis zum Ende des Flaschenalters gefüttert werden. In ihrer Zusammensetzung ähnelt Pre-Nahrung der Muttermilch am ehesten. Sie enthält Milchzucker (Laktose) als einziges Kohlenhydrat, ist gut verträglich und leicht verdaulich. Wie beim Stillen hat das mit Pre-Nahrung gefütterte Kind kurze Verdauungsintervalle und ist daher öfter hungrig – sie müssen Ihr Kind also etwa so häufig füttern, wie Sie es stillen würden. Mit kurzkettigen Kohlenhydraten wie der in Pre-Nahrung enthaltenen Laktose kann ein Kind nicht überfüttert werden. Es darf, ebenso wie ein Stillkind, so viel trinken, wie es möchte.

Säuglingsanfangsnahrung vom Typ »1« oder dem Buchstaben »B« enthält neben Laktose auch Stärke. Diese Nahrung ist sämiger und sättigt länger. Allerdings belastet sie den Verdauungstrakt Ihres Kindes auch mehr. Wenn Sie Ihrem Baby Typ-1-Nahrung geben, halten Sie die angegebenen Trinkmengen bitte genau ein, damit es nicht zu dick wird.

❓ Was muss ich bei der Umstellung auf Pre-Nahrung beachten?

Wiegen Sie Ihr Kind eine Zeitlang täglich (eine Waage können Sie in der Apotheke ausleihen): Es sollte im Laufe einer Woche zirka 130 bis 200 Gramm zunehmen.

Achten Sie außerdem genau auf seine Verdauung. Vorübergehend kann eine Verstopfung auftreten – sollte Ihr Baby jedoch Durchfall bekommen oder erbrechen, liegt vermutlich eine Unverträglichkeit vor, über die Sie gleich mit Ihrem Kinderarzt sprechen sollten. Bitten Sie Ihre Hebamme bei der Ernährungsumstellung um Unterstützung. Sie wird Ihnen gern behilflich sein.

❓ Wann soll ich von der Pre-Nahrung zur Folgenahrung wechseln?

Am besten gar nicht – denn für eine ausgewogene Ernährung Ihres Kindes ist ein Wechsel von Pre- auf Folgenahrung überhaupt nicht notwendig. So lautet die Empfehlung des Forschungsinstituts für Kinderernährung (FKE) in Dortmund (siehe Anhang Seite 242).

Bei der Umstellung auf Folgemilch droht sogar die Gefahr einer Überfütterung Ihres Kindes, da diese Produkte mehr Eiweiße und Kohlenhydrate als Pre-Milchen enthalten. Sie sind kalorienreicher und bleiben außerdem länger im Magen liegen. Eine Portion Folgenahrung von 100 Millilitern enthält zwischen 74 und 80 Kalorien. Häufig setzen die Hersteller den Folgemilch-Produkten Stärke zu, sodass die Zubereitungen sämiger sind und die Kinder zwischen den einzelnen Mahlzeiten länger satt bleiben.

Neben der Stärke enthalten Folgemilchen oft auch noch weitere Kohlenhydrate wie beispielsweise Maltodextrin oder Saccharose (Haushaltszucker). Diese Zuckerarten führen langfristig dazu, dass sich Ihr Kind an Süßes gewöhnt und auch später sehr süß schmeckende Lebensmittel bevorzugt. Stellen Sie deshalb die Ernährung Ihres Kindes zu gegebener Zeit lieber genau wie beim Stillen allmählich auf Breikost um (siehe ab Seite 89).

❓ Was bedeutet die Bezeichnung »LCP« auf manchen Packungen von Babynahrung?

Das Kürzel (auch »LC-PUFA«) steht für »long-chain-polyunsaturates«, das sind langkettige, mehrfach ungesättigte Fettsäuren. Diese Fettsäuren sind auch in der Muttermilch enthalten und unterstützen beim Baby die gesunde Entwicklung von Gehirn und Nervensystem sowie des Sehvermögens.
Seit einigen Jahren ist die Industrie in der Lage, diese wertvollen Fettsäuren künstlich herzustellen und sie der Säuglingsnahrung zuzusetzen.

❓ Was bedeuten die Abkürzungen auf den Packungen von Babynahrung?

- HA: hypoallergen. Für allergiegefährdete Säuglinge; nicht geeignet bei einer diagnostizierten Kuhmilchallergie.
- Probiotika: Milchsäurekulturen zur Regulierung der Verdauung und zur Stärkung der Abwehrkräfte.
- Prebiotika: Ballaststoffe zur Regulierung der Verdauung und zur Stärkung der Abwehrkräfte.
- GOS/FOS: Prebiotikamischung, siehe oben.

❓ Meine Tochter bekommt Pre-Nahrung und spuckt sehr oft nach dem Trinken. Was soll ich tun?

Vielleicht trinkt sie zu hastig. Versuchen Sie es einmal mit einem kleineren Saugerloch für das Fläschchen, und geben Sie Ihrem Kind ausreichend Gelegenheit zu einem Bäuerchen (siehe Seite 70).

Ein »echtes« Erbrechen erkennen Sie dagegen am sauren und vergorenen Geruch. Dann kann es sein, dass Ihre Tochter die Nahrung tatsächlich nicht verträgt. Probieren Sie es mit der Nahrung eines anderen Herstellers, zum Beispiel mit einem Produkt, das als Quellstoff Johannisbrotkernmehl enthält. Dieses wird schon während der Zubereitung zum Quellen gebracht und belastet den kleinen Magen deshalb weniger. Spuckt Ihre Tochter dann immer noch, lassen Sie die Ursache unbedingt von Ihrem Kinderarzt abklären.

❓ Wie oft muss ein Flaschenkind Stuhlgang haben?

Ein Flaschenkind sollte täglich Stuhlgang haben. Dieser ist meist geformt, er sollte nicht hart, aber auch nicht breiigflüssig sein. Ist der Stuhl Ihres Kindes dauerhaft zu hart oder zu weich, wechseln Sie probehalber zur Nahrung eines anderen Herstellers. Ändert sich nichts, gehen Sie mit Ihrem Kind zum Kinderarzt.

❓ Kann ich Babynahrung einfach mit Leitungswasser zubereiten?

Entgegen anderslautenden Tipps können Sie das in der Regel ohne Bedenken tun. Kaum ein Lebensmittel wird so regelmäßig und sorgfältig kontrolliert wie unser Trinkwasser, die Überwachung erfolgt durch das Gesundheitsamt. Dadurch wird eine Gesundheitsgefährdung besonders durch Krankheitserreger ausgeschlossen.

Für einzelne Substanzen wie Blei, Kupfer und Nitrat (siehe auch Seite 82) hat der Gesetzgeber Grenzwerte festgelegt. Bei Ihren örtlichen Stadtwerken können Sie die Zusammensetzung Ihres Wassers nachfragen. Greifen Sie im Zweifel beim Zubereiten von Babynahrung lieber auf nitratarmes Mineralwasser zurück.

Nicht ganz unproblematisch sind alte, bleihaltige Wasserleitungen oder auch neuere aus Kupfer. Beide Metalle können durch Korrosion aus den Rohren herausgelöst und dann mit dem Trinkwasser aufgenommen werden. Wenn Sie in einer Mietwohnung wohnen, fragen Sie zunächst beim Hausmeister oder Vermieter beziehungsweise der Hausverwaltung nach. Um sicher zu gehen, können Sie eine Probe aus Ihrer Leitung zur Kontrolle in ein Labor geben, die Untersuchung kostet rund 30 Euro. Adressen bekommen Sie ebenfalls bei Ihrem Wasseranbieter.

Unabhängig von der Qualität Ihres Trinkwassers sollten Sie es immer abkochen, bevor Sie es für die Zubereitung der Nahrung Ihres Babys verwenden.

Ein kurzes Aufkochen reicht dabei nicht – das Wasser sollte mindestens zehn Minuten lang kochen. Durch das Abkochen wird das Wasser von Keimen befreit, es hilft allerdings nicht gegen mögliche Rückstände von Chemikalien oder Schwermetallen im Wasser.

Ab dem sechsten Monat braucht Ihr Kind kein abgekochtes Wasser mehr. Sein Immunsystem kommt jetzt mit der üblichen Keimbelastung schon gut klar. Es gibt sogar Vermutungen, dass zu viel Keimfreiheit Allergien begünstigt.

❓ Worauf muss ich achten, wenn ich die Babynahrung mit Mineralwasser oder Tafelwasser zubereite?

Sehen Sie sich das Etikett an: Dem Hinweis »Zur Herstellung von Babynahrung geeignet« können Sie vertrauen. Der Natriumgehalt eines solchen Wassers liegt unter 20 mg/l und es enthält wenig Nitrat (unter 10 mg/l). Wie Leitungswasser sollten Sie auch Mineralwasser und Tafelwasser abkochen, bevor Sie es für die Zubereitung der Babynahrung verwenden. Verbrauchen Sie außerdem die angebrochene Flasche rasch.

❓ Wie bereite ich die Pre-Nahrung richtig zu?

Achten Sie hierbei bitte peinlich genau auf die Dosierungsvorschriften des Herstellers, die Sie auf der Packung finden. Benutzen Sie ausschließlich den beigelegten Messlöffel. Beispielsweise könnte es die Nieren Ihres Kindes erheblich belasten, wenn Sie zu wenig Wasser bei der Zubereitung verwenden würden.

Das verwendete Wasser sollte immer frisch abgekocht werden und anschließend auf die angegebene Temperatur (meist 60 °C) abgekühlt sein. Bevor Sie Ihrem Baby das Fläschchen geben, kontrollieren Sie, ob die Temperatur in Ordnung ist (halten Sie es zum Beispiel an die Innenseite Ihres Handgelenks). Es sollten außerdem auf keinen Fall Klümpchen in der Flüssigkeit sein.

❓ Warum ist die richtige Wassertemperatur bei der Zubereitung so wichtig?

Die Zusammensetzung der Pulvernahrung ist vom Hersteller auf bestimmte Anrührtemperaturen abgestimmt. Nur bei diesen Temperaturen ist gewährleistet, dass sich das Pulver optimal auflöst und den maximalen Nährwert für Ihr Baby hat. Eine zu niedrige Temperatur führt meist zu Klümpchenbildung, und bei einer zu hohen Temperatur können wichtige Inhaltsstoffe wie Eiweiße, probiotische Bestandteile und Vitamine zerstört werden. Die Nahrung verliert dann an Nährwert, was wiederum zu einer Mangelernährung und langfristig zu Gesundheitsschäden bei Ihrem Kind führen kann.

> **TIPP**
>
> Ein sogenannter »Fläschchenwasser-Abkühler« (Cool Twister) arbeitet nach dem Prinzip des Wärmetausches und völlig ohne Strom oder chemische Zusätze: Das kochende Wasser wird innerhalb von lediglich 80 Sekunden von 100 °C auf eine einstellbare Temperatur zwischen 40 und 60 °C heruntergekühlt.
> Und so funktioniert's: Da Wärme immer vom wärmeren zum kälteren Körper fließt, gleichen auch kaltes und kochendes Wasser ihre Temperaturen an. Dabei kühlt das kochende Wasser ab, das kalte erwärmt sich. Dieser Wärmetausch erfolgt über eine Kühlspirale aus Aluminium.

❓ Kann ich den Rest einer Milchmahlzeit aufbewahren und später füttern?

Nein, das sollten Sie auf keinen Fall tun. In der zubereiteten Milchnahrung vermehren sich sehr schnell Bakterien. Wenn Ihr Baby die Flasche nicht leer trinkt, kippen Sie den Milchrest bitte gleich weg.

❓ Kann ich ein Fläschchen für unterwegs schon zu Hause zubereiten?

Besser ist es, wenn Sie das abgekochte Wasser in einer kleinen Thermoskanne mitnehmen. Das abgemessene Milchpulver können Sie schon vorher in die Flasche geben. Wenn Ihr Baby unterwegs Hunger hat, müssen Sie nur noch das Wasser in die Flasche füllen und den Sauger aufschrauben. Auf diese Weise ist die Nahrung immer frisch zubereitet, und es können sich keine schädlichen Bakterien darin entwickeln.

Fläschchen, Sauger & Co.

❓ Was ist besser: Glas- oder Kunststoffflaschen?

Glasflaschen haben den Vorteil, dass sie sich besser reinigen lassen und kratzbeständiger sind als Plastikflaschen. Dagegen sind Kunststoffflaschen stabiler und gehen nicht gleich zu Bruch, wenn sie mal runterfallen. Das ist vor allem dann wichtig, wenn das Baby schon ab und zu selbst einmal nach der Flasche greift.

In den bei Kunststoffflaschen schnell entstehenden Kratzern lagern sich gern Bakterien an und vermehren sich rasant. Entsorgen Sie deshalb alte, verkratzte und poröse Plastikflaschen unbedingt regelmäßig.

Der Kunststoff, aus dem die Flaschen bestehen, enthält zur Härtung meist Bisphenol A (BPA). BPA wirkt ähnlich wie das weibliche Geschlechtshormon Östrogen, was gerade für Babys gesundheitsschädlich sein kann, denn das Hormon reichert sich in ihrem kleinen Körper an. Nur sehr wenige Hersteller bieten bis jetzt BPA-freie Fläschchen an. Fragen Sie im Fachhandel danach.

Besonders bei starker Hitze werden Spuren von Bisphenol A aus dem Plastik gelöst. Auch aus diesem Grund sollten Sie Babyflaschen nicht in der Mikrowelle erwärmen.

💡 TIPP

Für die Fläschchenzeit benötigen Sie:
- Sechs bis acht 250-Milliliter-Fläschchen,
- ebensoviele Sauger,
- einen Kochtopf oder Vaporisator zum Sterilisieren,
- eine Flaschenbürste,
- eine Thermosflasche für unterwegs,
- einige saubere, gebügelte Geschirr- und Spucktücher.

Eine lohnende Anschaffung ist der Cool Twister zum raschen Abkühlen von kochendem Wasser (eine Bezugsadresse finden Sie auf Seite 242).

❓ Kann ich die Fläschchen auch in der Spülmaschine reinigen?

Das können Sie ohne Bedenken tun – entfernen Sie Milchreste trotzdem gleich nach dem Benutzen mit heißem Wasser. Danach können Sie die Fläschchen in den oberen Korb der Spülmaschine geben. Am besten verwenden Sie ein ökologisches Maschinenspülmittel, um Rückstände schädlicher Reiniger zu vermeiden. Wählen Sie ein 60-Grad-Spülprogramm, dann sind die Flaschen durch die Hitze während des Trocknungsvorgangs fast keimfrei. Plastikflaschen werden dadurch mit der Zeit jedoch spröde und sollten dann nicht mehr verwendet werden.

❓ Welche Sauger sind besser für mein Kind – Silikon oder Latex?

Silikon ist geschmacksneutral, Kautschuk beziehungsweise Latex hat dagegen einen Eigengeschmack, den manche Babys ablehnen. Latexsauger werden mit der Zeit klebrig und sollten spätestens dann ausgetauscht werden.
Wenn das Baby schon Zähnchen hat, empfiehlt sich eher Latex, da es das Silikon zerbeißen und die entstandenen Kleinteile schlucken oder einatmen kann.

❓ Wie reinigt man die Sauger der Babyfläschchen richtig?

Am besten geht das mit Salz: mit den Fingern fest einrubbeln und anschließend abspülen, das entfernt Eiweißreste und Speichel. Danach kochen Sie die Sauger mindestens fünf Minuten in sprudelnd kochendem Wasser aus. Stellen Sie sich dazu einen Küchenwecker, sonst kocht möglicherweise irgendwann ein Gummibrei im trockenen Topf! Überprüfen Sie die Sauger bei jeder Reinigung auf Risse und tauschen sie gegebenenfalls gleich aus. Ansonsten reicht es, die Sauger alle sechs Wochen auszutauschen.

❓ Muss ich die Sauger auch später noch jedes Mal auskochen?

Ab dem Krabbelalter reicht es, den kräftig eingesalzenen Sauger (siehe Seite 85) mit heißem Wasser abzuspülen, denn Krabbelbabys stecken sowieso alles, was sie finden können, in den Mund. Bei gesunden Wohnverhältnissen und einem gesunden Baby erübrigt sich das anschließende Sterilisieren, denn das Immunsystem Ihres Kindes hat die Umgebungskeime bereits kennengelernt und kann bereits bestens mit ihnen umgehen.

Unverträglichkeiten und Allergien

❓ Warum sollte man Kindern im ersten Lebensjahr keine Kuhmilch füttern?

Von allen Lebensmitteln ist Kuhmilch dasjenige, das am häufigsten Allergien auslöst. Gerade allergiegefährdete Säuglinge sollten daher im ersten Lebensjahr unbedingt entweder gestillt werden oder eine sogenannte hypoallergene (HA-)Nahrung bekommen.

Die Kuhmilch-Allergie äußert sich in Gedeihstörungen, wässrigen Durchfällen oder Erbrechen, aber nicht selten auch in Asthmaanfällen und akuten Hautausschlägen. Bei einer gesicherten Diagnose ist eine strenge kuhmilchfreie Diät notwendig, auch später beim Kleinkind.

Außerdem wird ein Zusammenhang zwischen der frühen Gabe von Kuhmilch und dem späteren Auftreten der Zuckerkrankheit (Diabetes mellitus) diskutiert. Wissenschaftliche Belege gibt es dafür aber noch nicht.

Ohnehin ist Kuhmilch überhaupt nicht zur Babyernährung geeignet, denn sie ist von der Natur für Kälbchen bestimmt – für Menschenkinder enthält sie zu wenig wichtige Nährstoffe wie beispielsweise Jod, Eisen und Kupfer, die in Muttermilch in natürlicher Weise enthalten sind und die der Fertigmilch zugesetzt werden.

❓ Woran erkenne ich eine allergische Reaktion meines Kindes?

Anzeichen für allergische Reaktionen auf Nahrungsmittel sind zum Beispiel Durchfall, Erbrechen oder Entwicklungsstörungen. Aber auch Atemprobleme können auftreten sowie eine bläuliche Verfärbung der Gesichtshaut um den Mund während oder kurz nach einer Mahlzeit. Außerdem kann es zu Hautausschlägen kommen, die manchmal nur schwer von einer harmlosen Neugeborenenakne (siehe Seite 174) zu unterscheiden sind.

Wenn Sie derartige Auffälligkeiten an Ihrem Baby bemerken, sollten Sie nicht zögern, mit ihm zum Kinderarzt zu gehen. Er kann Sie auch beraten, wie es nun mit der Ernährung Ihres Kindes weitergehen soll. Übrigens geht ein erhöhtes Allergierisiko allem Anschein nach von gentechnisch veränderten Nahrungsmitteln aus.

❓ Soll ich meinem Kind nicht einfach gleich eine hypoallergene Nahrung geben?

Als Vorsorge gegen Allergien ist die HA-Nahrung nicht zu empfehlen. Ein Kind, das nicht allergiegefährdet ist (siehe Seite 88), hat keine Vorteile dadurch, und gesunde Säuglinge sollten sich langsam an verschiedene Lebensmittel und Zutaten gewöhnen. Auf diese Weise lernt der Darm schonend und allmählich, mit den verschiedenen Nahrungsmitteln umzugehen; dadurch ist die Gefahr sogar geringer, dass Ihr Kind eine Allergie entwickelt.

Die hypoallergene Nahrung ist für allergiegefährdete Säuglinge gedacht, die nicht gestillt werden (können). HA-Nahrung wird zwar auch auf Kuhmilchbasis hergestellt, die Eiweißbestandteile werden bei der Produktion allerdings noch stärker aufgespalten als in der herkömmlichen Muttermilchersatznahrung. Bei einer gesicherten Milcheiweißallergie darf allerdings auch diese Nahrung nicht gefüttert werden (siehe nächste Frage).

❓ Mein Kind verträgt auch keine HA-Nahrung – was tun?

Ein Kind, das auf jede Art von Nahrung auffällig reagiert, muss auf jeden Fall kinderärztlich untersucht und betreut werden. Zwar gibt es spezielle Heilnahrungen, mit denen man betroffene Kinder ernähren kann, der Nahrungsaufbau erfordert jedoch meist viel Engagement und setzt eine gründliche Information der Eltern voraus. Eine hilfreiche Adresse, unter der Sie kompetente Hilfe in Ihrer Nähe erfragen können, ist der Deutsche Allergie- und Asthmabund DAAB e. V. Die Adresse finden Sie auf Seite 243.

❓ Sind Soja-, Ziegen- oder Stutenmilch nicht sinnvolle Alternativen?

Über diese Frage streiten die Wissenschaftler noch immer. Es ist jedoch zweifelsfrei nachgewiesen, dass sich gegen Ziegenmilch, Stutenmilch und Soja ebenso Allergien entwickeln können wie gegen Kuhmilch. Es gibt vermutlich deswegen weniger Betroffene, weil der Verzehr solcher Lebensmittel weniger verbreitet ist und nicht viele Menschen diese Eiweiße mit ihrer Nahrung überhaupt zu sich nehmen.

ℹ️ INFO

Ihr Kind ist allergiegefährdet, wenn eines oder mehrere der folgenden Kriterien zutreffen:

- Sie selbst, Ihr Partner oder gemeinsame Kinder haben oder hatten bereits Neurodermitis oder ein juckendes, wiederholt auftretendes Ekzem in den Ellenbeugen oder Kniegelenken.
- Sie selbst, Ihr Partner oder gemeinsame Kinder haben oder hatten bereits einen allergischen Schnupfen (Heuschnupfen oder allergische Bindehautentzündung).
- Sie oder Ihr Partner oder gemeinsame Kinder leiden oder litten unter allergischem Asthma.

Die Beikosteinführung

❓ Ab wann soll ich die Ernährung meines Babys auf Beikost umstellen?

Die Weltgesundheitsorganisation (WHO) empfiehlt, ein Baby in seinen ersten sechs Lebensmonaten voll zu stillen. Auch wenn Sie Ihr Kind mit Muttermilchersatznahrung füttern, sollten Sie dies über sechs Monate lang tun. Danach kann die Gewöhnung an das Essen der »Großen« beginnen: Löffelchenweise entdeckt Ihr Kind nun nach und nach verschiedene Lebensmittel. Es lernt verschiedene Aromen und Konsistenzen zu unterscheiden und entwickelt dadurch ein gesundes, genussvolles Essverhalten.
Diese Umstellung nimmt das gesamte zweite Lebenshalbjahr in Anspruch, oft dauert sie sogar noch länger. Ihr Baby braucht viel Zeit, um sich an jedes einzelne neue Lebensmittel zu gewöhnen.

❓ Kann ich Karottenbrei oder Schmelzflocken ins Fläschchen geben?

Nein, das ist weniger empfehlenswert. Lassen Sie Ihr Kind seinen ersten Brei lieber ganz bewusst vom Löffel nehmen und ihn ausgiebig schmecken und mit dem Mund »befühlen«. Auch das gehört zur Entwicklung eines gesunden Essverhaltens. Mit einer schrittweisen Umstellung wie in der vorigen Frage beschrieben können Sie sichergehen, dass Ihr Kind immer satt wird.
Wenn Sie ihm die Beikost dagegen einfach per Fläschchen »unterschieben«, kann es die Nahrung nicht durch Kauen und Einspeicheln vorverdauen, sondern sie landet fast unbearbeitet in seinem kleinen Magen. Bei empfindlichen Kindern führt dies nicht selten zu Verdauungsschwierigkeiten und Bauchweh. Wenn Ihr Baby unter festem Stuhlgang leidet oder als Stillkind tagelang keinen Stuhl hat, ist die Karotte als pure Beikost nicht geeignet.

❓ Was bedeutet die Altersangabe »4. Monat« auf Gläschen und Breipackungen genau?

Das bedeutet »nach dem vierten Monat«. Die Beikost sollte also frühestens mit Beginn des fünften Lebensmonats gegeben werden. Die Angaben der Säuglingsnahrungsindustrie sind jedoch kein wirklicher Anhaltspunkt für den Beikostbeginn! Vielmehr sollten Sie selbst beobachten, wann Ihr Kind reif für die Beikost ist (siehe Kasten) und dann mit dem ersten Brei loslegen. Dies kann nach vier Monaten, darf aber auch erst nach sechs Monaten oder noch später sein.

> **⚠ WICHTIG**
>
> Ihr Kind ist reif für die Beikost, wenn es selbstständig aufrecht sitzen kann, sich für feste Nahrung interessiert und sie selbst in den Mund steckt. Sobald es aufhört, die Nahrung immer wieder aus dem Mund herauszuschieben, hat sich der Zungenreflex abgeschwächt, und Ihr Kind möchte nun wie die Großen kauen.

❓ Mit fünf Monaten guckt mir mein Kind fast den Bissen aus dem Mund. Darf es probieren?

Ihr Kind zeigt mit seinem Interesse, dass es in sozialer Hinsicht so weit ist, etwas Neues auszuprobieren. Mit fünf Monaten ist der Verdauungstrakt des Babys meist auch so weit, dass er andere Nahrungsmittel als Muttermilch(ersatz) verträgt. Sie können Ihrem Kind zum Üben schon mal einen Plastiklöffel in die Hand geben oder auch ein mittelweich gekochtes Karottenstück. Wahrscheinlich landet anfangs mehr davon auf der Kleidung als im Mund, aber es befriedigt die Experimentierfreude und Neugier und macht Lust auf mehr Selbstständigkeit. Wenn Sie Ihr Kind von Ihrer Mahlzeit probieren lassen möchten, entnehmen Sie bitte eine kleine Portion vor dem Salzen.

❓ Brauche ich ein Esslernset für mein Kind?

Wenn sich Ihr Baby in ein quirliges Kleinkind verwandelt, kommen ganz neue Herausforderungen auf Sie zu: »Selber« heißt jetzt die Devise! Neugierig auf alles, was die Großen tun, gehen die Kleinen bei Tisch auf ungestüme Entdeckungsreise. Es wird gematscht, gekleckert und geschmiert – nicht immer zur Freude der Eltern. Lassen Sie Ihr Kind aber ruhig sein Essen erkunden, Tischsitten lernt es später auch noch.
Ein Plastikteller mit Anti-Rutsch-Boden für einen sicheren Stand während der Mahlzeit ist eine große Hilfe. Beim Besteck ist ein schmaler, flacher Softlöffel für den Übergang vom Saugen zur ersten Beikost ideal, weil er den sensiblen Gaumen des Kindes schützt. Die Gabel muss stumpfe Zinken haben, und ein Kunststoffbecher übersteht auch Höhenflüge.
Sobald Ihr Kind später weniger Bedürfnis zeigt, ausgiebig mit dem Essen zu spielen, kann es wie die Großen vom Porzellangeschirr speisen.

❓ Was gibt man am besten als Beikost? Und wann?

Hierzu gibt es zwei Faustregeln, an die Sie sich halten können. Die erste lautet: Stellen Sie pro Monat nur eine tägliche Stillbeziehungsweise Fläschchenmahlzeit auf Beikost um (siehe auch Seite 77). Die zweite Regel heißt: Führen Sie pro Woche höchstens ein neues Lebensmittel ein.
Wenn Sie sich daran halten, wird der kleine Organismus nicht überfordert. Der Verdauungstrakt Ihres Babys hat so genügend Zeit, um zu zeigen, wie er mit jedem einzelnen Nahrungsmittel zurechtkommt, und kann sich langsam umstellen.

🛈 TIPP

> Bieten Sie keine unbekannte Beikostmahlzeit an, wenn Ihr Baby richtig hungrig ist. Das führt nur zur Enttäuschung. Außerdem sollte die Muttermilch beziehungsweise das Fläschchen ja noch eine Weile Hauptnahrungsmittel bleiben.

❓ Ist nicht als erste Beikostmahlzeit ein Abendbrei sinnvoll, damit mein Kind länger satt ist und schläft?

Nein, als erste Beikostmahlzeit empfiehlt sich eher die Mittagsmahlzeit: Nach dem Vormittagsschlaf sind die meisten Kinder wach, aufnahmefähig und bereit, etwas Neues auszuprobieren. Außerdem haben Sie dann noch den Nachmittag und Abend vor sich, um eventuelle Reaktionen Ihres Babys auf neue Nahrungsmittel zu beobachten. Auffälliges Verhalten, wie zum Beispiel Bauchweh, können Sie dann besser einschätzen und darauf eingehen.

Wenn Ihr Kind dagegen am Abend seinen neuen Brei bekommt, wird es sich (und Sie) auf eine unruhige Nacht einstimmen, weil die Sinneseindrücke einfach zu viel waren. Fangen Sie lieber am Tag an, und stellen Sie die Abendmahlzeit erst als zweite oder dritte Mahlzeit um.

❓ Worauf muss ich achten, wenn ich die ersten Male Beikost füttere?

Das fremde Essen ist ganz neu für Ihr Baby. Schaffen Sie Rituale, die ihm Sicherheit geben: Bieten Sie die Mahlzeien immer zur ungefähr gleichen Uhrzeit an und auch immer am gleichen Platz, zum Beispiel am Esstisch; verwenden Sie immer den gleichen Teller; stellen Sie Babys Trinkbecher daneben. Ihr Kind kann sich so innerhalb weniger Tage an die Neuigkeit »Essen« gewöhnen.

Überfordern Sie Ihr Kind nicht – ein oder zwei Löffelchen Gemüse sind anfänglich genug. Danach bekommt Ihr Baby seine gewohnte Milchmahlzeit. Mit steigender Breimenge wird es immer weniger Milch trinken und sich auf diese Weise ganz allmählich umstellen.

Beobachten Sie Ihr Kind nach der Mahlzeit: Achten Sie auf sein Verhalten und auch auf den Windelinhalt. Sollten Sie den Eindruck haben, dass Ihr Baby ein Lebensmittel nicht gut verträgt und Bauchweh oder Verdauungsprobleme hat, lassen Sie das Lebensmittel vorerst noch weg.

 **TIPP**

Lassen Sie sich und Ihrem Baby Zeit, freuen Sie sich gemeinsam aufs Essenlernen! Bleiben Sie geduldig, wenn anfänglich mehr Brei auf Lätzchen und Fußboden landet als im Mund – Essen will eben gelernt sein. Wenn Ihr Kind das Essen ablehnt, zwingen Sie es nicht. Viele Kinder sind erst misstrauisch und probieren nach einer Weile dann doch. Reagieren Sie gelassen, wenn Ihr Kind einmal nichts essen will – vielleicht möchte es nur Ihre Aufmerksamkeit auf sich ziehen. Halten Sie die gewohnten regelmäßigen Essenszeiten ein, und lassen Sie Ihr Kind nicht ständig zwischendurch irgendetwas knabbern.

❓ Was ist besser: selbst zubereitete Beikost oder gekaufte?

Beides hat sowohl Vor- als auch Nachteile: Fertignahrung bietet heute durch strenge Rückstandskontrollen ausgezeichnete Qualität ohne Pestizide, Dünger und Nitrate. Die Zutaten, die häufig aus Bioanbau stammen, werden sanft gedünstet und per Dampfsterilisation keimfrei gemacht. Die Zubereitung ist schnell und einfach.

Gegen Fertignahrung spricht vor allem die unübersichtliche Sortenvielfalt, die schnell zu einer Überforderung des kindlichen Darms und damit zu Allergien führen kann. Sehr häufig entsprechen die aufgedruckten Altersangaben nicht den ernährungswissenschaftlichen Erkenntnissen, die Kost wird oft zu früh empfohlen. Dies kann zu erheblichen Verdauungsproblemen führen. Häufig enthalten Babygläschen zu viel Salz, Eiweiße oder Zucker. Auch Zusatzstoffe wie Bindemittel, versteckte Süßungsmittel, Aromen oder Gewürze sind ein Minus. Zudem ist die Fertignahrung rund dreimal so teuer wie selbst gekochtes Biogemüse. Und: Die vielen Gläschen müssen alle gespült und zum Glascontainer geschleppt werden, wenn sie leer sind.

Im Gegensatz zur standardisierten Gläschenkost schmeckt selbst zubereiteter Gemüsebrei jeden Tag ein wenig anders, je nach Aroma des verwendeten Gemüses und des zugegebenen Speiseöls (siehe Seite 96).

Der Geschmackssinn des Babys lernt auf diese Weise, auch feine Nuancen zu unterscheiden. Die Gewöhnung an einzelne Nahrungsmittel geschieht langsam und sorgt für eine optimale Verdauung. Dadurch, dass wenig Nahrungsmittel vermischt werden, können Unverträglichkeiten und Allergien frühzeitig entdeckt werden.

Auf Zusatzstoffe, Gewürze, Salz und Bindemittel können Sie bei der kostengünstigen und einfachen Herstellung selbst verzichten. Und Sie können den Brei dem Appetit Ihres Kindes gemäß portionieren.

Der Nachteil: Das Babyessen muss püriert werden, und die Zubereitung nimmt etwas mehr Zeit und Geduld in Anspruch. Unterwegs, auf Reisen und in Eile ist ein Gläschen meistens praktischer und bequemer.

TIPP

Ein Baby hat noch ein viel feineres, sensibleres Geschmacksempfinden als ein Erwachsener. Für uns schmeckt ungewürztes Gemüse ziemlich langweilig, fürs Baby ist es aber genau das Richtige.

So gelingt der Brei: Garen Sie etwas frisches, geputztes und klein geschnittenes Gemüse (etwa Karotte, Kürbis, Pastinake, Zucchini ...) in einem kleinen Topf mit wenig Wasser. Pürieren Sie das Gemüse anschließend gründlich samt Kochwasser, und rühren Sie einen knappen Teelöffel hochwertiges Speiseöl (siehe Seite 96) darunter – fertig!

Schon die festere Konsistenz ist für Babys ungewohnt. Vorsicht: Jedes Klümpchen kann Ihrem Kind den Appetit verderben, einen Husten- oder Würgereiz auslösen. Daher sollte der Brei möglichst sämig sein und abschließend noch durch ein Sieb gestrichen werden.

❓ Wie lange lässt sich selbst gekochte Babynahrung aufbewahren?

Babys brauchen erst einmal keine Abwechslung beim Essen. Das heißt, dass Sie ganz einfach jeweils eine doppelte Portion kochen und die Hälfte für den nächsten Tag im Kühlschrank aufbewahren können. Wie viel Ihr Baby pro Mahlzeit isst und wie viel Sie demnach kochen müssen, werden Sie nach wenigen Tagen herausfinden.

Eine andere, sehr praktische Möglichkeit: Bereiten Sie gleich mehrere Mahlzeiten zu und frieren diese portionsweise ein. Gut geeignet dazu sind 200-Milliliter-Gefrierdöschen. Kühlen Sie die mit dem noch warmen Brei gefüllten Behälter vor dem Einfrieren möglichst schnell herunter, zum Beispiel in einem kalten Wasserbad, in das Sie zustätzlich noch Eiswürfel oder einen Kühlakku geben.

Geben Sie das Speiseöl (siehe Seite 96) erst nach dem Auftauen und Erwärmen dazu, denn sein Aroma kann sich durch das Einfrieren verändern.

❓ Wie lange kann man ein geöffnetes Gläschen aufbewahren?

Am besten ist es, wenn Sie die Menge entnehmen, die Ihr Baby Ihrer Erfahrung nach voraussichtlich essen wird. Verwenden Sie dazu immer einen sauberen Löffel. Bewahren Sie das angebrochene Gläschen im Kühlschrank auf – dann können Sie es innerhalb der nächsten zwei Tage verbrauchen.

WICHTIG

Einmal erwärmten Brei, egal ob aus eigener Produktion oder aus dem Gläschen, sollten Sie niemals ein zweites Mal verwenden! Entsorgen Sie stattdessen die Reste der Breimahlzeiten. Wenn Sie den Brei länger aufbewahren, besteht die Gefahr, dass sich schnell Bakterien, Hefen und Schimmelpilze darin breit machen.

❓ Welches Speiseöl soll ich dem Gemüsebrei am besten zusetzen?

Nehmen Sie dazu ein rein pflanzliches Öl mit einem hohen Anteil an den lebenswichtigen ungesättigten Fettsäuren wie Maiskeimöl, Distelöl, Sonnenblumenöl oder Rapsöl, am besten aus Bio-Anbau.

❓ Kann ich statt Öl auch etwas Butter in den Babybrei geben?

Ja, das ist möglich. Allerdings sollten Sie – wie bei jedem anderen neuen Lebensmittel auch – eine Woche lang beobachten, ob Ihr Kind die Butter gut verträgt. Sobald Sie wissen, dass Ihr Kind keine Probleme mit der Butter hat, können Sie auch abwechseln und zum Beispiel dem Gemüsebrei Pflanzenöl zugeben, dafür kommt dann in den Getreide-Obst-Brei ein kleiner Stich Butter.

> **WICHTIG**
>
> Soll Ihr Kind nach Absprache mit dem Arzt noch keine Kuhmilch bekommen, verwenden Sie keine Butter für seinen Brei, sondern ausschließlich Pflanzenöl.

❓ Muss ich auch der Gläschenkost noch Öl oder Butter zufügen?

Ein Gläschen sollte 8 bis 10 Gramm pflanzliche Fette enthalten, das entspricht etwa zwei Teelöffeln Öl. Ist diese Menge nicht enthalten, mischen Sie zusätzlich Speiseöl unter (siehe vorige Frage). Das Fett macht es zum einen dem Darm Ihres Babys leichter, die wertvollen Vitamine aufzunehmen. Zum anderen ist es wichtig für eine ausreichende Kalorienzufuhr – anfänglich sollten es pro Gläschen rund 140 bis 160 Kilokalorien sein, später mehr.

❓ Ab wann kann ich meinem Baby auch Obst geben, und welche Sorten sind empfehlenswert?

Viele Kinder bekommen als zweite Beikostmahlzeit, auch von Anfang an, einen Obst-Getreide-Brei am Nachmittag oder am frühen Abend. Reine Obstgläschen liefern zu wenig Energie, Obst sollte daher immer mit Getreide kombiniert werden. Für den Anfang bieten sich Äpfel und Birnen an, beides zunächst gekocht und püriert. Auch Aprikosen stehen hoch im Kurs und werden von den meisten Babys gut vertragen. Fast alle Babys lieben außerdem Bananen (unerhitzt püriert), die es mittlerweile auch im Supermarkt in Bioqualität gibt. Wird dies gut vertragen, kann das Obst auch roh gerieben und zerdrückt in den Brei gegeben werden. Vier Obstsorten reichen Ihrem Baby als Abwechslung vollkommen. Exotische Früchte sollten Sie wegen des hohen Säureanteils und eines größeren Allergierisikos besser noch nicht auf Babys Speiseplan setzen.

❓ Was bedeutet der Hinweis »A« auf manchen Babygläschen?

Damit kennzeichnen die Hersteller ihre besonders allergenarmen Gläschenzubereitungen. Solche Gläschen dürfen maximal drei verschiedene Zutaten enthalten und eignen sich damit ideal für allergiegefährdete Kinder.

❓ Ab wann sollte ein Baby auch Fleisch bekommen?

Nach den Empfehlungen des Forschungsinstituts für Kinderernährung in Dortmund (FKE, Adresse siehe Seite 242) sollte Fleisch etwa ab dem siebten oder achten Lebensmonat auf Babys Speisekarte stehen. Geeignete Fleischsorten sind die »roten« Fleischstücke von Rind oder Lamm, weil sie viel gut verwertbares Eisen enthalten. Verwenden Sie Fleisch aus ökologischer Tierhaltung, dann sind Sie vor mit Krankheitserregern verseuchtem »Skandalfleisch« weitgehend sicher.

❓ Wie viel Fleisch sollte ich meinem Kind geben?

Eine Fleischmenge von zirka 20 bis 40 Gramm pro Woche genügt Ihrem Baby im zweiten Lebenshalbjahr.

Wenn Sie Gläschen geben, schauen Sie nach, wie viel – beziehungsweise wie wenig – Fleisch darin enthalten ist, oft sind es nur rund 5 Gramm. In diesem Fall sollten es mehrere solcher Gläschen pro Woche sein.

🅣 TIPP

> Inzwischen gibt es auch Gläschen mit reinen Fleischzubereitungen. Sie können also den Gemüsebrei weiterhin selbst kochen und anschließend das Fleisch aus dem Gläschen daruntermischen. Über Reste freut sich bestimmt Ihre Katze oder Ihr Hund.

❓ Kann ich mein Kind denn nicht auch fleischlos ernähren?

Ein kindlicher Organismus hat andere Bedürfnisse als ein erwachsener, denn er befindet sich im Wachstum. Eine streng vegetarische Ernährung kann beim Baby zu Mangelerscheinungen und damit zu Fehlentwicklungen führen, wenn zum Beispiel Eisen, B-Vitamine, Kalzium und Eiweiß nicht in ausreichender Menge aufgenommen werden. Wenn Sie den Speiseplan konsequent unter Berücksichtigung dieser Bedürfnisse zusammenstellen, können Sie Ihr Kind auch fleischlos ernähren. Tierisches Eiweiß und Vitamin B_{12} sind zum Beispiel in Milch, Joghurt, Kefir, Käse und so weiter vorhanden. Pflanzliches Eiweiß findet sich unter anderem in Tofu.

Besprechen Sie dies auch mit Ihrem Kinderarzt, damit er bei den Vorsorgeuntersuchungen auf mögliche Besonderheiten in der Entwicklung achten kann. Außerdem können Sie eine Ernährungsberatung in Anspruch nehmen, die von den Krankenkassen oft kostenlos angeboten wird.

❓ Stimmt es, dass man hin und wieder ein rohes Eigelb in den Brei geben sollte?

Nein, vergessen Sie das! Rohe Eier sind allein schon wegen der Salmonellengefahr tabu. Aber auch sonst hat Ei auf dem Speiseplan Ihres Kindes im ersten Lebensjahr nichts zu suchen: Hühnereiweiß ist einer der häufigsten Allergieauslöser – und im Eigelb besonders reich enthalten. Erst zwischen seinem ersten und zweiten Geburtstag kann Ihr Kleinkind pro Woche ein Ei essen. Das ist nicht viel und sollte deshalb gut geplant werden. Spuren von Ei in Keksen, Kuchenstückchen und so weiter können Sie bei der »Berechnung« jedoch vernachlässigen. Nach dem zweiten Geburtstag kann es gern ein zweites Ei pro Woche geben. Ausnahmen sind hin und wieder auch erlaubt.

> **WICHTIG**
>
> Ei versteckt sich oft: Achten Sie beim Kauf von Babyzwieback und Babykeksen darauf, dass sie ohne Ei hergestellt sind. Gläschen mit Nudeln enthalten ebenfalls manchmal Ei – lesen Sie die Zutatenliste durch.

❓ Welche Getreidesorten sind für den Babybrei am besten geeignet?

Für die ersten Getreidebreie etwa ab dem siebten Lebensmonat eignen sich die gut verträglichen Reisflocken am besten. Reis ist jedoch nicht so nährstoffreich wie andere Getreidearten. Isst und verträgt Ihr Baby eine komplette Breimahlzeit mit Reisflocken, sollten Sie bald auf gehaltvollere Sorten wie Hirse, Hafer oder Dinkel umsteigen. Auch Maisgrieß vertragen Babys im Allgemeinen gut. Getreideprodukte sollten auf jeden Fall »aufgeschlossen« sein, also zum Beispiel in Flocken- oder Grießform, gemahlen oder vorgekocht verwendet werden. Kleine Kinder vertragen noch keine Frischkornkost.

❓ Ab wann kann ich meinem Kind Kuhmilch und Milchprodukte wie Joghurt und Quark geben?

Im ersten Lebensjahr ist Kuhmilch als Muttermilchersatz nicht zu empfehlen. Zwar drucken die Anbieter von Flocken und Breiprodukten fleißig Frischmilchrezepte ab dem fünften Monat auf ihre Packungen. Aber Kuhmilch ist durch ihren hohen Eiweiß- und Fettanteil für Kinder unter einem Jahr nicht geeignet.

Auch Joghurt, Quark und andere Milchprodukte enthalten sehr viel Eiweiß, das die kindlichen Nieren noch viel zu stark belastet – dasselbe gilt übrigens für die Milch(produkte) von Schafen oder Ziegen. Warten Sie damit ebenfalls bis zum Ende des ersten Lebensjahres.

❓ Muss man als ersten Brei unbedingt Karotten füttern?

Traditionell werden Karotten gerne als erstes Beikostgemüse gewählt – das ist zwar keinesfalls ein Muss, aber dieses Gemüse hat in der Tat viele Vorteile: Karotte ist in der Regel sehr gut verträglich. Sie schmeckt etwas süßlich, und der süße Geschmack ist Ihrem Kind von der Muttermilch beziehungsweise von der Fläschchennahrung her vertraut – es wird ihn daher eher akzeptieren.

Noch ein wichtiger Grund: Karottenbrei hat eine tolle, leuchtende Farbe, und auch bei den Kleinsten unter den Gourmets isst das Auge schon mit!

Karotten lassen sich schnell putzen und zubereiten, und Bioware erhalten Sie mittlerweile auch im Supermarkt.

Karottenbrei ist als alleinige Beikost allerdings nicht geeignet, wenn Ihr Kind unter Verstopfung leidet, wenn also tagelang kein Stuhl in der Windel ist. Denn er würde die Verstopfung nur noch verschlimmern. Als Alternative zu Karotten können Sie jederzeit auch Kürbis, Pastinaken, Fenchel, Zucchini oder Brokkoli verwenden oder die Karotten mit diesen Gemüsesorten kombinieren.

❓ Mein Kind schiebt seinen Brei immer wieder aus dem Mund heraus und weint dann. Was soll ich tun?

Oft begreifen Kinder nicht gleich, dass sie beim Essen vom Löffel eine andere Technik anwenden müssen als beim Saugen an der Brust oder am Fläschchen. Die Zunge macht daher anfangs auch beim Breiessen noch immer die gewohnte »melkende« Saugbewegung von vorn nach hinten. Der Speisebrei wird dadurch wieder aus der Mundhöhle herausbefördert – dies ist ein Zeichen dafür, dass Ihr Kind noch nicht ganz reif für die Beikost ist.

Ihr Baby hatte kurzzeitig ein neues Geschmackserlebnis, aber bevor es dieses genießen und erforschen kann, ist es schon wieder vorbei – und Ihr Kind weint vor Enttäuschung! Eine Möglichkeit: Halten Sie ihm den Löffel nur an die Lippen und schieben ihn nicht in den Mund. Es wird den Brei ansaugen und dann auch im Mund behalten können. Mit der Zeit wird es lernen, vom Löffel zu essen, weil es verstanden hat, dass es da auch etwas Leckeres gibt.

💡 TIPP

Wenn Sie selbst für Ihr Baby kochen, bereiten Sie den Brei anfangs eher dünnflüssig zu, so kann Ihr Kind das Gemüse vom Löffel »saugen«.

❓ Meine Tochter wird ungeduldig, wenn es mit dem »Selberessen« nicht richtig klappt. Wie kann ich ihr helfen?

Geben Sie ihr einen Löffel, mit dem sie »arbeiten« kann, und füttern Sie sie gleichzeitig mit einem zweiten. Wenn das nicht klappt, setzen Sie sie in der Küche mit leerem Teller und Löffel ins Stühlchen, während Sie dort ihre Mahlzeit zubereiten. Wenn das Essen fertig ist, hat sie vielleicht genug gespielt und lässt sich füttern.

❓ Sobald seine großen Geschwister mit am Tisch sitzen, lässt sich mein Jüngster nicht mehr füttern. Was kann ich tun?

Ihr Kleiner hat bereits etwas sehr Wichtiges verstanden, nämlich dass er vieles im Leben von seinen großen Geschwistern lernen kann! Er hat gesehen, dass sie selbst essen, und möchte das nun auch. Außerdem bemerkt er, dass seine Mahlzeit anders aussieht als die der anderen, und möchte nun das Gleiche haben wie die Großen. Vielleicht kann er ja schon kleine geschnittene Stückchen weich gekochtes Gemüse, Nudeln, Kartoffelstückchen und so weiter selbst mit der Hand in den Mund stecken und kommt damit der angestrebten Selbstständigkeit schon einen Schritt näher.

❓ Ab wann darf ein Baby Süßigkeiten essen?

Solange es geht, sollten Sie Ihr Kind zumindest von industriell gefertigten Süßwaren fernhalten. Die natürliche Süße von Obst oder Trockenfrüchten reicht zum Beispiel völlig aus, um einen Getreidebrei zu süßen – der Zusatz von Zucker ist überflüssig. Später sollte Ihr Kind lernen, dass Süßigkeiten etwas Besonderes sind und nicht ständig nebenbei konsumiert werden sollen. Ein vernünftiger Umgang mit Zucker und Süßigkeiten wird vor allem innerhalb der Familie geprägt: Wenn Eltern, Geschwister und Großeltern oft und ausgiebig Süßes essen, wird auch das Baby bald Anspruch anmelden, und spätestens im Kindergarten ist einem ungebremsten Konsum dann Tür und Tor geöffnet!

> **WICHTIG**
>
> Viele Gläschen enthalten versteckten Zucker und Ersatzstoffe – auf der Zutatenliste sind diese dann als Glukose, Sirup, Fruktose, Maltose oder Maltodextrin bezeichnet. Je mehr Zucker ein Kind bekommt, umso sorgfältiger sollte die Zahnpflege beachtet werden.

❓ Ist Honig eine Alternative?

Honig, der nicht ausreichend erhitzt wurde, kann mit Clostridium botulinum, einem Bakterium, verunreinigt sein. Gelangen diese Erreger, zum Beispiel über einen mit Honig gesüßten Brei oder Tee, in den Körper eines Säuglings, können sie sich in seiner noch unreifen Darmflora gut vermehren. Die Clostridien schütten Gifte aus, die sich schädlich auf die kindlichen Nerven auswirken und schwere Muskellähmungen auslösen können. Geben Sie Ihrem Kind also erst nach dem ersten Lebensjahr Honig. Ab diesem Zeitpunkt kann das Bakterium dem Organismus nichts mehr anhaben.

❓ Darf mein Baby Kekse knabbern?

Kekse enthalten ziemlich viel Zucker und wenig sättigende Kohlenhydrate. Das gilt leider auch für sogenannte »Babykekse«. Bieten Sie Ihrem Kind stattdessen besser ungesüßten Babyzwieback oder Dinkelstangen aus dem Bioladen oder Reformhaus an.

❓ Was soll ein Baby trinken?

Neben der Muttermilch sind die besten Durstlöscher entweder stilles Mineralwasser (wichtig: mit Hinweis »Für die Babyernährung geeignet«!) oder Leitungswasser, das den Nitrat-Grenzwert von 50mg/l nicht überschreitet (siehe auch Seite 80), sowie ungesüßter Tee. Ungeeignet sind dagegen pure Säfte oder gar gezuckerte Limonaden, die nicht gegen den Durst, sondern wegen des süßen Geschmacks getrunken werden. Sie verleiten zum Dauernuckeln oder -trinken und beeinflussen durch den hohen Kaloriengehalt das Essverhalten. Wenn Sie Ihrem Baby Saft zu trinken geben möchten, dann bitte mindestens im Verhältnis 1:3 mit Wasser verdünnt. Auch Kräutertees eignen sich nicht als tägliche Getränke. Kräuter haben medizinische Wirkungen und Nebenwirkungen, die Ihrem Kind nicht gut bekommen können.

❓ Wie viel soll mein Kind trinken?

Ein Baby, das noch viel Milch trinkt, braucht weniger zusätzliche Flüssigkeit als ein Kind, das kaum mehr Milch trinkt. Ein einjähriges Kind sollte dann einen knappen halben Liter pro Tag trinken, zusätzlich zu den Milchmahlzeiten, die es bekommt. Reichen Sie Ihrem Kind zu jeder Mahlzeit auch seinen Becher.

❓ Ist es nicht schädlich, wenn Babys dauernd trinken?

Dauernuckeln ist tatsächlich nicht zu empfehlen, denn es verursacht Karies. Das Kind sollte seinen Becher bekommen oder diesen erreichen können, um seinen Durst zu löschen. Als Mittel gegen Langeweile ist er aber nicht geeignet. Ein Tipp: Wenn Sie »nur« Wasser im Angebot haben, ist die Gefahr des Dauernuckelns nicht sehr groß – denn Wasser schmeckt ja nicht süß oder besonders aromatisch, und Ihr Kind wird die Flasche bald beiseiteschieben.

❓ Ab wann kann unser Baby »richtig« am Familientisch mitessen?

Um den ersten Geburtstag Ihres Kindes herum ist die Ernährungsumstellung weitgehend vollzogen. Viele Mütter behalten dann aber noch eine Stillmahlzeit bei – vor allem wegen des »Kuschelfaktors«.

Die meisten Lebensmittel verträgt Ihr Kind jetzt, allerdings können Salat, Fleisch, Nüsse und Ähnliches mit nur wenigen Zähnchen noch schwierig zu beißen sein.

Auch mit Gewürzen und Geschmacksstoffen sollten Sie noch zurückhaltend sein. Am besten kochen Sie weiterhin selbst – und zwar all das, was der ganzen Familie schmeckt. Fangen Sie spätestens jetzt an, feste Mahlzeiten gemeinsam am gedeckten Tisch einzunehmen. Ihr Kind wird die Geselligkeit beim Essen genießen!

Die Babyernährung | 105

❓ Muss ich mir Sorgen machen, wenn mein Kind wenig isst?

Manchmal ist es ein Zeichen, dass ein Kind krank wird, wenn es keinen Appetit hat. Zunächst aber sollten Sie gelassen reagieren und akzeptieren, wenn Ihr Kind heute nicht viel essen mag. Es kann gut sein, dass es später Hunger hat und quengelt oder nach Knabbereien greift. Versuchen Sie, das zu vermeiden, sonst verlieren Sie schnell den Überblick darüber, was Ihr Kind isst.

❓ Mein Kind isst mal viel, mal wenig. Ist das normal?

Sie selbst haben auch nicht jeden Tag gleich viel Appetit – gestehen Sie das Ihrem Kind ebenfalls zu. Über den Zeitraum einer Woche sollte es aber ungefähr die hier angegeben Mengen einhalten. Bei der Zusammenstellung der Beikost empfiehlt es sich, reichlich pflanzliche Lebensmittel, mäßig tierische und nur sparsam fettreiche Lebensmittel zu wählen. Mit einem Jahr braucht ein Kind pro Tag etwa 950 kcal. Das sieht etwa so aus:

- 600 ml Getränke wie Wasser und Tee
- 80 g Getreide wie Brot, Flocken
- 80 g Kartoffeln, Nudeln, Reis und anderes Getreide
- 120 g Gemüse
- 120 g Obst
- 300 ml Muttermilch / Milch(produkte) oder 30 g Käse
- 80–100 g Fleisch pro Woche
- 1–2 Eier pro Woche (einschließlich den Eiern, die in Gebäck versteckt sind)
- 50 g Fisch pro Woche
- 10 g Fett in Form von Öl, Butter, Margarine, Sahne
- höchstens 5 g zuckerhaltige Lebensmittel wie Süßigkeiten, Ketchup, Limonaden
- höchstens 20 g zucker- und fetthaltige Nahrungsmittel wie Schokolade, Kuchen usw.

Der Babyschlaf

Schlafen wie ein Baby – eine traumhafte Vorstellung für jeden Erwachsenen: sich einfach hinlegen, entspannen, an nichts denken und dann sanft und unbeschwert ins Land der Träume hinübergleiten. Das klingt wunderbar, oder? Jedoch brauchen auch Babys bestimmte Grundvoraussetzungen, um gut schlafen zu können.
So nötig ein gesunder und ungestörter Schlaf für alle Menschen ist, für ein Baby ist er sogar lebenswichtig. Denn es wächst und entwickelt sich sozusagen im Schlaf. Sein Gehirn reift in diesen Stunden heran, und sein Nervensystem bildet sich aus. Kinder, die zu wenig oder schlecht schlafen, sind deshalb häufig quengelig, schlecht gelaunt und wenig interessiert an Neuem. Manchmal sind sie durch den Schlafmangel sogar so überfordert, dass ihre Bewegungskoordination gestört ist. Lernen Sie als Eltern also am besten die Müdigkeitssignale Ihres Kindes richtig zu deuten und handeln Sie entsprechend. Denn je früher Sie auf die Signale Ihres Kindes reagieren, umso leichter fällt ihm das Einschlafen – auch ohne Hilfen oder großes Bettprogramm. Sie können Ihrem Baby aber mit kleinen Gutenachtritualen oder auch dem bewährten »Pucken« helfen, ruhig einzuschlummern und einen guten Schlafrhythmus zu entwickeln. So werden auch die Ruhepausen für Sie als Eltern immer länger!
Zum guten Babyschlaf gehört natürlich eine schlaffreundliche Umgebung und die richtige Ausstattung des Babybettchens. In diesem Kapitel lesen Sie alles Wichtige darüber.

Eine gute Schlafumgebung

❓ Wo sollen wir das Babybett am besten aufstellen?

Ihr Baby war in der Zeit der Schwangerschaft rund vierzig Wochen lang körperlich und seelisch auf das Engste mit Ihnen verbunden. Kein Wunder, dass es sich für Ihr Kind also ziemlich ungewohnt und fremd anfühlt, wenn es plötzlich ganz allein im eigenen Bett und womöglich noch allein in einem Zimmer schlafen soll. In den ersten Lebensmonaten gehören Mama und Baby einfach zusammen – tagsüber ebenso wie nachts.

Die Lösung für mehr Geborgenheit: Entweder das Baby schläft mit Ihnen im Elternbett oder Sie stellen das Babybett ins Schlafzimmer.

Schlafen Eltern und Kind gemeinsam in einem Raum, ist dies nicht nur beruhigend fürs Baby, sondern auch bequem für Sie als Eltern: Sie hören sofort, wenn Ihr Baby wach wird. Der Vorteil: Das Baby muss nicht lange schreien, bis Mama oder Papa reagieren, wacht dadurch gar nicht richtig auf und schläft nach dem Schlummertrunk viel schneller wieder ein. Und das gilt auch für die müden Eltern! Außerdem müssen Sie nicht nachts durch die Wohnung laufen, sondern können Ihr Kind im »Halbwachzustand« versorgen.

❓ Darf unser Baby mit uns im großen Bett schlafen?

Natürlich darf es das! Ein eigenes Bett fürs Baby zu haben ist eine reine Erfindung der Neuzeit: Früher war es üblich und völlig normal, dass ein Baby gemeinsam mit seinen Eltern im gleichen Bett schlief. Noch immer vermittelt ein, heute Co-Sleeping oder Bedding-in genanntes, »Familiennest« Ihrem Kind Sicherheit und Vertrautheit.

Im gemeinsamen Bett hört Ihr Kind Ihren Atem, kann Ihren vertrauten Geruch schnuppern und fühlt sich rundum geborgen und sicher. Außerdem ist das nächtliche Stillen für Mama und Baby äußerst bequem, wenn beide eng beieinander schlafen. Schön also, wenn Sie sich zum Schlafen für das »Familienbett« entscheiden! Es gibt sogar Studien, die besagen, dass das Schlafen im Familienbett das Risiko des Plötzlichen Kindstodes (siehe Seite 200) verringert. Dies gilt allerdings nur unter folgenden Voraussetzungen:

- Die Schlafunterlage sollte eher hart sein. Tabu ist gemeinsames Schlafen im Wasserbett, auf einer durchgelegenen Matratze oder auf einem weichen Sofa.
- Es gibt keine Ritzen oder Spalten, in die das Baby während des Schlafes rutschen kann.
- Das Baby liegt in seinem Schlafsack und benötigt weder Decke noch Kissen.
- Ein Kind gehört nicht ins Elternbett, wenn seine Eltern nach Rauch riechen oder wenn sie Alkohol getrunken oder andere Drogen genommen haben.

❓ Welche Raumtemperatur ist für mein Baby zum Schlafen am besten?

Am Tag dürfen Babys bei einer Temperatur von 18 bis 20 °C schlafen, nachts sollte es dann etwas kühler sein: 16 bis 18 °C sind optimal. Achten Sie darauf, dass es in der Nähe des Babybettchens nicht zieht, und lüften Sie den Raum tagsüber regelmäßig durch.

TIPP

Trockene Heizungsluft tut weder Ihnen noch Ihrem Baby gut. Wenn Sie das Schlafzimmer trotzdem heizen wollen (oder müssen), tun Sie dies besser schon am Nachmittag nach dem Lüften und drehen die Heizung vor dem Zubettgehen herunter. Wenn die Luft dennoch sehr trocken ist, hängen Sie über Nacht feuchte Küchenhandtücher auf, die Sie regelmäßig austauschen und waschen können.

❓ Meine Tochter hat nachts immer ganz kalte Händchen. Ist ihr zu kalt?

Die Temperatur der Händchen sagt bei einem Säugling wenig über seine Körpertemperatur aus. Viele Babys haben nachts eher kalte Hände, das ist kein Grund zur Sorge. Solange die Füße und der Nacken Ihrer Tochter angenehm warm sind, ist alles in bester Ordnung. Wichtig ist nur, dass Ihr Kind nachts nicht schwitzt. Wenn es jedoch am ganzen Körper friert und sich überall kühl anfühlt, müssen Sie natürlich Abhilfe schaffen. Kleiden Sie Ihr Kind dann wärmer und nehmen Sie einen dickeren Schlafsack.

❓ Was hat es mit dem »Pucken« auf sich?

Neugeborene brauchen noch eine fühlbare Begrenzung, um sich nicht in der »großen weiten Welt« zu verlieren. Die traditionelle Wickelmethode des Puckens ist eine hervorragende Möglichkeit, wie Sie Ihrem Kind ganz viel Wärme und Geborgenheit vermitteln können. Kuschelig eingewickelt erfährt es spürbar die Grenzen seiner Umgebung, ohne sich dabei eingeengt zu fühlen. Dies ist ihm vertraut durch seine vorgeburtliche Zeit im Mutterleib, es fühlt sich im Puck sicher, warm und geborgen.

Das Pucken eignet sich für alle Babys bis zum Alter von etwa vier bis fünf Monaten. Besonders hilfreich ist es für Kinder, die oft unruhig sind, viel quengeln und jammern, schlecht einschlafen, nachts oft aufwachen und häufig Bauchschmerzen haben.

Für untröstlich und ausdauernd weinende Kinder (sogenannte Schreibabys, siehe Seite 137 f.) kann das Pucken eine wichtige therapeutische Maßnahme sein, die Eltern und Kind gleichermaßen entlastet. Nicht gepuckt werden sollten Kinder, die Fieber haben, damit sich die Körperwärme im Pucksack nicht staut. Wenn Ihr Baby breit gewickelt werden muss oder sogar eine Hüft-Beuge-Schiene oder Spreizhose benötigt, sollten Sie Ihren Kinderarzt um Rat fragen.

❓ Wie funktioniert das Pucken?

Das ist kinderleicht: Zum Schlafen wickeln Sie Ihr Kind mit einem Molton- oder Wolltuch (zirka 80 mal 80 Zentimeter) leicht bekleidet ein, sodass die Ärmchen fest am Körper anliegen und die Beine Bewegungsfreiheit haben. Wichtig ist dabei das relativ feste Wickeln, weil die Kinder dadurch seltener von eigenen unkontrollierten Armbewegungen (der Moro-Reflex ist ein Schutzreflex des Babys) aufwachen. Ihre Hebamme zeigt Ihnen gern die wichtigsten Handgriffe. Im Internet finden Sie auch eine genaue Puck-Anleitung (siehe Seite 244). Eine Alternative zum Pucken mit Tuch ist ein Pucksack, den verschiedene Hersteller anbieten. Damit kann jedoch nicht so fest gewickelt werden, und – entscheidender Unterschied – die Arme bleiben dabei frei. Für eher unruhige Kinder sind Pucksäcke demnach nicht optimal.

Wenn die Umgebungstemperatur nicht zu kühl ist, brauchen Sie Ihrem Kind nicht noch zusätzlich warme Kleidung anzuziehen. In der Regel reicht ein leichtes Hemdchen, das aber nicht zu weit sein sollte, da es sonst unangenehm drückende Falten werfen kann.

Das Wickeltuch beziehungsweise der Pucksack sollten aus atmungsaktiven Naturtextilien bestehen. Der Stoff darf keinesfalls das Gesicht bedecken.

❓ Engt das feste Pucken mein Kind denn nicht zu sehr ein?

Nein, keine Sorge – durch das Pucken erfährt Ihr Kind zwar eine sichere und recht eng anliegende Umhüllung, es wird jedoch nicht bewegungsunfähig gemacht. Es hat in seinem Puck ähnlich viel Bewegungsfreiheit wie ein Baby im Tragetuch. Und noch einen Vorteil gibt es: Neugeborene, die eigentlich lieber auf dem Bauch schlafen möchten, tolerieren die Rückenlage leichter, wenn sie gepuckt werden. Sie wachen dann auch seltener durch ihre eigenen unkontrollierten Armbewegungen (Moro-Reflex) auf.

Der Schlafrhythmus

❓ Wann ist die beste Zeit, um ein Baby schlafen zu legen?

Ganz einfach: Wenn es müde, aber noch nicht übermüdet ist! Jedes Baby zeigt auf seine eigene Art und Weise, wann es bereit zum Schlafengehen ist. Beobachten Sie Ihr Kind genau, dann finden Sie bald heraus, auf welche Weise es Ihnen signalisiert: »Ich bin müde«. Und wenn es das nächste Mal seine Äuglein reibt, gähnt oder mit dem Müdigkeits-Quengeln beginnt, wissen Sie genau, dass jetzt die optimale Zubettgehzeit ist. Ein Einschlafritual hilft in süße Träume. Manchmal quengeln die Kleinen auch im Bettchen noch für einige Minuten und beruhigen sich dann schnell. Lassen Sie Ihrem Kind ausreichend Zeit, zur Ruhe zur kommen.

❓ Mein Kind ist zwei Wochen alt und schläft beinahe rund um die Uhr – ist das normal?

Im Durchschnitt schlafen Neugeborene etwa 17 Stunden täglich, also wirklich noch ziemlich viel. Zwar melden sie sich in regelmäßigen Abständen, weil sie hungrig sind, schlafen danach aber meist seelenruhig weiter. Genießen Sie diese ruhige Zeit – die Dauerschlafphase Ihres Kindes geht nämlich ziemlich schnell vorüber: Mit etwa drei Monaten reduziert sich die Schlafdauer auf 15 Stunden, und mit einem Jahr schlummern die Kleinen dann noch etwa 14 Stunden pro Tag.
Ganz wichtig: Dies sind Durchschnittswerte, denn jedes Baby hat ein anderes Schlafbedürfnis. Während manche 20 Stunden schlafen, brauchen andere nur 14 Stunden Schlaf. Gar kein Problem also, wenn Ihr Kind viel mehr Schlaf braucht oder aber wacher ist als andere.
Dass Neugeborene noch so viel schlafen, hat die Natur klug eingerichtet: Auf diese Weise kommt die Mutter im Wochenbett erst einmal selbst wieder zu Kräften. Genießen Sie diese Zeit und gönnen Sie sich selbst auch immer wieder Ruhe.

❓ Wie kann ich mein Baby daran gewöhnen, seine Schlafphasen in die Nacht zu legen?

Neugeborene kennen noch nicht den Unterschied zwischen Tag und Nacht. Es ist deshalb völlig normal, dass Ihr Baby nachts aufwacht, weil es Hunger hat und trinken möchte. Einem wenige Wochen alten Baby ein bestimmtes Schlafverhalten »nach Plan« antrainieren zu wollen, wäre weder sinnvoll noch gesund.

Ihr Kind wird seinen eigenen Schlafrhythmus jedoch bald finden, wenn Sie ihm von Anfang an den Unterschied zwischen den Tageszeiten verdeutlichen: Stillen oder füttern Sie nachts bei gedämpftem Licht und sprechen Sie nur wenig und leise. Das Spielen und ausgiebige Kuschelrunden verlegen Sie besser auf den Tag beziehungsweise Abend. Nach der Mahlzeit legen Sie Ihr Baby sofort wieder hin. In einer ruhigen Atmosphäre wird es rasch wieder einschlafen.

Solange Ihr Kind nicht wund ist (siehe Seite 49 ff.), ist auch ein Windelwechsel nachts nicht nötig. Wenn Ihr Kind später irgendwann einmal die ganze Nacht über durchschläft, werden Sie es bestimmt auch nicht zum Wickeln wecken, sondern es selig schlummern lassen. So lernen die meisten Kinder von ganz allein, dass die Nacht zum Schlafen da ist. Sie entwickeln langsam einen Tag-Nacht-Rhythmus und verlängern ihre nächtlichen Schlafphasen nach und nach – bis Sie sich über immer mehr Nächte mit vielen Stunden Schlaf »am Stück« freuen können.

💡 TIPP

Damit Ihr Kind den Unterschied zwischen Tag und Nacht schnell lernt, sollten Sie das Kinderzimmer nicht zu jedem Nickerchen abdunkeln. Dies würde Ihr Baby durcheinanderbringen. Dunkel ist es nur nachts, bei einem Mittagsschläfchen ist es beim Einschlafen hell. Selbstverständlich müssen Sie auch abends nicht alles stockdunkel machen. Ein kleines, gedämpftes Nachtlicht darf ruhig an bleiben.

❓ In welchem Alter kann ein Baby denn schon durchschlafen?

»Durchschlafen« bedeutet für ein Baby, nachts ohne Unterbrechung sieben Stunden am Stück zu schlafen. Geht Ihr Kind also zum Beispiel um acht Uhr abends ins Bett, meldet es um drei Uhr Hunger an und schläft nach dem Stillen bis sechs Uhr morgens weiter, kann es bereits als Durchschläfer bezeichnet werden.

Oft hört oder liest man, dass Kinder ab sechs Monaten in der Lage seien, durchzuschlafen. Das trifft auf einen Teil der Kinder in diesem Alter auch zu – auf einen anderen aber eben nicht, denn kein Kind ist wie das andere.

Übrigens können auch Kinder, die schon einmal durchgeschlafen haben, nachts wieder vermehrt aufwachen, etwa wenn sie einen Entwicklungsschub machen, Zähne bekommen oder krank sind. Natürlich möchte Ihr Baby niemals nachts aufwachen und von einer völlig fremden Person hochgenommen werden. Wenn Sie also einen Babysitter beauftragen, sollte Ihr Kind diese Person bereits tagsüber kennengelernt haben.

❓ Mit sieben Monaten schläft mein Kind immer noch nicht durch. Hilft da vielleicht ein Abendbrei?

Nein, denn das Durchschlafen hat nichts mit der Abendmahlzeit zu tun. Es gibt Stillkinder, die bereits mit einem halben Jahr durchschlafen – andere Kinder gleichen Alters verlangen mehrmals pro Nacht nach der Flasche. Beides ist normal und völlig in Ordnung.

Mit einem halben Jahr schläft gerade mal ein Drittel aller Kinder durch, mit einem Jahr etwa die Hälfte. Durchschlafen zu lernen ist ein wichtiger Entwicklungsschritt wie Sprechen- oder Laufenlernen, den jedes Kind in seinem individuellen Tempo vollzieht. Machen Sie sich keine Sorgen, bald ist bestimmt auch Ihr Kind bereit dazu – unabhängig davon, was beziehungsweise wie viel es abends gegessen oder getrunken hat.

❓ Mein Kind rollt im Schlaf manchmal mit den Augen. Ist das schlimm?

Nein, überhaupt nicht. Ihr Kind befindet sich dann gerade in einer »Traumschlaf-Phase«. Diese Schlafphase ist auch als REM-Schlaf (»Rapid Eye Movement« = schnelles Bewegen der Augen) bekannt.

Neugeborene fallen nach dem Einschlafen meist sehr schnell in diesen Traumschlaf und haben heftige REM-Phasen, die in den ersten Monaten rund die Hälfte des Baby-Schlafs ausmachen. Bei Frühgeborenen sind es sogar 80 Prozent. Manche Babys rollen in dieser Schlafphase nicht nur mit den Augen, sondern seufzen ab und zu leise vor sich hin. Dieses Verhalten ist völlig normal und kein Grund zur Sorge.

❓ Soll ich mein Kind auch tagsüber an feste Schlafenszeiten gewöhnen?

In den ersten Monaten ist das noch nicht nötig. Mit einem halben Jahr können Sie Ihr Kind dann langsam und behutsam an regelmäßige Schlafenszeiten gewöhnen, auch am Tage. Wichtig ist dabei, dass Sie dem Alltag eine Struktur geben und einen Rhythmus anbieten, damit Ihr Kind den Wechsel zwischen Wachen und Schlafen erfährt. Versuchen Sie also, immer zu den gleichen Zeiten zu spielen, spazieren zu gehen, zu singen und so weiter. Schaffen Sie Rituale, die Ihrem Kind Regelmäßigkeit und Sicherheit vermitteln. Mit der Zeit werden dann auch die Schlafphasen einem mehr oder weniger gleichmäßigen Rhythmus folgen.

❓ Stimmt es, dass man Kinder wach ins Bett legen und dann nicht mehr hochnehmen soll?

Es gibt Kinder, die herzzerreißend weinen, wenn sie wach ins Bettchen gelegt werden und nicht von allein in den Schlaf finden. Natürlich dürfen Sie Ihr Baby dann hochnehmen, es trösten, streicheln oder wiegen und ihm in den Schlaf helfen.

Wenn Ihr Kind jedoch so einschläft – prima! Es darf ruhig noch ein wenig quengeln oder nörgeln, bis es schläft. Bleiben Sie dann bei ihm, bis es eingeschlummert ist. Ihre Nähe vermittelt ihm die Sicherheit, die es braucht, um loslassen und einschlafen zu können.

Ist ein »Schlaftraining« sinnvoll?

Schlaflernprogramme sind, wenn überhaupt, frühestens für Kinder ab einem Jahr geeignet. Wenn Sie ein solch rigoroses Programm anwenden möchten, brauchen Sie dazu nicht nur einen geradezu herkulischen Willen, sondern auch besonders starke Nerven. Denn Sie müssen das mitunter lang andauernde Weinen Ihres Kindes ertragen. Werden Sie sich im Vorfeld darüber klar, ob Sie dies möchten beziehungsweise aushalten können. Letzten Endes funktionieren alle Schlafprogramme nach dem Schema des »kontrollierten Weinenlassens«.

Schon die Bezeichnung verdeutlicht, dass es darum geht, dem Kind mit Autorität und Überlegenheit zu zeigen, was ihm gut tut. Ein Säugling ist jedoch von seiner kognitiven Entwicklung her noch gar nicht imstande, diese elterliche Botschaft aufzunehmen und zu verarbeiten. Verfechter der Methode sind überzeugt, dass alle Kinder auf diese Weise schlafen lernen können. Es mag sein, dass ein Kind tatsächlich so das Schlafen »lernt«. Aber nicht, weil es einsieht, dass es ihm gut tut, sondern weil es resigniert hat. Es hat die Hoffnung aufgegeben, dass jemand kommt, um es zu trösten.

TIPP

Bei andauernden Schlafstörungen Ihres Kindes sollten Sie sich unbedingt professionellen Rat einholen. Adressen finden Sie zum Beispiel auf der Internetseite der Deutschen Gesellschaft für Schlafforschung und Schlafmedizin (siehe Anhang Seite 242).

Schlafrituale

❓ Wie sieht ein Gutenachtritual aus?

Entdecken Sie für sich, welches Einschlafritual Ihnen und Ihrem Baby Freude macht! Ganz gleich, ob Sie den Sternen eine gute Nacht wünschen, gemeinsam einer Spieluhr lauschen, ein Lied singen oder ein Gebet sprechen – wichtig ist allein, dass der Tag immer wieder auf die gleiche Weise endet und Ihr Baby dadurch lernt: Jetzt ist Schlafenszeit, denn die Nacht beginnt! Am besten verlassen Sie nach Ihrem Gutenachtritual das Zimmer. Nur so lernt Ihr Baby, ohne Ihre Hilfe einzuschlafen. Übertreiben Sie es aber bitte nicht: Ein Gutenachtritual sollte nicht länger als höchstens eine halbe Stunde dauern.

❓ Ab wann sollte man damit beginnen?

Je früher, desto besser! Sie können ein solches Ritual von Beginn an ganz selbstverständlich als bewussten Tagesabschluss setzen, denn es beugt späteren Schlafproblemen sehr wirksam vor. Spätestens bis zum ersten Geburtstag sollte ein Gutenachtritual fest etabliert sein.

Auch wenn es Ihnen selbst eintönig vorkommen mag: Bleiben Sie die gesamte Kleinkindzeit über konsequent bei »Ihrem« Ritual. Der immer wiederkehrende Rhythmus und die Routine vermitteln Ihrem Kind Sicherheit und Vertrautheit. Auf diese Weise wird das abendliche Ritual zu einem zuverlässigen Anker im Tagesablauf, an dem Ihr Nachwuchs sich festhalten und orientieren kann.

🛈 TIPP

Anfangs ist ein Baby durch das Stillen eng an seine Mutter gebunden und auf sie fixiert. Das Gutenachtritual ist eine ideale Möglichkeit, auch die Papas an Babys Tagesrhythmus teilhaben zu lassen.

❓ Mein Baby weint, wenn ich es abends vor dem Einschlafen herumtrage und ihm etwas vorsinge. Woran liegt das?

Vermutlich ist Ihr Baby dann bereits so müde, dass es überhaupt nicht mehr aufnahmefähig ist. Das Herumschaukeln und Singen sind ihm jetzt einfach zu viel. Ihr Kind möchte zum Einschlafen nur Ruhe und empfindet das abendliche »Einschlafritual« – so gut es auch gemeint ist – als störend. Versetzen Sie sich einmal in seine Situation hinein und stellen Sie sich vor, Sie wären todmüde und erschöpft. Nun kommt jemand, der Sie in den Schlaf wiegen möchte, Ihnen dabei etwas vorsingt und vielleicht noch die ganze Zeit leise auf Sie einredet – das würde Sie doch auch ziemlich stören, oder? Legen Sie Ihr Baby einfach in sein Bettchen, wenn Sie merken, dass es müde ist – ohne großes Drumherum. Anzeichen dafür, dass Ihr Kind müde ist, können sein: Es reibt sich die Augen, spielt an seinem Ohr herum, quengelt, weint oder es hat plötzlich schwache dunkle Ringe unter den Augen. Wenn Sie solche Anzeichen oder andere Hinweise bemerken, die darauf hindeuten, dass Ihr Baby müde ist, versuchen Sie, es in sein Bettchen zu legen.

❓ Mein Sohn schläft nur ein, wenn er an meiner Brust nuckeln darf – was soll ich tun?

Das Saugen an der Brust ist recht anstrengend, deshalb schlafen viele Babys anfangs beim Stillen ein. Außerdem genießen sie die Nähe und den Hautkontakt beim Stillen, sie fühlen sich dabei so geborgen, dass sie genüsslich einschlummern. Doch irgendwann sollten sie lernen, auch ohne das Nuckeln einzuschlafen. Nehmen Sie Ihr Kind nach der abendlichen Stillmahlzeit von der Brust und legen es zum Einschlafen in sein Bettchen. Wenn Ihr Baby protestiert, zeigen Sie ihm durch sanftes Streicheln oder Flüstern, dass es auf Ihre Nähe nicht verzichten muss. Bieten Sie ihm außerdem einen Nuckelersatz an, etwa ein vertrautes Stoffpüppchen.

Babys Entwicklung

Nie wieder im Leben schreitet die menschliche Entwicklung so rasant voran wie im ersten Lebensjahr. Fast jeden Tag wird Ihr Kind Sie nun mit neuen Fähigkeiten und Talenten überraschen, sei es auf der körperlichen und motorischen oder auf der geistig-seelischen Ebene. Sie erleben nun gemeinsam eine sehr spannende und aufregende Zeit, die viel Freude macht. Dennoch sind – gerade beim ersten Kind – viele Eltern unsicher, wann ihr Baby welche Fähigkeiten erworben haben soll. Pauschal kann man das nicht sagen, denn die Entwicklung von Mimik, Motorik, Gestik, Sprache und Sozialverhalten verläuft sehr individuell. Wann ein Kind welche Entwicklungsschritte macht, hängt von der Veranlagung des Kindes ab und davon, was es in seiner Familie und seinem sonstigen Umfeld erfährt und wie es mit diesen Erfahrungen umgeht. Wenn Sie Ihr Kind fördern möchten, unterstützen Sie es vor allem in seinem natürlichen Bewegungs- und Entdeckerdrang. Kinder haben das angeborene Bedürfnis, ihre neu erworbenen Fähigkeiten neugierig und mit viel Lust einzusetzen und weiterzuentwickeln. Um ihnen dabei zu helfen, bedarf es keiner ausgeklügelten Lernprogramme. Die Kinder brauchen lediglich eine aufmerksame und wohlwollende Begleitung und einen zwanglosen und spielerischen Umgang mit ihren vertrauten Personen. Lassen Sie sich also nicht verunsichern und verzichten Sie darauf, Ihr Kind ständig in seiner Entwicklung mit anderen zu vergleichen. Dadurch entstehen nur ein unnötiger Druck und ein Konkurrenzverhalten, die weder Ihnen noch Ihrem Kind gut tun.

Wachsen und Werden

❓ Wie gut kann ein Neugeborenes eigentlich schon sehen und hören?

Erstaunlich gut sieht und hört der kleine Neuankömmling bereits, was um ihn herum passiert! Am besten kann ein neugeborenes Baby all das sehen, was sich in einer Entfernung von zirka 20 bis 30 Zentimetern von seinem Gesicht befindet. Das ist kein Zufall, sondern es hat einen guten Grund: Dieser Abstand entspricht genau der Entfernung zwischen Mamas Gesicht und Babys Köpfchen während des Stillens. Erwachsene halten Babys oft intuitiv in genau diesem Abstand zu ihrem Gesicht.

Die Annahme, Neugeborene könnten lediglich Schwarz-Weiß-Abstufungen erkennen, wurde inzwischen widerlegt. Kurz nach der Geburt sehen Babys ihre Umgebung zwar noch unscharf, sie können jedoch Farben, Formen und Muster erkennen und unterscheiden. Am liebsten blicken sie übrigens in freundliche Gesichter!

Auch das Gehör hat sich im Mutterleib schon sehr weit entwickelt. Insbesondere höhere Stimmlagen kann das Baby bereits sehr gut hören – Erwachsene sprechen meist intuitiv »in den höchsten Tönen« mit einem Baby! Außerdem kann ein Kind jetzt bereits die Stimmen seiner Bezugspersonen erkennen und verschiedene Stimmen voneinander unterscheiden. Auf laute Geräusche reagieren Neugeborene durch einen veränderten Atemrhythmus und einen erstaunten Gesichtsausdruck.

💡 TIPP

Wussten Sie, dass Dunkelrot die Lieblingsfarbe aller Babys ist? Kein Wunder, denn im Mutterleib schimmerte das Licht in Rot-Violett-Tönen durch Mamas Bauchdecke. Viele Eltern wählen das vertraute Rot aus diesem Grund als Farbe für den Betthimmel.

❓ Wann wird mich mein Baby zum ersten Mal anlächeln?

Auch wenn Fachleute hier ganz unpoetisch vom »Grimassieren« sprechen: Ein »Engelslächeln« haben Babys bereits in den ersten Wochen hin und wieder im Gesichtchen – meistens während des Schlafens. Um die sechste Woche herum ist es dann so weit: Ihr Baby lächelt Sie zum ersten Mal gezielt an – ein zauberhafter Moment, der alle Eltern glücklich macht.

❓ Woran merke ich, ob mein Baby zu groß oder zu schwer für sein Alter ist?

Bei den regelmäßigen Vorsorgeuntersuchungen prüft der Kinderarzt immer auch die Größe und das Gewicht Ihres Babys und trägt diese Werte in die Wachstumskurve im gelben Vorsorgeheft ein. Falls Ihr Kind deutlich zu schwer oder außergewöhnlich groß für sein Alter sein sollte, wird er Ihnen dies sagen und Ihr Kind weiterhin genau beobachten. Für Stillkinder gilt übrigens eine gesonderte Wachstumskurve.

TIPP

Weltweit sind auch bei den Babys die Schwergewichte auf dem Vormarsch. In Deutschland wiegen inzwischen 8 bis 10 Prozent aller Neugeborenen 4000 Gramm und mehr. Viele dieser Babys sind zwar kerngesund, tragen aber ein erhöhtes Risiko für gesundheitliche Schäden. Dicke Neugeborene werden häufiger zu übergewichtigen Kindern und Erwachsenen. In höherem Alter neigen sie eher zu Diabetes und damit verbundenen Spätschäden. Auf der Website der Weltgesundheitsorganisation (WHO) können Sie sich kostenlos das interaktive Programm »WHO anthro« herunterladen, das anhand von Größe und Gewicht Ihres Kindes seine ganz persönliche Wachstumskurve errechnet. Leider läuft das Programm nur auf Englisch. Die Adresse finden Sie im Anhang auf Seite 243.

❓ Was sind Wachstumsschübe?

Während seiner acht Wachstumsschübe entwickelt Ihr Kind in einem bestimmten Zeitfenster sehr plötzlich und schnell neue Fähigkeiten, die ihm neue Möglichkeiten eröffnen, die Welt zu entdecken. Dies beeinflusst kurzfristig das Verhalten Ihres Babys. Quengelige, weinerliche Phasen sind oft erste Anzeichen eines solchen Schubs, der für das Kind zunächst mühsam und recht »arbeitsreich« ist. Ihr Baby ist dann anstrengender und schwieriger als gewohnt, denn es ist verunsichert und verwirrt. Seine bislang vertraute Welt ist durch die neuen Fähigkeiten beziehungsweise die veränderte Wahrnehmung plötzlich aus den Fugen geraten. Oft mögen Kinder dann nicht schlafen oder nicht essen, weinen viel und träumen schlecht. Sie klammern heftig und möchten ständig getragen werden. Ihre Nähe und wohlwollende Unterstützung seiner Schritte sind jetzt besonders wichtig für Ihr Kind. Glücklicherweise dauern diese Phasen maximal ein bis zwei Wochen.

❓ Wann gibt es denn diese Wachstumsschübe?

Die wichtigsten Wachstumsschübe im ersten Lebensjahr:

- Der erste findet etwa in der 8. Lebenswoche statt. Die Abstände zwischen den Mahlzeiten werden kürzer, Ihr Kind ist mit der gewohnten Trinkmenge nicht mehr zufrieden und verlangt nach mehr.
- In der 12./13. Woche erwacht Ihr kleiner Siebenschläfer aus seinen Babyträumen: Jetzt braucht er mehr Beschäftigung und will stets wissen, was Sie tun, wenn Sie mal nicht in seiner Nähe sind.
- Ab der 17./18. Woche wird Ihr Kind zusehends neugieriger auf seine Umwelt und stopft zum Beispiel alles in den Mund, was es erhaschen kann.
- Mit Beginn des 6. Monats nehmen Kinder bereits regen Anteil am Geschehen um sie herum. Sie zeigen Freude, Ärger und Neugierde – vor allem Mamas Essen wird jetzt immer interessanter!

- Um den achten Monat herum möchte Ihr Kind mehr beschäftigt werden. Es versucht bereits zu knien und vielleicht sogar auch schon zu krabbeln.
- Zwischen dem zehnten und zwölften Lebensmonat gibt es die wichtigsten Schritte in die Selbstständigkeit: Ihr Kind beginnt zu stehen und dann zu laufen und löst sich dadurch schon ein wenig von Ihnen.

Diese Entwicklungsschritte finden nicht bei jedem Baby zum gleichen Zeitpunkt statt: Jedes sucht sich zunächst die Fähigkeiten heraus, die für seine Entwicklung die spannendsten und wichtigsten sind. Wenn Ihr Baby sich etwas zu einem späteren Zeitpunkt aneignet als andere, kann es dafür mit Sicherheit bereits etwas anderes.

? Wie und wann drehen sich Babys?

Auch hier ist der Zeitpunkt individuell unterschiedlich. Die meisten Babys starten ihr »Trainingsprogramm« zwischen dem fünften und siebten Monat: In Rückenlage drehen sie Beinchen und Hüfte immer öfter auf die Seite. Manchmal bleiben sie dann in der Seitenlage liegen, besonders wenn es dort etwas Interessantes zu sehen gibt! Plötzlich geht es dann mit Schwung einmal rundherum. Oft »drehen« sich Babys schon früh von der Bauchlage auf den Rücken. Meist kippen sie dabei aber durch die Verlagerung des Körpergewichts einfach um, mit einer bewussten Drehung hat das noch nichts zu tun. Für eine Drehung vom Rücken auf den Bauch benötigen die Kleinen stärkere Muskeln. Spätestens bis zum zehnten Monat sollte die »Rolle rundherum« geschafft sein.

TIPP

Lassen Sie Ihr Baby häufig nackt spielen. Windel und Kleidung behindern den natürlichen Bewegungsdrang. Auch stundenlanges Liegen in der Wippe oder im Kinderwagen verzögert die motorische Entwicklung.

❓ Soll ich mein Baby den ganzen Tag auf dem Rücken liegen lassen?

Sobald Ihr Baby sein Köpfchen selbstständig halten kann (ab drei bis vier Monaten) sollten Sie es tagsüber ruhig ab und zu auf den Bauch legen, das kräftigt seine Rückenmuskulatur. Zum Schlafen ist die Bauchlage nach heutigen Empfehlungen nicht ideal, doch wenn Ihr Baby wach und aktiv ist, gibt sie ihm wichtige Impulse beim Drehen, Robben und Krabbeln. Später wird es sich aus dieser Position zum Sitzen, Stehen und Laufen hochziehen.

TIPP

Wenn Ihr Baby nicht gern auf dem Bauch liegt, stützen Sie seinen Oberkörper etwas ab, etwa mit einem zusammengerollten Handtuch oder einem Stillkissen. Bäuchlings ist es außerdem interessanter, etwas Spannendes anzuschauen: Wenn Sie sich vor Ihr Baby auf den Boden legen und ihm etwas vorsingen oder mit ihm spielen, vergisst es die ungeliebte Bauchlage schnell.

❓ Entwickeln sich alle Babys gleich?

Nein, Kinder gleichen Alters entwickeln sich nicht unbedingt gleich und im selben Tempo. Vieles beeinflusst die Entwicklung eines Babys: die ererbten Anlagen, seine Umwelt, sein Temperament, seine täglichen Erfahrungen und so weiter. Lassen Sie sich nicht von standardisierten Plänen und Entwicklungskalendern verunsichern. Es gibt bestimmte Entwicklungsstufen, die jedes gesunde Baby in einem gewissen Zeitraum nachvollzieht. Aber wann genau und in welcher Ausprägung ein Kind seine Fähigkeiten entfaltet, ist sehr unterschiedlich. Jedes hat seine eigenen Vorlieben: Manche sprechen früh und sind dafür Bewegungsmuffel, andere essen nicht gern, sind aber Weltmeister im kreativen Spiel.

FRÜHGEBORENE

Trotz allen medizinischen Fortschritts kommen in Deutschland jährlich noch immer fast 10 Prozent aller Babys zu früh zur Welt, also rund 80.000 Kinder.

Die Überlebensrate bei Frühgeborenen mit einem Geburtsgewicht zwischen 750 und 1500 Gramm liegt in spezialisierten Kliniken mittlerweile bei fast 90 Prozent. Drei Viertel der betroffenen Babys können ohne Probleme nach Hause entlassen werden. Doch zuvor verbringen sie oftmals zwei bis vier Monate auf einer neonatologischen Station – viele Wochen davon meist auf der Intensivstation.

Frühchen sind zunächst meist schwach und anfällig, denn ihre Organe und Körperfunktionen sind noch nicht vollständig entwickelt, vor allem was die Bereiche Atmung, Verdauungs- und Immunsystem sowie die Fähigkeit zur Wärmeregulation des kleinen Körpers betrifft. Hier gibt es große individuelle Unterschiede: Manche Kinder sind die geborenen Kämpfer, andere brauchen einen nachdrücklicheren »Schubs« ins Leben.

Atmung und Herz-Kreislauf-Funktionen müssen bei den meisten Frühgeborenen gut überwacht werden, damit keine gefährlichen Pausen eintreten. Oft hatte der kleine Organismus nicht ausreichend Zeit für die Bildung des sogenannten Oberflächenfaktors, der für die Entfaltung der Lungen beim ersten Atemzug notwendig ist.

Die intensivmedizinische Betreuung in einem Brutkasten, dem Inkubator, gibt dem Frühgeborenen Schutz und Zeit. Es kann so den Teil seiner Entwicklung, die eigentlich noch im Mutterleib hätte stattfinden sollen, ein wenig nachholen. Babys, die zwischen der 34. und 37. Schwangerschaftswoche geboren werden, haben dabei in spezialisierten Perinatalzentren inzwischen kaum noch Probleme.

Die Verdauung: Je früher ein Kind geboren wird, umso weniger hat es die zum Saugen notwendige Kraft, auch kann es Saugen und Schlucken noch nicht koordinieren. Das Verdauungssystem ist oft noch nicht ausreichend entwickelt, um die Nahrung zu verwerten. Sie werden deshalb über eine Magensonde und Infusionen ernährt.

Für Frühgeborene ist Muttermilch lebenswichtig: Sie ist leicht verdaulich, besser an das unreife Verdauungssystem angepasst und enthält zahlreiche Nährstoffe und Antikörper, die es gegen Infektionen schützen. Wenn Sie Ihre Muttermilch abpumpen, kann diese Ihrem Baby über eine Magensonde zugeführt werden. Versuchen Sie so oft es geht, Ihren Winzling anzulegen: Nach und nach wird Ihr Baby zu Kräften kommen und bald stark genug sein, um selbstständig zu saugen.

Neugeborenengelbsucht: Bei der Geburt haben Babys im Vergleich zum Erwachsenen mehr als doppelt so viele rote Blutkörperchen im Blut. Dieser Überschuss an Hämoglobin, dem roten Blutfarbstoff, wird in den ersten Lebenstagen zu Bilirubin umgewandelt und normalerweise über die Leber abgebaut. Die unreife Leber des Frühgeborenen ist dazu jedoch noch nicht ausreichend in der Lage und gibt große Mengen an Bilirubin ins Blut ab. Dieses kann sich im Gehirn ablagern und dort zu bleibenden Schäden führen. Deshalb wird Ihr Kind mit einer Lichttherapie, der sogenannten Phototherapie, mit Licht einer bestimmten Wellenlänge behandelt. Durch das blaue Licht wird der gelbe Blutfarbstoff in der Haut so verändert, dass es vom Körper ausgeschieden werden kann, ohne dass die Leber viel tun muss. Ihr Kind wird dazu nur mit einer Augenmaske und einer Windel bekleidet im Inkubator über mehrere Stunden bestrahlt.

Warm und geborgen: Ein Frühgeborenes kann seine Körpertemperatur noch nicht selbstständig regulieren, und seine Haut hat noch keine ausreichende Fettschicht, die es warm hält. Deshalb bietet der Inkubator eine gleich bleibende Temperatur von 37 Grad, die notwendige Luftfeuchtigkeit und auch die wichtige Versorgung mit Sauerstoff.
Ihr Baby wird auch gut gewärmt, wenn Sie es nach Känguru-Art am Körper tragen. Dabei bekommen Sie es zugedeckt über längere Zeit auf die nackte Brust gelegt, während es mittels Monitor überwacht wird. Der Hautkontakt und die Nähe stimulieren und fördern alle Sinne Ihres Kindes. Ihr Herzschlag wirkt beruhigend auf Ihren Winzling.
Sicher und sauber: Das Immunsystem eines Frühgeborenen ist noch nicht ausgereift. Dadurch kann sich das Baby gegen die Keime und Bakterien, denen es in unserer Welt begegnet, noch nicht ausreichend schützen. Deshalb sollten Sie sich die Hände stets sorgfältig waschen, einen Mundschutz sowie einen Krankenhauskittel, spezielle Schuhe und eine Papierhaube tragen. Beim geringsten Anzeichen einer Gefahr werden Ihrem Kind im Krankenhaus Antibiotika verabreicht, um das Risiko einer gefährlichen Infektion zu vermeiden. Achten Sie auch darauf, dass sich nur gesunde Personen Ihrem Nachwuchs nähern, das gilt auch für die erste Zeit zu Hause.
Endlich zu Hause: Die meisten Frühchen werden nach Hause entlassen, wenn sie ein Gewicht von mindestens 2000 Gramm erreicht haben, meist nicht vor dem ursprünglich errechneten Geburtstermin. Lassen Sie Ihrem Kind Zeit, seinen Rhythmus neu zu finden und sich an die Veränderungen der Umgebung anzupassen. Ideal ist es, für einige Tage mit gedämpftem Licht und leisen Hintergrundgeräuschen die Frühchenstation nachzuahmen.

❓ Darf ich meinem Kind einen Schnuller geben oder nicht?

Bereits im Mutterleib nuckeln Ungeborene am Daumen. Der natürliche Saugreflex sichert die Aufnahme der lebenswichtigen Milch aus der Mutterbrust, und dies in ausreichender Menge. Zudem produziert der Körper beim Nuckeln verdauungsfördernde Stoffe, die noch dazu beruhigend und schlaffördernd wirken. Der Brauch, Babys passende kleine Gegenstände zum Saugen zu geben, ist fast so alt wie die Menschheit. Auch heute ist ein »Nuckel« in den ersten Lebensmonaten für die meisten Eltern nicht mehr wegzudenken. Im Prinzip spricht auch nichts dagegen. Geben Sie Ihrem Kind den Schnuller jedoch nicht, bevor es bei seinen Mahlzeiten ein stabiles und regelmäßiges Saugverhalten entwickelt hat. Auch sollte der Schnuller nicht dazu dienen, Ihr Kind zum Schweigen zu bringen, wenn es einmal weint. Überlegt und nur in bestimmten Situationen eingesetzt, sorgt er jedoch für Entspannung – bei Eltern und Kind. Bei dosiertem Gebrauch gewöhnt sich Ihr Baby auch nicht ans Dauernuckeln. Denken Sie daran: Je häufiger und je länger Ihr Kind den Schnuller im Mund hat, umso mehr wird es in seinem Lächeln, Brabbeln und seiner gesunden Sprachentwicklung eingeschränkt. Deshalb sollte die »Schnullerfee« das geliebte Stück am besten um den zweiten Geburtstag herum entführen. Als Entschädigung kann die gute Fee Ihrem Kind ja ein kleines Geschenk unters Kopfkissen legen.

⚠ WICHTIG

Achten Sie darauf, den richtigen Zeitpunkt für die Entwöhnung vom Schnuller nicht zu verpassen: Wird zu lange »geschnullert«, können sich bei Ihrem Kind gravierende Verformungen der Kiefer und des Gaumens entwickeln. Es kommt in solchen Fällen häufig zu Zahnfehlstellungen, zu wiederholten Hals-Nasen-Ohren-Infektionen, Sprachfehlern und vermehrt auch zu Karies.

❓ Was ist besser: Schnuller oder Daumenlutschen?

Das Saugen gehört zu Babys Grundbedürfnissen – bereits im Mutterleib lutscht es am Daumen und trainiert so das spätere Saugen an der Brust. Der eigene Daumen ist stets verfügbar und kann selbst »dosiert« werden. Allerdings führt das Daumenlutschen langfristig zu Zahnfehlstellungen und Kieferverformungen. Der Daumen ist wenig flexibel, anatomisch kaum geeignet und übt stärkeren Druck auf den Gaumen aus als ein anatomisch korrekter Sauger aus Silikon oder Latex.

Wenn Sie feststellen, dass Ihr Baby zur Beruhigung Daumen lutscht, bieten Sie ihm frühzeitig einen kiefergerechten Babysauger an. Gute Schnuller haben ein weiches, auf beiden Seiten abgeflachtes Saugteil und eine schmale Auflage für Kieferleisten und Lippen. Hochwertige Sauger gibt es in drei Größen: für Kinder von 1 bis 6 Monaten, 6 bis 18 Monaten und ab 18 Monaten.

❓ Wann beginnt bei Babys die Fremdelphase?

Das ist abhängig von der Persönlichkeit und den Erfahrungen eines Kindes. Die meisten Babys beginnen zwischen dem sechsten und neunten Monat zu fremdeln, es gibt aber auch Kinder, bei denen es später beginnt und dafür länger anhält. Das Fremdeln ist kein Grund zur Besorgnis – im Gegenteil: Es ist ein sinnvoller Schutz. Denn in diesem Alter fangen Kinder an zu krabbeln, beginnen sich aufzurichten, probieren das Stehen und versuchen zu gehen. Das Fremdeln zeigt, dass Ihr Kind einen wichtigen Entwicklungsschritt getan hat: Es kann nun zwischen vertrauten und fremden Personen unterscheiden. Selbst wir Erwachsenen lassen vertraute Personen lieber »an uns ran« als Unbekannte. Genauso geht es Ihrem Baby. Führen Sie es behutsam an Fremdes heran. Natürlich ist ein Treffen mit einem ängstlichen Kind auf dem Schoß nicht besonders prickelnd. Wenn Sie Ihr Kind aber jetzt einfach zu neuen Spielgefährten setzen, verlangen Sie etwas von ihm, das es in dieser Situation noch nicht kann.

❓ Schadet es meinem Kind wirklich, wenn ich es schon hinsetze?

Ja, viele Haltungsschäden im Kindesalter hängen mit einem zu frühen Aufsetzen zusammen. Leider trainieren viele Eltern das Sitzen mit ihren Kindern geradezu. Solange ein Kind sich jedoch nicht aus eigener Muskelkraft hinsetzen und selbstständig frei sitzen kann, sollte es auch nicht »künstlich« in Sitzposition gebracht werden.

Die natürliche Entwicklung hat eine sinnvolle Reihenfolge: 1. Drehen, 2. Krabbeln, 3. Sitzen, 4. Stehen, 5. Laufen. Viele Kinder, die frühzeitig hingesetzt wurden, krabbeln erst gar nicht und lernen manchmal nur unkoordiniert zu laufen. Besser ist es also, wenn Ihr Kind möglichst häufig aus der Bauchlage oder der Seitenlage aktiv wird und dabei ganz automatisch die Muskelgruppen trainiert, die ihm später das Sitzen ermöglichen.

❓ Was ist von »Lauflernhilfen« zu halten?

Kinderärzte und Orthopäden raten dringend vom Gebrauch dieser Geräte ab, denn die Wirbelsäule und der Rücken des Babys werden damit in eine ungünstige, nicht altersgerechte Position gebracht. Außerdem behindern und verzögern Lauflernhilfen den natürlichen Drang des Kindes, sich aufzurichten und sich eigenständig fortzubewegen. Zudem bergen sie ein hohes Unfallrisiko. Tausende von Kleinkindunfällen werden allein in der EU jährlich durch Lauflernhilfen verursacht. Auch wenn Ihr Baby scheinbar begeistert im »Gehfrei« spaziert: Lassen Sie es eigenständig und auf natürlichem Wege Krabbeln und Laufen lernen.

ⓦ WICHTIG

Auch von sogenannten Baby- oder Türhopsern ist abzuraten, da sie – ähnlich wie die Lauflernhilfe – die Wirbelsäule und den Rücken Ihres Kindes zu sehr belasten.

❓ Schadet es unserem Baby, wenn es ein bisschen mit uns fernsieht?

Ja, Fernsehen ist absolut nichts für ein Baby. Es kann die starken Sinnesreize, die schnell wechselnden, flimmernden Bilder und die unbekannten Geräusche noch nicht verarbeiten. Die Folge können verstärkte Unruhe, Überdrehtheit oder Einschlafprobleme, auf längere Sicht sogar ernste Entwicklungsstörungen sein.

Zudem spüren die Kleinen ganz genau, dass die Eltern während des Fernsehens mit ihrer Aufmerksamkeit von ihnen abgewandt sind – und deshalb haben weder Sie noch Ihr Baby etwas von einem solchen Zusammensein.

Versuchen Sie Ihr Baby in einem anderen Raum zu beschäftigen, wenn ältere Geschwister oder andere Familienmitglieder fernsehen. Auf keinen Fall sollte das Gerät den ganzen Tag über im Hintergrund laufen. Das tut aber ohnehin niemandem gut. Verzichten Sie auch auf spezielle TV-Programme für Kleinkinder, die angeblich die Entwicklung fördern sollen. Aus der Hirnforschung weiß man heute: Kinder, die oft und viel fernsehen, hinken anderen Kindern bei der Sprachentwicklung hinterher. Lesen Sie Ihrem Kind also besser eine Geschichte vor.

ⓦ WICHTIG

Moderne Flachbildschirme sind im Vergleich zu früheren Modellen größer, haben häufig eine geringere Tiefe und einen nach vorn verlagerten Schwerpunkt. Deshalb kippen sie viel leichter um. In einem Haushalt mit kleinen Kindern sollten Fernseher deshalb kippsicher auf einer breiten Basis stehen, in einem verschließbaren Schrank verschwinden oder fest an der Wand verankert sein. Damit Ihr Kind gar nicht erst in Versuchung kommt, an der Regalwand oder mithilfe irgendwelcher Möbelstücke hinaufzuklettern, legen Sie Fernbedienung, Spielzeug oder sonstige begehrte Dinge nicht auf dem Fernsehgerät ab.

❓ Welche »Geräuschkulisse« ist gut für Babys Entwicklung?

Erstaunlich schnell lernt ein Säugling, oft wiederkehrende Geräusche voneinander zu unterscheiden. Wenn er zum Beispiel weint, reicht oft schon das Geräusch der sich öffnenden Tür, damit er sich etwas beruhigt. Die vertrauten Stimmen der Eltern und Geschwister wird er bald erkennen und unterscheiden können. Um sich geborgen und gut aufgehoben zu fühlen, braucht ein Baby außerdem einen gewissen Geräuschpegel. Menschen sind soziale Wesen, und die meisten Kinder sind von Geburt an gerne »unter Leuten«, ob das die Kindergartengruppe ist, ein Familienfest oder die Schlange an der Supermarktkasse. Und auch ihre lauten Geschwister finden die Kleinen meistens toll.

Babys mögen es außerdem, wenn man viel mit ihnen spricht. Wenn man sie oft bei ihrem Namen ruft, werden sie den Klang bald kennenlernen und sich angesprochen fühlen. Die Erfahrung, dass nach dem Erklingen ihres Namens immer etwas Angenehmes folgt, zum Beispiel das Stillen oder Wickeln, stärkt ihr Selbstvertrauen.

Wenn Babys es schon mögen, wenn man mit ihnen spricht, so lieben sie es, wenn man ihnen etwas vorsingt – egal ob das Ihr aktueller Lieblingssong aus dem Radio ist, eine Opernarie oder ein Kinderlied. Die vertraute Stimme von Mama oder Papa, der Wechsel der Tonhöhen und Tonfärbungen, der Unterschied zwischen Laut und Leise machen den Gesang jedes Mal aufs Neue zu einem spannenden Erlebnis für Ihr Kind. Es kann schon erstaunlich feine Nuancen unterscheiden.

Ein spezielles Lied, das Sie Ihrem Kind immer dann vorsingen, wenn es nervös oder aufgeregt ist oder nachts nicht wieder einschlafen mag, sorgt zuverlässig für Beruhigung. Zwischendurch darf es aber auch mal ganz ruhig sein, zum Beispiel wenn alle Familienmitglieder am frühen Abend gemütlich zusammensitzen und lesen. Auch die Stille ist eine wichtige Erfahrung für Ihr Kind!

 **INFO**

Die wichtigste Voraussetzung für einen guten und sicheren Spracherwerb heißt: Sprechen Sie mit Ihrem Kind – langsam und deutlich, denn Babys lernen durch Hören und Nachahmen. Sie plappern das Gehörte immer wieder vor sich hin und üben so, Laute hervorzubringen und bereits »Gespräche« zu führen.

Heute weiß man, dass die Sprachentwicklung in einem direkten Zusammenhang mit der Entwicklung der Feinmotorik einhergeht. Die Bereiche für Sprache und Koordination der Hände liegen im Gehirn dicht beieinander. Feine Bewegungen der Hände und Finger fördern deshalb die Sprachentwicklung. Bieten Sie Ihrem Baby möglichst viele Gelegenheiten zum selbstständigen Tasten und Greifen.

So verläuft die Sprachentwicklung:
- Mit etwa zwei Monaten beginnt das Baby zu lallen und übt dadurch wichtige motorische Abläufe. Bald folgen A- und O-Laute.
- Mit fünf Monaten kommen Mitlaute hinzu, die mit den Lippen oder der Zungenspitze gebildet werden. Die Stimmmodulation wird durch hohes und tiefes, lautes und leises Plappern, Quietschen, Gurgeln und Brummeln erprobt. Je mehr Sie diese Laute imitieren und darauf eingehen, umso mehr kann sich Ihr Kind im Sprechen üben.
- Bis zum zehnten Monat verbindet Ihr Kind Selbst- und Mitlaute und wiederholt diese oft.
- Gegen Ende des ersten Lebensjahres fängt es an, Silben zu mischen, eine eigene Sprachmelodie zu entwickeln und bereits einzelne Worte zu sprechen.
- Bis zum Ende des zweiten Lebensjahres spricht es meist Zweiwortsätze.
- Bis zum Ende des vierten Lebensjahres ist die Sprachentwicklung bei einem gesunden Kind, mit dem viel gesprochen wurde, abgeschlossen.

Trösten und Verstehen

❓ Darf ich mein Baby denn nicht auch mal eine Weile schreien lassen?

Weinen ist für ein Baby eine wichtige Möglichkeit, seine Bedürfnisse mitzuteilen: Es weint, weil es hungrig oder müde ist, seine Ruhe haben möchte, auf den Arm genommen werden oder in der Nähe seiner vertrauten Personen sein möchte. Wenn Sie auf Babys Schreien prompt reagieren, signalisieren Sie ihm: Wir sind für dich da, wir nehmen deine Bedürfnisse ernst und kümmern uns um dich. Diese unmittelbare Bedürfnisbefriedigung schenkt ihm Sicherheit und Urvertrauen. Es lernt, dass es sich auf Sie verlassen kann, und fühlt sich auf diese Weise angenommen, geborgen und geliebt.

Ein Baby dagegen, das auf sein Weinen keinerlei Reaktion erfährt, wird verunsichert. Es resigniert irgendwann und bekommt das Gefühl, dass es keinen Sinn hat, seine Bedürfnisse auszudrücken – dies ist selbstverständlich eine denkbar schlechte Voraussetzung für eine gesunde seelische Entwicklung des Kindes.

Mit etwa sechs Monaten sind Babys in der Lage, ihr Schreien ganz bewusst einzusetzen. Hören Sie einmal genau hin: Meist folgt einem kurzen, schrillen Kreischen ein ruhiger Moment, in dem das Baby zunächst Ihre Reaktion abwartet. Wissenschaftler nennen dieses bewusste Schreien übrigens »intentional cry« – also absichtliches, vorsätzliches Schreien – ein kleiner Schritt zum selbstständigen Handeln.

💡 TIPP

Nach einem anstrengenden Tag, etwa mit Arztbesuch und Einkaufen, kann Ihr Kind schon einmal aus dem Gleichgewicht geraten und dann mehr schreien als sonst. Damit baut es seine Anspannung ab. Sorgen Sie dann für eine ruhige Umgebung und lassen ihr Baby ruhig ein bisschen krähen, aber bleiben Sie in seiner Nähe.

❓ Muss man ein Baby schon erziehen?

Erziehung bedeutet im ersten Lebenshalbjahr weniger Belehrung und Grenzensetzen, sondern vor allem, Babys Bedürfnisse zu erkennen und sie möglichst unmittelbar zu befriedigen. Schenken Sie Ihrem Kind reichlich liebevolle Aufmerksamkeit, Nähe, Körperkontakt, Zuwendung und Liebe – so viel und so lange es dies braucht, denn die Empfindung von Geborgenheit ist entscheidend für die Entwicklung.

Ein Baby kann noch keine Regeln verstehen, aber es wird sie später leichter lernen, wenn es von Geburt an einen gewissen (Tages-) Rhythmus erlebt.

Im zweiten Lebenshalbjahr gilt es dann, die Bedürfnisse Ihres Kindes differenzierter wahrzunehmen. Ein Baby kann sich jetzt durchaus mal kurz in Geduld üben. Das heißt, Sie müssen nicht bei jedem Pieps sofort zur Stelle sein, sondern können Ihrem Kind auch mal zumuten, kurz zu warten. Wenn Sie Ihr Kind gut beobachten, merken Sie recht schnell, wann es wirklich weint, weil es hungrig oder müde ist oder ihm etwas wehtut, und wann es nur quengelt oder sein Schreien bewusst einsetzt. Kräht Ihr Kleines, weil der Ball zum fünften Mal weggerollt ist, dürfen Sie also ruhigen Gewissens »Ich komme gleich« rufen (dies dann aber kurze Zeit später wirklich tun!) und müssen nicht ständig »bei Fuß« stehen. Erziehung im zweiten Lebenshalbjahr heißt: Motivieren Sie Ihr Kind, selbst mal etwas auszuprobieren, statt sich alles abnehmen zu lassen. Dass es dabei auch mal ungeduldig wird, ist normal. Aber wenn es merkt, dass Mama den Ball nicht sofort wiederbringt, versucht es vielleicht selbst, das begehrte Objekt krabbelnd oder robbend zu erreichen – und ist hinterher zu Recht mächtig stolz auf seine Leistung!

Erziehung hat im Babyalter also nichts mit Strenge zu tun, sondern damit, dem Kind eigene Fähigkeiten zuzutrauen und es Herausforderungen meistern zu lassen.

Ihr Kind lernt vor allem durch Nachahmung, also im Wesentlichen durch Ihr Verhalten, Ihre Gefühle und die unterschiedlichen Erfahrungen, die es mit Ihnen macht.

❓ Ab wann versteht ein Kind eigentlich den Sinn eines Nein?

Gegen Ende des ersten Lebensjahres können Babys ein Nein zwar bereits verstehen, aber sie können noch nicht wirklich begreifen, was es damit auf sich hat. Sie wissen einfach noch nicht, dass das Wörtchen »Nein« so viel bedeutet wie »Tu das nicht!« oder »Das ist noch nichts für dich«. Vernunftbetonte Begründungen wie »Nein, das Feuerzeug bekommst du nicht, denn du könntest dich verbrennen« können Babys unter einem Jahr noch nicht verstehen, geschweige denn im Gedächtnis behalten. Es ist daher besser, wenn Sie Ihrem Kind gefährliche Dinge vorerst wegnehmen und ihm stattdessen etwas anderes zum Spielen anbieten. Das erspart Ihrem Kind und Ihnen eine Menge Stress.

Das heißt aber nicht, dass Sie das Wörtchen »Nein« völlig aus Ihrem Sprachgebrauch verbannen sollten, sonst lernt Ihr Baby die Bedeutung und den Sinn von Verboten niemals kennen. Gehen Sie jedoch nicht allzu verschwenderisch damit um. Setzen Sie ein Nein wirklich nur dann ein, wenn es unumgänglich ist. So merkt Ihr Nachwuchs von Anfang an, dass ein Verbot nur dann ausgesprochen wird, wenn es um etwas wirklich Wichtiges geht.

Wenn Sie Nein sagen, tun Sie dies ruhig, aber bestimmt. Lächeln Sie beim Neinsagen nicht, denn sonst kann Ihr Kind die Botschaft nicht verstehen.

🅣 TIPP

Halten Sie sich immer wieder vor Augen: Ihr Baby tut nichts aus Berechnung oder um Sie zu ärgern. Es erkundet einfach seine Umwelt bei allem, was es tut – wenn es an den Vorhängen reißt, im Brei manscht oder immer wieder seinen Schnuller herunterwirft. Mit diesem Gedanken lässt sich so manche nervenaufreibende Situation leichter hinnehmen. Den Sinn oder Unsinn von Strafen kann ein Baby ohnehin noch nicht nachvollziehen.

❓ Warum schreit mein Baby denn bloß so viel?

Diese Frage lässt sich nicht pauschal beantworten. Sicher ist jedoch: Kein Baby schreit grundlos oder absichtlich.
Für Ihr Kind ist das Schreien eine wichtige Möglichkeit, Ihnen mitzuteilen, dass es hungrig, müde, gelangweilt oder überreizt ist. Dass ihm der Trubel zu viel, das Licht zu hell, die Stimmen zu laut sind. Schreikinder können die vielen anfluteten Reize oft nicht gut verarbeiten, sie sind leicht störbar und nur schwer zu beruhigen. Die Entwicklung eines natürlichen Schlaf-Wach-Rhythmus ist bei ihnen verzögert, und meistens reagieren sie auch nur wenig auf die Beruhigungsangebote der Eltern.
Manche Kinder verarbeiten durch das exzessive Weinen vorgeburtliche Angsterlebnisse oder eine traumatische Geburt. Wieder andere haben Bauchweh und Koliken, die sie zu stundenlangem Weinen veranlassen. Warum dies bei manchen Babys so ist und bei anderen wiederum nicht, liegt im Temperament, in der Konstitution, dem Umfeld und den Lebensbedingungen jedes einzelnen Kindes begründet. Sicher ist jedoch: Ein untröstlich weinendes Baby und seine Eltern benötigen dringend professionelle Hilfe. Bekommen sie diese nicht, ist das oft der Beginn eines Teufelskreises: Das Kind schreit noch mehr, und seine Eltern sind zusätzlich gestresst, was sich wiederum negativ auf die ganze Familie auswirkt.

Ⓦ WICHTIG

Lassen Sie zunächst vom Kinderarzt untersuchen, ob körperliche Gründe als Ursache für das häufige Schreien auszuschließen sind. Ist dies der Fall, lassen Sie sich in einer speziellen Beratungsstelle für Eltern mit Säuglingen und Kleinkindern beraten. Sie sind unsicher und wissen nicht, was Ihr Baby Ihnen sagen möchte, wenn es weint, die Fäustchen ballt oder nicht einschlafen will? In sogenannten »Baby-Lesestunden« lernen Sie die Signalsprache Ihres Kindes besser kennen.

❓ Woher weiß ich, ob mein Kind nun wirklich ein »Schreibaby« ist?

Experten sprechen dann von »exzessivem Schreien«, wenn ein Baby an mindestens drei Tagen in der Woche jeweils mindestens drei Stunden lang und über einen Zeitraum von drei Wochen hinweg untröstlich weint. So weit zur Theorie der sogenannten Dreierregel.

Doch auch, wenn Ihr Baby pro Tag »nur« zweieinhalb Stunden lang schreit oder dieser Zustand »bloß« zwei Wochen anhält – nicht die Uhr und der Kalender bestimmen, ob Ihr Kind diese Auffälligkeit zeigt, sondern das Ausmaß der subjektiv empfundenen familiären Belastung.

Zusätzlich zum untröstlichen Weinen leiden viele Schreibabys unter Schlaf- und Gedeihstörungen. Kinder- und Jugendpsychiater betrachten das exzessive Weinen deshalb als eine sogenannte Regulationsstörung: Das Kind hat keine oder nur wenige Möglichkeiten, sein eigenes Verhalten dem Wechsel von Aufmerksamkeit und Selbstberuhigung, Schlafen und Wachen, Füttern und Verdauen, Schreien und Wohlfühlen seinem Entwicklungsstand gemäß anzupassen. Es sendet keine eindeutigen Signale aus und findet durch das permanente Schreien keine Bestätigung bei seinen Eltern. Gleichzeitig sehen sich die Eltern in ihrer Rolle ebenfalls nicht bestätigt, da sie sich ständig fragen, was sie falsch machen und warum Ihr Kind so unglücklich ist.

Die Kommunikation zwischen einem ständig schreienden Kind und seinen Eltern ist gestört. Kontakt und Kommunikation sind jedoch die wichtigsten Zutaten einer guten seelisch-emotionalen »Ernährung« des Säuglings. Verzweifeln Sie aber bitte nicht: Dieser Dialog lässt sich mit etwas Übung jederzeit relativ schnell erlernen.

Dazu bedarf es keiner besonderen Fähigkeiten: Im Alltag mit einem Baby gibt es sehr viele Möglichkeiten und Situationen, um das Kind kennen zu lernen, es zu beobachten und auf seine gesunde Entwicklung einzuwirken. Mehr dazu lesen Sie bei den Antworten zu den folgenden Fragen.

❓ Wie kann ich lernen, mein weinendes Baby besser zu verstehen?

Beobachten Sie, wie Ihr Kind auf Ihr Handeln reagiert, und geben Sie ihm eine entsprechende Rückmeldung. Wenn Sie beispielsweise feststellen, dass Ihr Baby beim Baden ruhiger wird, Sie aber noch fragend anblickt und zappelig mit den Beinchen strampelt, könnte Ihre Rückmeldung so aussehen: »Hm, das Badewasser ist schön warm. Das kennst du schon, nicht wahr? Ich sehe, dass du es genießt, mit den Beinchen zu strampeln, und dass du dabei ruhiger wirst«.

Ihr Kind lernt dadurch, außer durch das Schreien auch durch andere, unterschiedlichste Verhaltensweisen und Reaktionen mit Ihnen zu kommunizieren.

Versuchen Sie, auf ähnliche Weise auch andere Bedürfnisse Ihres Kindes zu erkennen. Mit der Zeit lernen Sie, die Signale Ihres Babys immer besser zu deuten. Und wenn Sie verstehen, was Ihr Baby Ihnen mit seinem Verhalten sagen möchte, fällt es Ihnen leichter, sinnvoll und folgerichtig auf seine Mitteilung zu reagieren. Dieses wertvolle Startkapital für die Kommunikation mit Ihrem Baby nennen Fachleute »Intuitive elterliche Kompetenz«. Sie entwickeln dadurch eine Feinfühligkeit, mit der sie bald am Kind selbst »ablesen« können, was es benötigt.

❓ Kann ich irgendetwas tun, um meinem Schreibaby zu helfen?

Zunächst einmal: Überfordern Sie Ihr Kind (und auch sich selbst) nicht. In ihrer Not spulen viele Eltern ein Programm ab, das ihre untröstlich weinenden Babys eher überfordert, statt sie zu beruhigen: Herumtragen, Singen, Reden, Streicheln, Stillen, Spielen ... und manchmal sogar alles auf einmal! Das ist zwar gut gemeint, bewirkt aber oftmals eher das Gegenteil. Viel hilfreicher ist es, wenn Sie zunächst für eine »beruhigte« Umgebung sorgen, um Reizüberflutung und Aufregung möglichst gering zu halten.

So bringen Sie mehr Harmonie und Ruhe in die Umgebung Ihres Kindes:

- Spieluhren, Mobiles, Kuscheltiere oder wild gemusterte Bettwäsche, grellfarbene Kindermöbel und so weiter bieten Schreibabys zu viele Sinnesreize. Packen Sie sie fürs Erste wieder weg.
- Versuchen Sie, einen möglichst immer gleichen Tagesrhythmus mit festen Schlaf- und Wach-Zeiten einzuführen.
- Wenn Ihr Baby weint, probieren Sie nicht zu viele Ablenkungs- und Beruhigungsmethoden nacheinander aus. Ihr kleiner Schreihals wird sonst zusätzlich überreizt und schreit noch mehr.
- Das Getragenwerden im Tuch (siehe Seite 30 ff.) wirkt auf viele Babys beruhigend, der enge Körperkontakt gibt Nähe und Sicherheit.
- Versuchen Sie, selbst zur Ruhe zu finden, auch wenn es jetzt schwerfällt. Babys spüren Stress, Unsicherheiten und Ängste nämlich sehr genau.
- Außenstehende können ein weinendes Kind manchmal eher zur Ruhe bringen als seine angespannten Eltern. Lassen Sie Großeltern, Geschwister oder Freunde Ihr Kind trösten. Ziehen Sie sich kurz zurück und genießen Sie die Ruhe – ohne das Gefühl, versagt zu haben.

Lernen Sie, konkrete Bitten zu stellen, wie und von wem Sie entlastet werden möchten.

TIPP

Schreibabys hilft es, eine Begrenzung zu spüren. Das gibt ihnen die nötige Gewissheit, in ihrer Umgebung nicht verloren zu sein. Pucken Sie Ihr Kind also regelmäßig (siehe Seite 109 f.). Gute Erfahrungen gibt es zwischenzeitlich auch mit der osteopathischen Behandlung von exzessiv weinenden Säuglingen und mit der Craniosacraltherapie. Informationen finden Sie im Internet unter www.osteopathie.de oder unter www.upledger.de

❓ Wann wird es denn wieder besser mit dem Schreien?

Zu Beginn seines Lebens ist sich ein Säugling seiner Empfindungen noch nicht bewusst: Er spürt zwar Unbehagen, weiß jedoch nicht, wodurch diese Empfindungen ausgelöst oder sogar verändert werden könnten. Dies lernt er erst durch den Umgang mit seinen Eltern beziehungsweise Bezugspersonen, die sein Verhalten spiegeln und sinnvoll darauf reagieren.
In dem Maße, in dem Sie selbst lernen, die Hilferufe Ihres Babys richtig zu deuten, sich in seine Bedürfnisse einzufühlen und entsprechend darauf zu reagieren, wird das Schreien Ihres Kindes langsam abnehmen. Untersuchungen kommen zu dem Schluss, dass dies bei zwei Dritteln der betroffenen Kinder meist bis zum vierten Monat so ist. Allerdings gilt auch hier: Ein Baby lernt schneller, das andere langsamer, was für Eltern im Übrigen ebenso gilt.

❓ Ich bin völlig fertig, weil ich mein Baby nicht beruhigen kann. Was soll ich nur tun?

Wenn Sie das Gefühl haben, dass Sie Ihrem Kind nicht mehr helfen können, und sich selbst nach Unterstützung sehnen, sollten Sie unbedingt professionelle Hilfe in Anspruch nehmen. Auch wenn Sie Groll, Ärger oder Wut Ihrem Kind gegenüber entwickeln oder sich bei dem Gedanken ertappen, wie viel schöner Ihr Leben ohne Baby wäre, benötigen Sie fachlichen Rat. Bitte suchen Sie nicht erst dann Hilfe, wenn Sie schon völlig erschöpft und mit Ihren Nerven am Ende sind. Scheuen Sie sich nicht, frühzeitig fachkundige Unterstützung anzunehmen. Das ist nicht nur besser für Sie, sondern auch für Ihr Baby.
In vielen Städten gibt es sogenannte Schreiambulanzen oder Schreisprechstunden. Diese Einrichtungen sind an Kliniken, Arztpraxen, Erziehungsberatungsstellen, Jugend- und Gesundheitsämter angegliedert. Erfahrene Kinderärzte, Psychologen, Pädagogen, Hebammen und Therapeuten nehmen

sich der verzweifelten Eltern an, analysieren ihre persönliche Situation und können individuelle Hilfestellungen anbieten. Eine hilfreiche Web-Adresse, über die Sie einen Ansprechpartner in Ihrer Nähe finden, ist im Anhang auf Seite 242.

 WICHTIG

> Auch wenn die Nerven blank liegen: Auf keinen Fall dürfen Sie Ihr Kind schütteln oder sogar schlagen! Durch diese unkontrollierten Handlungen könnten Sie Ihr Baby lebensgefährlich verletzen.

❓ Gibt es denn nicht auch Medikamente, die mein Baby beruhigen können, wenn es schreit?

Beruhigungsmittel (Sedativa) haben erhebliche Nebenwirkungen und schaden Ihrem Kind. Ein Nutzen hat sich auch in verschiedenen wissenschaftlichen Untersuchungen nicht bestätigt. Homöopathische Arzneimittel sollten Ihrem Kind ebenfalls nicht auf eigene Faust, sondern erst nach einer eingehenden Begutachtung durch einen erfahrenen Homöopathen verabreicht werden.

Mit einer Kräuterteemischung aus Kamille, Süßholz, Eisenkraut, Fenchel und Zitronenmelisse über sieben Tage konnte in einer kleinen israelischen Studie eine Verminderung der Schreiphasen bei Koliken erreicht werden. Einen Versuch ist es wert, oder?

 TIPP

> Bei unruhigen Kindern und Säuglingen haben sich Kräuterkissen bewährt. Für ein Hopfenkissen werden etwa 150 Gramm getrockneter Hopfen aus der Apotheke (kein frischer Hopfen) in ein kleines Baumwoll- oder Leinensäckchen gefüllt und in der Nähe des Bettchens aufgehängt.

DIE FAMILIENHEBAMME
Sichere Lotsin in stürmischen Zeiten

Wenn Sie Fragen und Probleme haben, die mit der Schwangerschaft, der Geburt oder mit Problemen und Nöten im ersten Lebensjahr Ihres Kindes auftreten, sind Sie nicht allein: Neben den allgemeinen Leistungen einer Hebamme wie Vorsorge, Geburtsbegleitung, Wochenbettbetreuung, Nachsorge und Stillberatung ist die Familienhebamme auch jetzt noch für Sie da.

Familienhebammen sind staatlich ausgebildete Hebammen, die mindestens drei Jahre Berufserfahrung sowie eine qualifizierte Zusatzausbildung absolviert haben. Ihre Arbeit ist ein frühes Hilfsangebot, das schwangere Frauen, Mütter und ihre Kinder bis zum vollendeten ersten Lebensjahr in Anspruch nehmen können. Ziel ist es, den Familien Anleitung und Hilfe zur Selbsthilfe zu geben und sie in die Lage zu versetzen, Ihre Probleme nach Ablauf des Betreuungsjahres selbstständig zu bewältigen.

Die Betreuung findet bei Ihnen zu Hause statt. Dabei wird die Familienhebamme zunächst Ihre Familiensituation analysieren und nach Problemen und Belastungen schauen. Sie organisiert, wenn nötig, Hilfsangebote wie medizinische und psychosoziale Betreuung oder die Begleitung zu Kinderärzten und auf Ämter.

Die Familienhebamme unterstützt Sie und Ihr Kind in schwierigen Lebenssituationen:

- Wenn Sie ungewollt schwanger geworden sind.
- Wenn Sie minderjährig und / oder alleinerziehend sind.
- Wenn Sie besonderen Förderbedarf für ein Schreikind, ein krankes oder behindertes Kind oder ein Frühgeborenes haben.
- Wenn Sie als Eltern die Erfahrung eines Plötzlichen Kindstodes machen mussten.

- Wenn ein Kind aus der Familie genommen wurde oder werden muss.
- Wenn Sie selbst unter schweren chronischen Erkrankungen leiden oder eine geistige oder körperliche Behinderung haben.
- Wenn Sie seelisch stark belastet sind oder sich mit der neuen Situation überfordert fühlen.
- Wenn Sie mit Drogen- und / oder Alkoholproblemen zu kämpfen haben und sich deshalb Sorgen bezüglich Ihres Alltags mit Kind machen.
- Wenn Sie Probleme mit Ihrem Partner oder im Familienumfeld haben.
- Wenn Ihnen finanzielle Probleme Sorgen bereiten.
- Wenn Sie oder Ihr Kind für längere Zeit ins Krankenhaus oder in eine Mutter-Kind-Einrichtung aufgenommen werden müssen.
- Familienhebammen kümmern sich auch um Eltern, die einen Migrationshintergrund haben oder die Analphabeten sind.

Die Familienhebamme informiert Sie über:
- Hilfen im Umgang mit Behörden und Ämtern,
- medizinische, psychologische und weitere Fachspezialisten, an die Sie sich wenden können,
- Selbsthilfegruppen.

Bezahlt werden die Leistungen der Familienhebamme in den meisten Fällen von den Kommunen, von Einrichtungen der Kinder- und Jugendhilfe oder karitativen Einrichtungen. Eine Familienhebamme in Ihrer Nähe finden Sie im Internet, Adresse siehe Seite 241.

Die Entwicklung fördern

❓ Ab welchem Alter kann ich mein Baby massieren?

Ein gesundes Baby können Sie mit sanften, leichten Streichungen bereits unmittelbar nach der Geburt massieren. Ganz wichtig ist es, zu spüren, was das Kind gerade benötigt: Manche Kinder sind von der Geburt zunächst noch sehr angestrengt und brauchen eine Weile zum »Ankommen«, bevor man sie massieren sollte. Genauso gibt es forsche Neugeborene, die schon bald nach der Geburt neugierig und wach die Welt erkunden möchten. Sie dürfen ruhig noch ein wenig träumen, bevor sie sich mit aller Aufmerksamkeit ihrer Umgebung widmen. Mit beruhigenden Massagen helfen Sie Ihrem Kind dabei.

❓ Muss ich die Babymassage in einem speziellen Kurs erlernen?

In einem Babymassagekurs lernen Sie bei einer zertifizierten Kursleiterin die verschiedenen Grifftechniken und -qualitäten und ihre Anwendung kennen. Sie erfahren Wissenswertes über Rhythmus und Tempo der Massagen und welche Massagearten in welchem Alter sinnvoll sind. Nicht zuletzt treffen Sie andere Mütter mit ihren Babys und können sich in netter Atmosphäre austauschen.

🛈 TIPP

Studien belegen, dass Kinder, die die »Sprache« der Berührung zu verstehen gelernt haben, ein ausgeglicheneres Verhalten zeigen. Hebammen, Kinderkrankenschwestern, Physiotherapeuten sowie die meisten Familienbildungsstätten und Volkshochschulen bieten Babymassagekurse an. Adressen zertifizierter Kursleiterinnen finden Sie auch im Internet (Adresse siehe Seite 244).

❓ Wann ist der beste Zeitpunkt für eine Babymassage?

Ihr Baby sollte für die Massage wach und satt sein. Direkt nach einer Mahlzeit verzichten Sie besser auf die Massage. Eine gute Gelegenheit dafür ist nach einem Bad. Wichtig ist vor allem eine ruhige Atmosphäre.

Nehmen Sie sich unbedingt genügend Zeit für Ihr Kind und schenken Sie ihm Ihre ganze Aufmerksamkeit. Bereiten Sie für die Massage alles vor (Heizstrahler einschalten, Massageöl, weiche Unterlage, frische Windel und Kleidung), so dass Sie die Massage nicht unterbrechen müssen.

Der Raum sollte schön warm sein, denn Ihr Baby ist die ganze Zeit nackt, und selbst die schönste Massage macht keinen Spaß, wenn man friert. Achten Sie auch darauf, dass Ihre Fingernägel kurz sind und keine scharfen Kanten haben, und legen Sie Armbanduhr und Schmuck ab.

❓ Kann ich meinem Kind bei der Babymassage aus Versehen wehtun?

Keine Sorge: Ein Baby ist längst nicht so zerbrechlich wie allgemein angenommen. Dennoch sollten Sie Ihren Sprössling in den ersten zwei bis drei Lebensmonaten erst einmal sanft und vorsichtig massieren.

Später können Sie auch Massagetechniken anwenden, die mit sanftem Druck und eindeutigem Rhythmus tiefere Muskelschichten ansprechen. Die etwas kräftigere indische Massage ist zwar recht anstrengend, und oft sind die Kinder danach hungrig und müde. Aber die meisten Babys mögen kräftigere Massagen, denn zaghafte, zögerliche Berührungen vermitteln ihnen eher Unsicherheit.

Übrigens erfährt ein Kind seine erste kräftige Massage bei der Geburt: Auf dem Weg durch den Geburtskanal werden wichtige Nervenzellen in der Haut stimuliert, und der kleine Organismus wird auf lebenswichtige Funktionen wie Atmung und Verdauung vorbereitet.

❓ Wie lange darf die Massage dauern?

Dies bestimmt die Tagesform Ihres Kindes. Manchmal ist es nach einigen Minuten zufrieden, ein anderes Mal möchte es die Streicheleinheiten gern ausgiebiger genießen. Als Anhaltspunkt gilt: Bei Neugeborenen sollte die Massage höchstens fünf Minuten dauern, bei älteren Kindern kann sie auch einmal zwanzig Minuten lang sein.

❓ Für welche Kinder ist eine Babymassage gar nicht geeignet?

Tabu sind Massagen, wenn Ihr Kind Fieber hat, bei einer Neugeborenengelbsucht oder einer entzündlichen Hauterkrankung. Dann ist der Stoffwechsel stark belastet, und eine zusätzliche Anregung wäre ungünstig.

Manche Kinder sind nicht gerne nackt oder möchten nicht auf dem Rücken liegen. Dann können Sie über einem gut sitzenden Body massieren beziehungsweise sich Ihr Kind bäuchlings über die Oberschenkel legen.

Wenn Sie selbst schlecht gelaunt, nervös oder gestresst sind, sollten Sie aus der Massage kein Muss machen und Ihrem Kind zuliebe darauf verzichten.

❓ Brauche ich ein spezielles Massageöl?

Entscheidend ist vor allem die Qualität des Öls. Durch die noch dünne Haut des Babys dringt es bei der Massage rasch und tief ins Gewebe ein. Es ist deshalb ratsam, in den ersten Monaten nur mit kaltgepressten reinen Pflanzenölen in Bioqualität zu massieren.

Verzichten Sie außerdem auf den Zusatz ätherischer Öle oder anderer Duftstoffe. Der eigene Geruch und der Duft seiner Mutter sind fürs Baby wesentliche Kommunikationsmittel und sollten nicht durch andere Düfte überlagert werden. Hervorragend geeignet zur Babymassage sind Sesamöl, Mandelöl und Sonnenblumenöl.

TIPP

Eine wunderbare Alternative zum Öl aus der Flasche ist eine Babymassage-Wachs-Ölkerze: In einem doppelwandigen Alubecher befindet sich eine hochwertige Wachs-Öl-Mischung, die durch das Abbrennen eines Dochtes schmilzt. Die benötigte Menge der wohlig temperierten, flüssigen Mischung wird aus der Tülle des Bechers in die Hand gegeben und kann sofort auf die Babyhaut aufgetragen werden (Bezugsquelle siehe Seite 243).

Was ist PEKiP?

PEKiP steht für das »Prager Eltern-Kind-Programm«, das der tschechische Psychologe Dr. Jaroslav Koch 1969 entwickelte. In einem PEKiP-Kurs erhalten die Kinder Spielangebote, die sich nach ihren individuellen Bedürfnissen richten und Anregungen zur Eigenaktivität bieten. Eine PEKiP-Gruppe besteht aus sechs bis acht Erwachsenen und ihren (möglichst) gleichaltrigen Babys. Sie beginnt ab der vierten bis sechsten Lebenswoche und erstreckt sich über das gesamte erste Lebensjahr.

Soll ich mit meinem Baby in einen PEKiP-Kurs gehen?

PEKiP-Gruppen sind kein Muss, aber eine schöne Sache für Eltern und Baby. Im Kontakt mit Gleichaltrigen entwickeln die Kleinen erste soziale Fähigkeiten. PEKiP fördert zudem die Eltern-Kind-Beziehung, und nicht zuletzt ermöglicht es den Erfahrungsaustausch mit anderen Eltern. Sie können damit ab der vierten bis sechsten Lebenswoche Ihres Kindes beginnen und bekommen Impulse für die Entwicklung im gesamten ersten Lebensjahr.

Kurse werden in Familienbildungsstätten, Kinderkliniken und Volkshochschulen angeboten. Eine Übersicht finden Sie im Internet (Adresse siehe Seite 244).

❓ Was ist von Baby-Schwimmkursen zu halten?

Wenn Ihr Baby Spaß beim Baden hat und sich gern im Wasser aufhält, probieren Sie es doch einfach einmal aus. Das »Babyschwimmen« hat allerdings mit Schwimmenlernen noch nichts zu tun, sondern es bietet die Möglichkeit zu freudiger Sinneserfahrung im Wasser. Erst ein Kleinkind kann, je nach seinem Entwicklungsstand, frühzeitig die richtigen Bewegungen fürs Schwimmenlernen. Für einen Säugling stehen die Gewöhnung an das nasse Element, die Freude an der Bewegung und der Kontakt zu Gleichaltrigen im Vordergrund. Wählen Sie für die ersten Planschrunden ein freundlich gestaltetes, helles Schwimmbad, am besten mit Tageslicht. Das Becken sollte maximal 1,40 Meter tief sein und eine Treppe haben, über die Sie und Ihr Kind einfach hinein- und herausgelangen können. Warten Sie mit dem Kurs auf jeden Fall, bis Ihr Baby seinen Kopf dauerhaft heben und halten kann. Außerdem wichtig: Ihr Baby sollte auf keinen Fall frieren, eine Wassertemperatur von mindestens 32 Grad und eine Badedauer von maximal 20 Minuten sind ideal. Wenn sich Haut oder Lippen Ihres Kindes bläulich verfärben, verlassen Sie sofort das Becken und wärmen Ihre kleine Robbe mit einem kuscheligen Handtuch und einem Kapuzenbademantel auf.

Lassen Sie Ihr Kind im Schwimmbad nicht aus den Augen. Wenn Sie zur Toilette oder zum Kiosk wollen, nimmt Ihnen bestimmt eine andere Mutter / ein anderer Vater für diese kurze Zeit Ihr Kind ab.

Ⓦ WICHTIG

Leider gibt es noch immer Babyschwimmkurse, in denen Tauchen zum Programm gehört. Der wichtige Atemschutzreflex, auch Tauchreflex genannt, verliert sich aber im dritten bis sechsten Lebensmonat. Beim Tauchvorgang kann ein Säugling dann im Ernstfall Wasser in die Lunge einatmen. Erkundigen Sie sich vorher, wie im Kurs Ihrer Wahl mit dem Thema Tauchen umgegangen wird.

❓ Was ist das Besondere an »Pikler-Kursen«?

Die ersten sozialen Erfahrungen macht ein Säugling, während er gefüttert, gebadet, gewickelt oder aus- und angezogen wird. Darum richtet sich auf die Qualität des Umgangs mit dem Kind in diesen Kursen, die nach der ungarischen Kinderärztin Emmi Pikler benannt sind, eine besondere Aufmerksamkeit. Denn der Kontakt mit dem Kind sollte stets von liebevollem Respekt bestimmt sein.

Bei Berührungen sollen die Hände empfindsam, tastend und feinfühlig sein, damit das Kind sich entspannt und sich gut aufgehoben und geliebt fühlt. In Pikler-Kursen wird immer mit dem Kind gesprochen. Ihr Kind lauscht dem Klang Ihrer Stimme, beobachtet was geschieht, und kann nach und nach Zusammenhänge herstellen. Sie erklären ihm, was Sie tun, und zeigen ihm jeden Gegenstand und jedes Kleidungsstück, den oder das sie verwenden.

Bereits ein nur wenige Wochen altes Kind kann diesen Dialog aufnehmen: mit Blicken, Gesten und Bewegungen, und es kommt durch solch intensive Zuwendung zu einer echten Begegnung. Diese Art der Pflege befriedigt sowohl die körperlichen als auch die seelischen Bedürfnisse des Kindes: Es ist rundum satt, ruhig und zufrieden.

Das Motto der Pikler-Kurse lautet: Lass mir Zeit! Denn Emmi Pikler war der Ansicht, dass Ehrgeiz und Eile nicht die geeigneten Methoden seien, ein Kind aufwachsen zu lassen – ein sicherlich bedenkenswerter Einspruch gegen das moderne Gebot der intensiven Entwicklungsförderung. Viele Eltern fühlen sich heute schon nahezu verpflichtet, möglichst früh viel mit ihrem Kind und für dessen Entwicklung zu unternehmen. Oft sind sie dann angestrengt und voller Sorge, etwas Wichtiges für ihr Kind zu verpassen. Freude und Gelassenheit im Umgang mit dem Kind kommen dadurch häufig zu kurz. In den Pikler-Kursen bekommen Eltern dagegen die Chance, ihre Kinder mit anderen Augen sehen zu lernen, neue Fähigkeiten an ihnen zu entdecken und stolz auf sie zu sein. Ohne Hast, Eile und Zeitdruck.

Geschwister und Großeltern

❓ Fühlt sich mein Zweijähriger vernachlässigt, wenn ich dem Baby so viel Zeit widme?

Etwa ab dem zweiten Lebensjahr wittern Kinder im Baby einen Rivalen. Sie spüren, dass sich durch die Geburt des Geschwisterchens vieles ändert – der eigene Platz im familiären Gefüge wird zunächst infrage gestellt.

Es kommt dann häufig vor, dass die Großen erst einmal selbst wieder ein bisschen Baby werden: Plötzlich wird ein längst abgelegter Schnuller benötigt, Ihr Kind möchte ständig getragen werden oder macht wieder in die Hose, obwohl es schon sauber war.

Lassen Sie Ihrem älteren Sohn Zeit, in seine neue Rolle hineinzufinden. Beziehen Sie ihn in die Versorgung seines Geschwisterchens ein und lassen Sie ihn vor allem unbedingt »mithelfen«. Er kann neben Ihnen am Wickeltisch stehen, eine frische Windel auffalten und Ihnen anreichen, die Cremetube auf- und wieder zuschrauben, das Baby vorsichtig kämmen. Und loben Sie Ihren Großen für seine Unterstützung. Er wird stolz sein, der »große Bruder« zu sein, vermutlich aber häufiger auch wieder »Ihr Baby« sein wollen. Lassen Sie dies zu, kuscheln Sie ausgiebig mit ihm, nutzen Sie Schlafphasen des Kleinen, um mit dem Großen zu spielen, ihm vorzulesen, mit ihm zu basteln.

💡 TIPP

Akzeptieren Sie einen vorübergehenden Rückschritt, aber begrenzen Sie das »Baby-Spiel« auf kurze Zeiten. Stärken Sie sein Selbstwertgefühl, indem Sie Ihr großes Kind spüren lassen, dass Sie seine Selbstständigkeit schätzen. Es erlebt so, dass es genauso geliebt wird wie zuvor. Vermeiden Sie von Anfang an Vergleiche zwischen den Kindern. Wird ein Kind bevorzugt, sind Neid und Eifersucht bei dem Geschwisterkind verständlich und vorprogrammiert.

❓ Alle Besucher haben nur Augen für unser Baby. Wie vermeiden wir Geschwistereifersucht?

Geschwistereifersucht bedeutet, dass sich das Kind weniger gesehen und geliebt fühlt als das andere. Es hat also eigentlich kein Problem mit dem Geschwisterkind, aber es zweifelt daran, dass es von seinen Eltern voll und ganz geliebt wird. Kinder unter zwei Jahren sind selten eifersüchtig, sondern schaffen das Teilen der elterlichen Liebe mit einem Geschwisterchen meistens recht gut. Dramatische Eifersuchtsszenen kann es im Alter von zwei bis etwa vier Jahren geben, danach sind die Kinder meist schon wieder so verständig, dass sie im Baby keine Konkurrenz sehen.

Sprechen Sie im Vorfeld mit Bekannten und Verwandten, damit sie bei Besuchen auch Ihrem großen Kind Aufmerksamkeit widmen. Ihr Besuch kann es zum Beispiel zuerst begrüßen, ihm zum Geschwisterchen gratulieren und nicht nur dem Baby, sondern auch ihm ein kleines Geschenk mitbringen. Außerdem ist es bestimmt stolz darauf, den Besuchern das »neue« Baby zu zeigen und die mitgebrachten Geschenke für es auszupacken.

❓ Meine Dreijährige mag seit der Geburt des kleinen Bruders nicht mehr in den Kindergarten. Was soll ich tun?

Ihre Tochter befürchtet vermutlich, in den Kindergarten abgeschoben zu werden, damit Sie mehr Zeit und Raum für das »neue« Baby haben.

Gestehen Sie ihr ein paar kindergartenfreie Tage zu Hause zu. Wenn sie erfahren hat, dass sich dort nichts Spektakuläres ereignet, wird sie wahrscheinlich die Geselligkeit des Kindergartens vorziehen. Falls nicht, kann es möglicherweise helfen, wenn die geliebte Kindergärtnerin oder eine kleine Freundin Ihrer Tochter mitteilt, dass sie im Kindergarten dringend vermisst wird – vielleicht ist dies ein Anreiz für Ihre Tochter, sich doch wieder dort blicken zu lassen!

❓ Unser »Großer« (vier Jahre) kratzt und zwickt seinen neugeborenen Bruder – wie sollen wir damit umgehen?

Ihr Sohn ist vermutlich eifersüchtig und möchte gleichzeitig ausprobieren, wie viel der kleine Bruder aushält. Seine Reaktion zu erleben, ist spannend für ihn.

Ihr »Großer« muss jedoch lernen, dass er dem Baby keinen Schmerz zufügen darf. Vermeiden Sie entsprechende gefährliche Situationen, und schimpfen oder strafen Sie nicht. Bleiben Sie in der Nähe, um eingreifen zu können, bevor Ihr Sohn dem Kleinen weh tut. Nehmen Sie seine Hand, wenn er sie nach dem Baby ausstreckt, und sorgen Sie dafür, dass es nicht zu einer schmerzhaften Berührung kommt. Erklären Sie Ihrem Sohn, dass es seinem Bruder weh tut und er deswegen weint, so wie es ihm selbst auch wehtäte, wenn Sie ihn zwicken würden. Wenn es gar nicht anders geht, setzen Sie Ihre Schilderung in leichter Dosis ruhig auch einmal in die Tat um. Bleiben Sie aber unbedingt ruhig dabei.

Je mehr Sie Ihren älteren Sohn am Alltag mit dem Baby teilhaben lassen, etwa indem er bei der Babypflege helfen darf, desto weniger wird er sich ausgegrenzt fühlen, und umso schneller wird er sein Brüderchen akzeptieren und sich ihm auch liebevoll zuwenden können.

❓ Ich werde mein Kind allein erziehen. Wie finde ich Kontakte zu anderen Einelternfamilien?

In den meisten Städten gibt es spezielle Angebote für allein erziehende Eltern, die Sie beim Jugendamt erfragen oder der Tagespresse entnehmen können. Eine gute Anlaufstelle für alle wichtigen Informationen ist der Bundesverband allein erziehender Mütter und Väter e. V. (VAMV, die Adresse finden Sie auf Seite 245).

Nutzen Sie Ihren Bekanntenkreis zur alltäglichen Unterstützung, schließen Sie sich mit anderen Familien zusammen, um sowohl andere Erwachsene als auch andere Kinder um sich herum zu haben. Das erleichtert und bereichert Ihren Alltag. Schaffen Sie sich ein Netzwerk, das Sie unterstützen und entlasten kann. Am schönsten ist es für Ihr Kind, wenn Sie häufig mit wenigen bestimmten Personen zusammen sind. Es wird sie rasch als weitere Bezugspersonen anerkennen.

Auch wenn Sie Ihr Kind allein erziehen: Ihr Kind hat zwei Elternteile. Gerade nach einer Trennung ist es nicht einfach, den Kontakt zum anderen Elternteil aufrechtzuerhalten. Für Ihr Kind ist dies allerdings von unschätzbarem Wert. Arbeiten Sie in dessen Interesse mit dem anderen Elternteil zusammen. Oft fällt es nicht leicht, das Kind zum Ex-Partner gehen zu lassen. Vielleicht ist zwischenzeitlich ein neuer Partner aufgetaucht, zu dem das Kind dann eine Beziehung aufbauen kann? Denken Sie daran, dass Ihr ehemaliger Partner/Ihre ehemalige Partnerin Vater beziehungsweise Mutter des Kindes bleibt und vor allem: dass Ihr Kind beide für seine seelische Gesundheit und Entwicklung braucht.

TIPP

Sie tragen die Verantwortung für Ihr Kind ganz allein, kümmern sich um Haushalt, Finanzen und Lebensunterhalt? Um ein grundlegendes positives Lebensgefühl und Ihre Gesundheit auf Dauer zu erhalten, sollten Sie auch für sich selbst gut sorgen:

- Finden Sie Wege zum Entspannen. Ideal: Meditation, autogenes Training, Yoga, Qigong, Tai Chi.
- Versuchen Sie so viel Schlaf wie möglich zu bekommen.
- Gehen Sie viel spazieren, tanken Sie Sauerstoff.
- Achten Sie auf eine ausgewogene Ernährung mit viel Frischkost, um Vitamine und Mineralstoffe aufzutanken.
- Versuchen Sie nicht, sich mit Alkohol oder Drogen besser zu fühlen. Wenn Sie sich am Ende fühlen, suchen Sie nach einer Therapiemöglichkeit.
- Akzeptieren Sie Ihre Lage und grübeln Sie nicht über die Vergangenheit! Suchen Sie nach konstruktiven Lösungen.

❓ Kann ein Baby schon mehr als zwei Bezugspersonen annehmen?

Ein Baby sollte anfangs nicht mehr als drei feste Bezugspersonen haben. Mit zunehmendem Alter wächst dann das Vertrauen des Kindes zu Großeltern und Freunden, wenn es diese häufig sieht. Kinder signalisieren meist sehr deutlich, ob sie zu Fremden eher Distanz halten oder ihnen nahe kommen wollen. Respektieren Sie die Wünsche Ihres Kindes, dann wird es irgendwann ganz selbstverständlich auf andere Menschen zugehen.

❓ Meine Schwiegereltern mischen sich ständig in die Erziehung ein. Sollen wir das zulassen?

Fast schon traditionell kommt es innerhalb der Familie beim Thema Kindererziehung zum Generationenkonflikt. Ihre Eltern und Schwiegereltern haben ihre Kinder in einer anderen Zeit und einem vermutlich anderen Wertesystem erzogen. Es liegt deshalb auf der Hand, dass sich die pädagogischen Schwerpunkte und Vorgehensweisen von einer Generation zur nächsten verändern.

Legen Sie Ihren Schwiegereltern Ihren Standpunkt deutlich dar und bitten Sie sie um Respekt und Solidarität. Treffen Sie klare Abmachungen – das ist vor allem dann wichtig, wenn Ihr Kind regelmäßig von den Großeltern betreut wird. Ihre Erziehungsvorstellungen sollten zumindest bei allen wichtigen Themen von den Großeltern respektiert und mitgetragen werden. Das gilt auch später noch, wenn Ihr Kind etwas älter ist und es um Dinge wie Schlafenszeit, Fernsehkonsum und Ernährung geht.

Toleranz und Wertschätzung sind jedoch auf beiden Seiten wichtig. Gestehen Sie den Großeltern zu, dass sie in manchen Dingen vielleicht nachsichtiger und großzügiger sind.

Das Enkelkind ein wenig zu verwöhnen kann auch ein Vorrecht der Großeltern sein, das alle Beteiligten zu schätzen wissen. War das in Ihrer Kindheit nicht auch so?

Wenn Ihr Kind feststellt, dass es bestimmte Annehmlichkeiten nur bei den Großeltern gibt, wird es sie nicht automatisch auch von Ihnen fordern. Und es wird Sie noch genauso lieben.

❓ Die ständige Kritik meiner Mutter an meinem Erziehungsstil verunsichert mich. Was tun?

Wenn Kinder Eltern werden und Eltern Großeltern, kommen manche Ungereimtheiten wieder zu Tage, und alte Konflikte brechen auf. Sich dann auch noch ständig für das eigene Tun rechtfertigen zu müssen kann sehr zermürbend sein. Es ist weder gut für Sie und Ihr Baby, noch fördert es Ihre gute Beziehung zu Ihrer Mutter. Suchen Sie, wenn es möglich ist, das Gespräch mit Ihrer Mutter. Sagen Sie ihr deutlich, wie sehr Sie darunter leiden, immer wieder unter dem »Beschuss« ihrer Kritik zu stehen.

Wenn es gar nicht anders geht, kann es besser sein, wenn Sie sich für ein Weilchen mit Ihrem Kind zurückziehen – so lange, bis Sie durch den Alltag mit Ihrem Nachwuchs sicherer und selbstbewusster in Ihrer neuen Rolle als Mutter geworden sind und sich nicht mehr so leicht aus der Fassung bringen lassen. Sie werden der besorgten Oma dann zukünftig mit erwachsener Gelassenheit und einer guten Portion Humor begegnen können – und Ihr Verhältnis wird sich sehr wahrscheinlich wieder entspannen.

💡 TIPP

Die Beziehung zur eigenen Mutter wird beim Mutterwerden, sei es in der Schwangerschaft oder in der ersten Zeit mit dem Baby, oft ganz besonders intensiv erlebt. Bestimmt ist auch das ein Grund, warum Sie die Kritik Ihrer Mutter so hart trifft. Lassen Sie sich Zeit, um in Ihre neue Rolle hineinzufinden und unabhängige, eigene Wege im Umgang mit Ihrem Kind zu gehen.

Die Babygesundheit

Beim Wachsen und Werden eines Kindes gilt es so manche »kritische« Zeit durchzustehen und so manches Hindernis zu überwinden. Dazu zählen, vor allem in den ersten sieben Lebensjahren, auch Infekte und andere kleinere Erkrankungen. Durch die Auseinandersetzung mit den Erregern dieser Krankheiten entwickelt der noch unreife Organismus seine Abwehrkräfte, die ihm ein Leben lang bei der Bewältigung von Gesundheitsstörungen zur Verfügung stehen müssen. Deshalb haben diese Krankheiten im Kindesalter durchaus einen Sinn, auch wenn sie Ihnen besorgniserregend oder vielleicht einfach nur lästig erscheinen und teilweise auch Ihren Familienalltag ziemlich durcheinanderbringen.

Eine geschulte Wahrnehmung und gute Beobachtung helfen Ihnen, beginnende Krankheiten oder andere Entwicklungstendenzen bei Ihrem Kind frühzeitig einzuschätzen: Welchen Eindruck macht Ihr Kind auf Sie, was fällt Ihnen an ihm auf, wie fühlt es sich an? Hat sich sein Geruch verändert? Wie verhält es sich im Kontakt mit Ihnen und anderen? Wenn Sie auf ein paar Dinge achten, können Sie rechtzeitig und angemessen aktiv werden und Ihr Kind unterstützend begleiten.

Ganz wichtig: Vertrauen Sie ruhig auch auf Ihr Bauchgefühl! Es ist neben den objektiv beobachtbaren Krankheitsanzeichen ein unverzichtbarer Indikator für den aktuellen Gesundheitszustand Ihres Kindes.

Beim Kinderarzt

❓ Wie finden wir den richtigen Kinderarzt?

Fragen Sie Eltern aus Ihrem Freundes- und Bekanntenkreis – einen guten Kinderarzt finden Sie eher über persönliche Empfehlungen als über Anzeigen im Telefonbuch oder im Internet. Denn es ist wichtig, jemanden zu finden, zu dem Sie Vertrauen haben. Die grundsätzliche medizinische Ausrichtung des Kinderarztes sollte zu Ihrer Lebenseinstellung passen, Arzt oder Ärztin sollten Ihnen (und Ihrem Kind!) sympathisch sein und Sie mit Ihren Fragen und Problemen ernst nehmen. Ein guter Kinderarzt mag Kinder und zeigt dies auch: Er behält die Nerven, wenn die kleinen Racker mal anstrengend werden. Der Arzt nimmt sich Zeit für Sie und Ihr Kind – selbst wenn draußen im Wartezimmer ein »Schreikonzert« herrscht. Bei der Untersuchung erklärt er Ihnen, und altersgerecht auch dem kleinen Patienten, was er gerade tut. Nicht zuletzt haben gute Kinderärzte meist auch eine gehörige Portion Humor.

Die Entfernung zwischen der Praxis und Ihrer Wohnung sollte nicht zu groß sein, damit Sie keine weiten Wege zurücklegen müssen, falls Ihr Kind einmal akut erkrankt. Grundsätzlich sollte Ihr Kinderarzt auch telefonisch für Sie erreichbar und bereit sein, im Notfall Hausbesuche zu machen. Schauen Sie sich auch die Organisation der Praxis an: Bekommen Sie rasch einen Termin, müssen Sie lange Zeit im Wartezimmer verbringen, gibt es ansprechende Spielmöglichkeiten für die wartenden Kinder?

> Sollten Sie nach einigen Besuchen bei Ihrem Kinderarzt doch meinen, sich falsch entschieden zu haben: Auch für Kinder gilt in der Krankenversicherung die freie Arztwahl. Sie können deshalb jederzeit ohne Probleme zu einem anderen Kinderarzt wechseln.

❓ Wann muss ich mit meinem Kind zum Kinderarzt?

Die vorgesehenen Zeitfenster für die Vorsorgeuntersuchungen sind auf dem Einband des gelben Untersuchungsheftes Ihres Kindes aufgedruckt. Außerdem sollten Sie zum Kinderarzt gehen, wenn

- Ihr Kind viel mehr oder weniger schläft als sonst,
- es ungewöhnlich viel schreit,
- es über 38,5 °C oder länger als drei Tage Fieber hat,
- es wiederholt erbricht oder Durchfall hat,
- Ihr Kind apathisch wirkt,
- Probleme mit der Atmung auftreten oder
- sich andere Auffälligkeiten zeigen, die Sie sich nicht erklären können oder die Sie beunruhigen.

Auch bei leichten Erkrankungen, die sich trotz der ergriffenen Maßnahmen nicht bessern (zum Beispiel Erkältungen), sollten Sie besser einen Arzt um Rat fragen.

INFO

Genaues Beobachten, gezieltes Handeln

Eine geschulte Beobachtungsfähigkeit hilft Ihnen, beginnende Krankheiten oder andere Entwicklungstendenzen bei Ihrem Kind frühzeitig zu erkennen und einzuschätzen. Sie können so selbst rechtzeitig die Initiative ergreifen und mit gezielten Maßnahmen beispielsweise den Verlauf einer Erkrankung abmildern oder Ihr Kind zumindest unterstützend begleiten.

Machen Sie sich als Erstes ein genaues Bild von der aktuellen Situation:

1. Welchen Eindruck macht Ihr Kind gerade auf Sie? Wirkt es lebendig, fröhlich, gelöst und aufgeweckt? Oder ist es erschöpft, abwesend, traurig, angespannt oder ärgerlich? Verhält Ihr Kind sich anders als sonst? Wenn ja: Was genau ist anders?

2. Was fällt Ihnen an Ihrem Kind auf?
   - Sind seine Augen klar, glänzend, matt, wässrig, verquollen, gerötet …
   - Ist die Hautfarbe normal, oder ist sie blass, gerötet oder bläulich marmoriert?
   - Klingt die Stimme Ihres Kindes rau, heiser, belegt, gedämpft, kraftlos?
   - Ist seine Gestik lebendig oder fahrig, eingeschränkt und unkontrolliert?
   - Sind die Bewegungen harmonisch und gut koordiniert oder verlangsamt und unsicher?
   - Wie atmet Ihr Kind? Wie ist sein Appetit? Klappt es mit der Verdauung? Schläft es gut? Hat es Schmerzen?
   - Wie fühlt sich Ihr Kind an?
   - Sind seine Hände und Füße warm oder kalt?
   - Ist die Haut trocken, feucht, glatt oder rau, die Stirn heiß oder kühl?
   - Ist die Bauchdecke Ihres Kindes weich, oder fühlt sie sich angespannt an?
   - Mag es Berührung oder lehnt es sie ab?
3. Wie riecht Ihr Kind? Salzig, säuerlich, stechend-scharf, süßlich, leicht herb, verschwitzt?
4. Wie verhält es sich im Kontakt mit Ihnen oder anderen? Ist es offen, mitteilsam, interessiert oder schüchtern, unsicher, gehemmt?

Außer diesen objektiv beobachtbaren Anzeichen können Ihre Empfindungen, Ihre Intuition sehr hilfreich sein. Schulen Sie Ihre Beobachtung – so lernen Sie Ihre innere Stimme sicher einzuschätzen und ihr zu vertrauen. Mit der Zeit wird sie auch in Krankheitszeiten eine verlässliche Basis für Ihren nächsten Schritt und hilft Ihnen auch bei der Entscheidung, ob Sie mit Ihrem Kind zum Arzt gehen oder ihm zunächst selbst helfen können.

❓ Was wird bei den Vorsorgeuntersuchungen eigentlich alles gemacht?

Die Vorsorgeuntersuchungen U1 bis 9 und J1 dienen dazu, Krankheiten und Fehlentwicklungen so früh wie möglich zu erkennen. Bei den einzelnen Untersuchungen achtet der Kinderarzt auf den Entwicklungsstand Ihres Kindes, Gewicht und Größe werden bestimmt und in das gelbe Untersuchungsheft eingetragen. Bei allen Untersuchungen wird der Kinderarzt Sie auch zum Verhalten Ihres Kindes, zu seiner Ernährung und Entwicklung befragen. Bei manchen Vorsorgeuntersuchungen sind zusätzliche Kontrollen vorgesehen, zum Beispiel eine Ultraschalluntersuchung der Hüfte oder eine spezielle Augenuntersuchung, die meist von den jeweiligen Fachärzten durchgeführt werden. Eventuell anstehende Impfungen können beim Vorsorgetermin verabreicht werden. Alle Untersuchungsergebnisse werden in ein gelbes Heft eingetragen, das alle Eltern bei der Geburt Ihres Kindes bekommen. Dieses Heft sollten Sie zu jeder Untersuchung beim Arzt mitnehmen. Die Kosten für die Vorsorgeuntersuchungen übernimmt die Krankenkasse, es fällt auch keine Praxisgebühr an. Kinder sind außerdem von der Zuzahlungspflicht für Medikamente befreit.

🅣 TIPP

Wenn Sie den Kinderarzt wegen einer Erkrankung oder Auffälligkeit bei Ihrem Kind aufsuchen, sind Notizen über Beobachtungen, die Sie an Ihrem Kind gemacht haben, ausgesprochen hilfreich. Fragen Sie nach, wenn Sie Erklärungen nicht verstehen oder wenn Sie anderer Meinung sind. Denn informierte und aufgeklärte Eltern sind die besten Helfer, wenn es darum geht, Fehlentwicklungen bei einem Kind rechtzeitig zu entdecken. Schließlich kann der Arzt nur einen Momenteindruck gewinnen, während Sie Ihr Kind täglich erleben. Beim Arztbesuch nicht vergessen: Kinderuntersuchungsheft, Impfpass, Versichertenkarte.

VORSORGEUNTERSUCHUNGEN
U1 bis U9: Das Früherkennungsprogramm für Kinder bis zum Schulalter

Früherkennungsuntersuchungen bieten Ihnen und Ihrem Kind eine Chance, mögliche Probleme oder Auffälligkeiten frühzeitig zu erkennen und entsprechend behandeln lassen zu können. So kann Ihr Kind, falls erforderlich, gezielt unterstützt und gefördert werden.

Die Teilnahme an den Früherkennungsuntersuchungen ist kostenlos. In einigen Bundesländern besteht mittlerweile eine Teilnahmepflicht. Eine Praxisgebühr wird für die U-Untersuchungen nicht erhoben. Kinder und Jugendliche sind bis zum 18. Lebensjahr grundsätzlich von Praxisgebühren und bei verschreibungspflichtigen Arzneimitteln auch von Rezeptzuzahlungen befreit. Für Empfänger von Sozialhilfe sind die Leistungen ebenfalls kostenfrei.

U1 – direkt nach der Geburt

Gleich nach der Geburt wird kontrolliert, ob mit Ihrem Kind alles in Ordnung ist. Diese Aufgabe übernehmen Ihr Frauenarzt oder Ihre Hebamme.

Bei der Untersuchung wird unter anderem der sogenannte APGAR-Index ermittelt. APGAR steht für Atmung, Puls, Grundtonus, Aussehen und Reflexe. Auch Geburtsgewicht, Kopfumfang und Körperlänge des Kindes werden jetzt gemessen. Bei Unregelmäßigkeiten wird ein Kinderarzt hinzugezogen.

U2 – 3. bis 10. Lebenstag

- Es werden alle Organsysteme, das Skelett, die Reflexe und das Hörvermögen des Babys geprüft.
- Durch eine Blutprobe werden Stoffwechsel- und Hormonstörungen getestet.
- Sie bekommen Informationen zur Ernährung und Pflege Ihres Kindes.

- Sie erhalten eine Beratung über Rachitis-Vorbeugung und die Gabe von Vitamin D und Fluor ab dem 10. Lebenstag zur Kariesprophylaxe.

U3 – 4. bis 5. Lebenswoche
- Es werden nochmals alle Organe, der Knochenaufbau und das Nervensystem des Babys untersucht.
- Der Kinderarzt prüft besonders die Hüftgelenke, die Bewegungsfähigkeit und die Motorik.
- Viele Kinderärzte nutzen die U3 für die erste Impfberatung, da die erste Impfung ab der 9. Lebenswoche erfolgen kann.

U4 – 3. bis 4. Lebensmonat
- Bei diesem Termin werden vor allem die körperliche und geistige Entwicklung und die Bewegungsfähigkeit des Kindes untersucht.
- Außerdem prüft der Arzt das Seh- und Hörvermögen und achtet auf das Gewicht und den Ernährungszustand des Kindes.
- Wenn die erste Impfung bereits in der 9. Lebenswoche erfolgte, wird bei der U4 oft schon die zweite Impfung durchgeführt.

U5 – 6. bis 7. Lebensmonat
- Jetzt werden Motorik und Geschicklichkeit des Kindes geprüft sowie die Sprachentwicklung und die soziale Interaktion zwischen Eltern und Kind.

U6 – 10. bis 12. Lebensmonat
- Im Mittelpunkt steht die Prüfung der Feinmotorik sowie der sozialen Kontakte.
- Außerdem wird das Sprachverständnis geprüft.
- Hör- und Sehstörungen müssen mit entsprechenden Tests ausgeschlossen werden.

U7 – 21. bis 24. Lebensmonat
Die U7 beschäftigt sich hauptsächlich mit der altersgemäßen Entwicklung der Sprach- und Hörfunktion, der motorischen Fähigkeiten sowie der Entwicklung des Sozialverhaltens.

U7a – 34. bis 36. Lebensmonat
- Schwerpunkte sind das Erkennen und Behandeln von Sehstörungen, Sozialisations- und Verhaltensstörungen, Übergewicht, Sprachentwicklungsstörungen, Zahn-, Mund- und Kieferanomalien.
- Zusätzlich wird geprüft, ob das Wachstum ohne Störungen verläuft.
- Der Kinder- und Jugendarzt berät Sie auch, ob Ihr Kind reif für den Kindergarten ist.

U8 – 46. bis 48. Lebensmonat
- Im Zentrum stehen das Wachstum sowie die geistige Entwicklung Ihres Kindes.
- Außerdem werden die Feinmotorik, das Konzentrations- und Wahrnehmungsvermögen sowie
- das Ein- und Durchschlafverhalten überprüft.
- Es erfolgt eine gründliche internistische Untersuchung.

U9 – 60. bis 64. Lebensmonat
Bei dieser letzten Untersuchung vor Schulbeginn kontrolliert der Arzt nochmals die körperliche und geistige Entwicklung des Kindes, sein Bewegungsverhalten, seine Motorik und sein Koordinationsvermögen, die Seh-, Hör- und Sprechfähigkeit sowie das soziale Verhalten.
Für die empfohlenen, teilweise kostenpflichtigen Untersuchungen U10, U11, J1 und J2 wenden Sie sich an Ihren Kinder- und Jugendarzt.

❓ Wie kann man feststellen, ob ein Kind gut hört?

Damit eine eventuelle angeborene Hörstörung optimal behandelt werden kann, sollten Sie ein kostenloses Hörscreening innerhalb der ersten Lebenstage wahrnehmen. Denn ein Kind, dessen Gehör sich im ersten Lebensjahr nicht richtig entwickelt, ist in seiner körperlichen, seelischen und geistigen Reifung beeinträchtigt. Neugierde und Aktivität gehen verloren, das Kind gerät mehr und mehr in eine Isolation. Für den einfachen und schmerzlosen Test wird eine kleine Sonde in das Ohr Ihres Babys eingeführt, die leise Klicklaute erzeugt. Gesunde Ohren reagieren auf den akustischen Reiz mit kleinen Schwingungen, die von einem angeschlossenen Messgerät aufgezeichnet werden. Diese sinnvolle und wichtige Untersuchung ist seit 2009 sogar eine Kassenleistung.

❓ Der Kinderarzt hat meinem Kind Vitamin-D-Tabletten verschrieben. Ist das wirklich nötig?

Ein Mangel an Vitamin D kann bei Babys zu einer Rachitis (Knochenerweichung) führen. Um dies zu verhindern, wird die tägliche Gabe von Vitamin D für alle Neugeborenen empfohlen. Allerdings kann der Körper Vitamin D auch selbst bilden, wenn er regelmäßig am Tageslicht ist. Empfohlen wird die Gabe von Vitamin D für alle Babys, speziell jedoch für »Winterkinder«, die im Vergleich zu Sommerbabys meist seltener an die Sonne kommen.

Falls Sie Ihrem Kind die Vitamin-D-Tabletten nicht geben möchten, sollten Sie täglich mindestens eine halbe Stunde lang an die frische Luft und ans Sonnenlicht gehen (bitte aber keine direkte Sonnenbestrahlung), denn so bildet sich das Vitamin D im Körper des Kindes auf natürliche Weise.

Außerdem ist es empfehlenswert, regelmäßig zu einer sogenannten Rachitis-Vorsorge zu gehen. Hierbei tastet der Kinderarzt den Knochenbau des Kindes ab, um eine beginnende Rachitis sofort feststellen zu können und gegebenenfalls Vitamin D zu verschreiben.

Die Vitamin-D-Tabletten werden am besten in etwas Wasser auf einem Plastiklöffel aufgelöst. Diese Flüssigkeit bekommt das Baby vor dem Stillen beziehungsweise vor der Flasche. Anfangs mag das für die Kleinen noch etwas ungewohnt sein, die meisten Babys gewöhnen sich aber sehr schnell an diese kleine »Vorspeise«.

 TIPP

Wenn Sie stillen, bekommt Ihr Baby Vitamin D über die Muttermilch mit – vorausgesetzt Sie haben selbst genügend davon. Vitamin D steckt in Seefisch, Milchprodukten, Eiern. Ernähren Sie sich Vitamin-D-reich und tanken Sie täglich Sonnenlicht – das macht Ihre Knochen stark und Ihre Muttermilch noch wertvoller für Ihr Baby!

Muss mein Kind auch Fluor bekommen?

Fluorid ist ein Spurenelement, das – in kleinen Mengen aufgenommen – helfen kann, Karies zu verhüten. Der Knackpunkt: In hohen Mengen haben Fluoride auch gesundheitliche Risiken. Zahn- und Kinderärzte können sich seit Jahren nicht zu einer einheitlichen Stellungnahme durchringen: Kinderärzte empfehlen die regelmäßige Tabletteneinnahme. Die Deutsche Gesellschaft für Zahn-, Kiefer- und Mundheilkunde empfiehlt, ab dem Durchtritt der Zähne statt der Tabletten den Gebrauch fluoridhaltiger Zahnpasta. Kinder- und Jugendärzte wiederum halten dagegen: Es ist wissenschaftlich belegt, dass Kinder zwischen 40 bis 60 Prozent der Zahnpasta hinunterschlucken und somit beträchtliche Fluoridmengen zu sich nehmen. Sie raten deshalb, im Kindesalter fluoridfreie oder fluoridreduzierte Zahnpasten zu verwenden. Um Ihr Kind bestmöglich vor Karies zu schützen, müssen Sie sich also entscheiden: entweder Fluoridtabletten oder fluoridhaltige Zahnpflegemittel. Sonst kann es zu einer Überdosierung und damit zu einer sogenannten Dentalfluorose kommen. Diese macht sich durch weiß oder braun gesprenkelten Zahnschmelz bemerkbar und wird vor allem bei Kindern zwischen 0 und 7 Jahren beobachtet.

Impfungen

❓ Was versteht man unter dem »Nestschutz«?

Schon im Mutterleib erhält das Ungeborene über die Nabelschnur schützende Antikörper seiner Mama. Antikörper sind Abwehrstoffe gegen einzelne Erkrankungen, die ein Mensch im Laufe seines Lebens durchgemacht hat oder gegen die er sich hat impfen lassen. Dieser Nestschutz wirkt wie eine Passiv-Impfung für rund 3 bis 6 Monate, dann sind die Antikörper der Mutter im Körper des Babys abgebaut. Ab jetzt muss das Immunsystem des Kindes selbst lernen, und zwar durch den Kontakt mit Viren, Bakterien und Co. Zwar gibt es auch über die Muttermilch noch eine Portion Antikörper, diese allein ist zur Krankheitsabwehr aber nicht mehr ausreichend.

❓ Was passiert bei einer Schutzimpfung?

Beim Impfen werden dem Körper abgeschwächte oder abgetötete Krankheitserreger verabreicht, um eine Immunreaktion auszulösen. Der Geimpfte soll, ohne wirklich zu erkranken, Antikörper gegen die Krankheit bilden, die ihn im Fall einer Ansteckung mit diesen Erregern vor der »echten« Krankheit schützen. Manche Impfungen müssen mehrfach verabreicht werden, bevor sie sicher wirken können.

❓ Soll ich mein Kind impfen lassen oder nicht?

Diese Frage können Sie sich nach einer ausführlichen und möglichst umfassenden Beratung nur selbst beantworten. Die Impfdebatte wird von Befürwortern wie Gegnern derzeit gleichermaßen polemisch geführt: Während die einen im

Nichtimpfen eine fahrlässige Körperverletzung am Kind und einen Schaden für die Gesellschaft sehen, betrachtet die andere Seite das Impfen als eine bewusste Gesundheitsgefährdung des Kindes. Beides ist nicht von der Hand zu weisen: Alle Impfungen haben wesentliche Vor- und Nachteile. Bei der Entscheidungsfindung muss jedoch vor allem das persönliche Lebensumfeld des Kindes und die allgemeine Einstellung seiner Eltern zum Thema Impfen berücksichtigt werden. Informieren Sie sich, welche Krankheit(en) die Impfung verhindern soll. Welchen Verlauf und welche möglichen Komplikationen hat diese Krankheit? Wie könnte die Erkrankung ohne Impfschutz behandelt werden? Wie groß ist die Gefahr, dass Ihr Kind wirklich an dieser Krankheit erkrankt? Um welche Art Impfstoff handelt es sich? Welche und wie viele Einzelkomponenten enthält er? Wie lange hält der Schutz dieser Impfung an, sind Auffrischimpfungen nötig? Wie belastend ist die Impfung für das Kind? Welche Nebenwirkungen können durch die Impfung auftreten?

Treffen Sie Ihre Entscheidung für sich – und, wie auch immer Sie sich entscheiden, treffen Sie sie ohne Angst und ohne schlechtes Gewissen!

❓ Wann soll man mit dem Impfen beginnen?

Alles, was hierzulande mit Impfungen zu tun hat, geschieht auf Anraten der ständigen Impfkommission (STIKO) am Robert-Koch-Institut in Berlin. Die STIKO sieht derzeit den Beginn der Impfungen in der 9. Lebenswoche vor. Bei der Bundeszentrale für gesundheitliche Aufklärung können Sie einen Impfplan anfordern oder von der Internetseite herunterladen – die Adresse finden Sie auf Seite 243. Die meisten Kinderärzte richten sich mit ihren Impfempfehlungen danach, gehen aber im Einzelfall auf individuelle Gegebenheiten oder Vorstellungen der Eltern ein.

Viele Ganzheitsmediziner sehen aufgrund unseres hohen westeuropäischen Lebens- und Hygienestandards keinen

Grund, ein Kind vor der Vollendung seines ersten Lebensjahres zu impfen. Wenn Sie Haustiere haben, empfiehlt sich allerdings die Impfung Ihres Kindes gegen Diphtherie und Tetanus im Krabbelalter.

> ### WICHTIG
>
> In Deutschland besteht generell keine Impfpflicht, denn jeder ärztliche Eingriff bedarf der Zustimmung des Patienten. Aus diesem Grund besteht auch für vorbeugende »Eingriffe« wie Impfungen keine gesetzliche Pflicht. Der Gesetzgeber unterstützt dadurch das Selbstbestimmungsrecht des informierten Patienten. Lassen Sie sich von einem Kinderarzt, der Ihre persönliche Sichtweise zum Thema Impfungen teilt beziehungsweise respektiert, beraten, welche Impfungen für Ihr Kind zu welchem Zeitpunkt sinnvoll sind. Informieren Sie sich bei ihm auch über mögliche Alternativen.

❓ Was ist besser: Mehrfach- oder Einzelimpfungen?

Befürworter der Mehrfachimpfungen argumentieren, dass sich mit einem einzigen Piks Schutz und Immunität gegen mehrere Krankheiten verabreichen lassen. Begleitstoffe, die oft der Grund für Nebenwirkungen sind, würden so nur einmal gegeben. Befürworter der Einzelimpfungen halten dagegen, dass es für den Organismus eines kleinen Kindes zu belastend ist, sich mit mehreren Erregern gleichzeitig auseinanderzusetzen. Individuelle Impfpläne lassen sich mit Einzelimpfstoffen leichter erstellen als mit den Mehrfachimpfstoffen. Doch nicht alle Impfungen sind ohne Weiteres als Einzelimpfstoff erhältlich. Beraten Sie sich mit Ihrem Kinderarzt, welche Impfungen Sie vornehmen lassen möchten, damit der entsprechende Impfstoff vorrätig ist, wenn Sie mit Ihrem Kind in die Praxis kommen.

Impfkalender nach Empfehlungen der Ständigen Impfkommission am Robert-Koch-Institut STIKO, Berlin, Stand August 2009

Empfohlene Impfungen	Empfohlenes Impfalter
1. Pneumokokken	2. Lebensmonat
1. Diphtherie – Tetanus – Keuchhusten (Pertussis) – Poliomyelitis (Kinderlähmung) – Haemophilus influenzae Typ b (HIB) – Hepatitis B (HB)	2. Lebensmonat
2. Pneumokokken	3. Lebensmonat
2. Diphtherie – Tetanus – Keuchhusten (Pertussis) – Poliomyelitis (Kinderlähmung) – Haemophilus influenzae Typ b (HIB) – Hepatitis B (HB)	3. Lebensmonat
3. Pneumokokken	4. Lebensmonat
3. Diphtherie – Tetanus – Keuchhusten (Pertussis) – Poliomyelitis (Kinderlähmung) – Haemophilus influenzae Typ b (HIB) – Hepatitis B (HB)	4. Lebensmonat
1. Masern-Mumps-Röteln (MMR) – Varizellen (Windpocken)	11. – 14. Lebensmonat
4. Diphtherie – Tetanus – Keuchhusten (Pertussis) – Poliomyelitis (Kinderlähmung) – Haemophilus influenzae Typ b (HIB) – Hepatitis B (HB)	11. – 14. Lebensmonat
4. Pneumokokken	11. – 14. Lebensmonat
Meningokokken-C	12. – 23. Lebensmonat
2. Masern-Mumps-Röteln (MMR) – ggf. mit Varizellen (Windpocken)	15. – 23. Lebensmonat
1. Auffrischung Tetanus – Diphtherie – Pertussis	5. – 6. Lebensjahr
1. Auffrischimpfung Poliomyelitis (Kinderlähmung) 2. Auffrischung Tetanus – Diphtherie – Pertussis	9. – 17. Lebensjahr
Grundimmunisierung gegen humane Papillomaviren (HPV) für alle Mädchen mit 3 Dosen vor dem ersten Geschlechtsverkehr	12. – 17. Lebensjahr

❓ Wann darf ich mein Kind nicht impfen lassen?

Lassen Sie Ihr Kind keinesfalls impfen, wenn es akut erkrankt ist. Durch eine geschwächte Immunabwehr, zum Beispiel nach einer schweren Erkrankung oder sogar bei einer Erkältung, ist das Risiko, dass es bei der Impfung zu Komplikationen kommt, wesentlich höher. Sind bei einer vorangegangenen Impfung bereits einmal Komplikationen aufgetreten, sollten Sie mit Ihrem Kinderarzt besprechen, wie Sie weiter vorgehen möchten.

Da kleine Kinder öfter einmal erkranken, kommt es häufig dazu, dass die empfohlenen Zeitabstände zwischen den einzelnen Impfungen nicht eingehalten werden können. Wenn das auch bei Ihrem Kind der Fall ist, machen Sie sich nicht allzu viele Sorgen: Die Wirkung einer Impfung wird durch die Terminverschiebung nicht abgeschwächt – Ihr Baby erhält den vollständigen Impfschutz eben nur später.

Wenn Ihr Kind gegen einen im Impfstoff enthaltenen Begleitstoff (Konservierungsstoff, Trägerstoff oder anderes) allergisch ist, sollte die entsprechende Impfung nicht vorgenommen werden. Bei Erkrankungen des Immunsystems wie zum Beispiel HIV oder nach einer Chemotherapie darf generell nicht geimpft werden.

❓ Wie kann ich eine verhärtete Hautstelle nach einer Impfung behandeln?

Kühlen Sie die Stelle mit einer Quarkauflage oder einem kleinen Coolpack. Nach einigen Tagen sollte die Verhärtung von allein verschwunden sein. Bewährt bei Verhärtungen sind auch kleine Auflagen mit einer Salbe aus dem Schüssler-Salz Nr. 4 Kalium Chloratum D6, die den Zellstoffwechsel rund um die Einstichstelle anregen. Falls sich allerdings ein roter Hof um die Einstichstelle bildet oder das Hautareal wärmer ist als das umliegende Gewebe, lassen Sie zur Sicherheit den Kinderarzt noch mal danach schauen. In der Regel sind solche Reizungen aber harmlos.

Gesundheitsstörungen und leichte Erkrankungen

❓ Was hat es denn mit der Neugeborenengelbsucht auf sich?

Fast die Hälfte aller Kinder bekommt in der ersten Lebenswoche eine Neugeborenengelbsucht, auch Hyperbilirubinämie oder Neugeborenenikterus genannt. Dabei handelt es sich nicht wie bei anderen Formen der Gelbsucht um eine entzündliche oder ansteckende Lebererkrankung. Der Grad der Ausprägung ist von Kind zu Kind sehr unterschiedlich. Nach der Geburt werden die im Mutterleib gebildeten roten Blutkörperchen des Kindes abgebaut und gleichzeitig neue gebildet. Dabei wird der gelbe Blutfarbstoff Bilirubin freigesetzt, den der Organismus nicht verwerten kann. Normalerweise wird er in der Leber aufbereitet und dann ausgeschieden, doch dazu ist die kindliche Leber noch nicht vollständig in der Lage. Das Bilirubin tritt ins Blut über. Haut und Augenweiß färben sich gelb, Ihr Kind wird schläfrig, vielleicht sogar etwas trinkfaul.

TIPP

Der erste Stuhlgang des Kindes, auch Kindspech oder Mekonium genannt, enthält Bilirubin (gelber Blutfarbstoff), das sich während der Schwangerschaft angesammelt hat. Wird das Mekonium nicht rasch ausgeschieden, kann das enthaltene Bilirubin wieder in den Blutkreislauf gelangen und die Blutwerte erhöhen.

Um dieser Erhöhung vorzubeugen empfiehlt es sich, dass Sie Ihr Kind möglichst früh zum ersten Mal an die Brust anlegen und es die wertvolle Vormilch trinken lassen. Das fördert seine Verdauung.

Legen Sie Ihr Kind in den ersten Tagen außerdem so oft wie möglich in Fensternähe. Tageslicht fördert ebenfalls den Abbau von Bilirubin.

❓ Was tut der Arzt, wenn mein Kind Neugeborenengelbsucht hat?

Abhängig vom Lebensalter des Kindes wird je nach der Bilirubin-Konzentration (siehe Seite 171) die Ausscheidung mithilfe einer Fototherapie unterstützt. Dabei wird Ihr Baby mit Licht einer bestimmten Wellenlänge beleuchtet. Bei einem hohen oder verlängerten Anstieg der Bilirubin-Werte besteht die Gefahr, dass das Bilirubin sich im Gehirn ablagert und dort bleibende Schäden verursacht. Durch das blaue Licht wird der gelbe Blutfarbstoff in der Haut so verändert, dass er vom Körper Ihres Kindes ausgeschieden werden kann, ohne dass die Leber viel tun muss.

Ihr Kind wird dazu, nur mit einer Augenmaske und einer Windel bekleidet, in einen Inkubator gelegt und über mehrere Stunden bestrahlt. Zwischen den Bestrahlungen werden Pausen eingelegt, damit wieder neues Bilirubin in die Haut einströmen kann.

❓ Unser Baby schielt manchmal ein bisschen. Ist das normal?

Die Koordination seiner Augenbewegungen muss ein Neugeborenes erst üben. Sein Gehirn kann noch nicht die beiden Bilder zusammenfassen, die vom rechten und linken Auge wahrgenommen werden. In den ersten vier Lebensmonaten ist das Schielen deshalb in der Regel kein Grund zur Besorgnis. Nach und nach wird Ihr Baby lernen, einen Punkt mit beiden Augen gleichzeitig zu fixieren. Dann gibt sich das Schielen von ganz allein.

Sollten jedoch in Ihrer Familie bereits Augenprobleme vorkommen, lassen Sie Ihr Kind zwischen dem sechsten und dem achten Lebensmonat von einem Kinder-Augenarzt untersuchen. Auch wenn es in den ersten Lebensmonaten dauerhaft oder über das erste halbe Jahr hinaus noch häufig schielt, sollten Sie mit ihm zu einem Augenspezialisten gehen. In vielen Augenkliniken gibt es spezielle Schiel-Ambulanzen.

❓ Meine Tochter dreht ihren Kopf immer nur nach links. Ist das schlimm?

Gehen Sie mit Ihrer Tochter zum Kinderarzt – vielleicht hat sie einen sogenannten Schiefhals. Dieser entsteht durch eine Verkürzung des Muskels, der schräg über die Seiten des Halses läuft. Die Verkürzung führt zu einer Fehlhaltung und der Vorliebe für die entgegengesetzte Körperseite. Gründe dafür können ein Platzmangel in der Gebärmutter, eine schwere Geburt (auch Kaiserschnitt) oder selten auch eine Nabelschnurumschlingung sein.
Legen Sie Ihr Kind auf die nicht betroffene Seite und lassen Sie es krankengymnastisch behandeln. Bewährt haben sich auch Osteopathie und Craniosacraltherapie.

❓ Was ist ein KISS-Syndrom?

Unter einer »Kopfgelenk-induzierten Symmetriestörung« versteht man eine Fehlstellung im Bereich der oberen Halswirbelsäule. Wie beim Schiefhals entsteht diese durch Druck auf den Kopf des Babys bei der Geburt, häufig auch bei Kaiserschnitten, Mehrlingsgeburten, Zangen- oder Saugglockengeburten. Auch Kinder, die »übertragen« wurden, zeigen diese Fehlstellung häufiger.
Betroffene Kinder weinen viel und halten ihren Kopf meist schief, auch im Schlaf, wodurch sich der noch weiche Schädel oft verformt. Häufig zeigen sie Auffälligkeiten beim Stillen, verweigern eine Brust, sind trinkschwach oder möchten ständig trinken. Schluckbeschwerden, Spucken oder Erbrechen sind ebenfalls häufig. Im Nacken sind sie meist sehr berührungsempfindlich. Sie neigen dazu, sich zu überstrecken, Arme und Beine werden oft nicht symmetrisch bewegt.
Wenn Sie diese Symptome an Ihrem Kind beobachten, sprechen Sie mit Ihrer Hebamme und Ihrem Kinderarzt, damit baldmöglichst eine Therapie erfolgen kann. Unbehandelt kann das KISS-Syndrom später zu Kopfschmerzen, Müdigkeit, Konzentrations- und Lernproblemen führen.

❓ Manche Babys haben Probleme mit den Hüften. Können wir etwas zur Vorbeugung tun?

Etwa zwei bis vier Prozent aller Neugeborenen kommen mit einer Entwicklungsstörung beziehungsweise Fehlstellung der Hüftpfanne (Hüftdysplasie) auf die Welt. Weil die Hüftgelenke in den ersten Lebensmonaten noch sehr nicht verknöchert und daher leicht formbar sind, können Sie in der Tat für die gesunde Entwicklung Ihres Kindes einiges tun:

- Legen Sie Ihr Baby, wenn es wach ist, häufig auf den Rücken, damit es frei strampeln kann.
- Wickeln Sie es breit, das heißt, Sie legen eine zusätzliche, doppelt gefaltete Windel oder ein Moltontuch (zirka 15 Zentimeter breit) ins Wickelpaket, damit die Beinchen in gespreizter Haltung liegen.
- Tragen Sie Ihr Baby oft mit breit gespreizten Beinchen im Tragetuch oder Tragesack vor Ihrem Bauch. Achten Sie dabei aber unbedingt darauf, dass seine Wirbelsäule gestützt ist und nicht durchhängt!

❓ Mein Baby hat schon ganz schlimme Pickel! Was kann ich tun?

Die Pickel sind vermutlich eine Neugeborenenakne, die meist von selbst innerhalb der ersten drei Lebensmonate abheilt. Die Ursache ist, dass die Talgdrüsen Ihres Kindes übermäßig empfindlich auf mütterliche Hormone reagieren, die in einer geringen Konzentration noch im Blut des Kindes zirkulieren. Falls diese harmlosen Pickel Sie aus ästhetischen Gründen stören, können Sie die Haut Ihres Babys mehrmals täglich mit lauwarmem Stiefmütterchentee (Apotheke) betupfen.

Viele Babys haben in den ersten Lebenswochen auch sogenannte Milien. Diese stecknadelkopfgroßen weißen Zysten bilden sich an den Talgdrüsenausgängen, vor allem um die Nase herum sowie am Kinn, manchmal aber auch auf dem Zahnfleisch. Die Milien heilen ohne Behandlung innerhalb weniger Tage von selbst ab.

❓ Woran erkenne ich eine Neurodermitis, und was kann man dagegen tun?

Eine Neurodermitis tritt fast nie vor dem dritten Lebensmonat auf. Typisch sind nässende, flächige Rötungen der Haut mit Krustenbildung, vor allem im Gesicht, auf der Kopfhaut und an den Streckseiten der Arme und Beine. Betroffene Kinder kratzen oft an den erkrankten Stellen. Der Windelbereich ist meist ohne Auffälligkeiten. Eine gesicherte Diagnose stellt der Kinderarzt.

Ziehen Sie Ihrem Kind einfach Babysöckchen über die Hände, dann kann es sich beim Kratzen nicht mit seinen Fingernägeln verletzen.

Gehen Sie bei Verdacht frühzeitig zum Kinderarzt. Er kann die Erkrankung am besten abklären und über mögliche Behandlungsmethoden aufklären, bei denen neben Babys Hautpflege auch die Ernährung oder der Tagesablauf eine Rolle spielen. Leidet das Kind zu sehr unter dem Hautjucken, kann der Arzt zusätzlich Medikamente verschreiben.

Babys sollten am besten Kleidung aus Baumwolle oder Seide tragen, keine Schaf- oder Schurwolle. Da die meisten Babys sich besonders in der Nacht kratzen, gibt es spezielle Neurodermitis-Anzüge für Babys. Eine andere Möglichkeit: Man zieht den Kleinen Fäustlinge an, die das Aufkratzen verhindern. Kühle Umschläge helfen den Juckreiz zu lindern. Baden Sie Ihr Baby außerdem nur selten und kurz, denn das warme Wasser entzieht der Haut Feuchtigkeit und verschlimmert den Juckreiz. Pflegen Sie die Haut Ihres Kindes nach dem Baden mit rückfettenden Cremes.

Wichtig ist auch, möglichst viele allergieauslösende Stoffe und Reize aus der Umgebung des Kindes beziehungsweise aus der Wohnung zu entfernen. Es empfiehlt sich, keine Tiere in der Wohnung zu halten und glatte Böden, die einfach gereinigt werden können, zu verwenden. Außerdem gibt es bereits spezielle Matratzen und Schutzbezüge, die das Allergierisiko senken. Zusätzlich sollte man das Kinderspielzeug regelmäßig reinigen und die Kuscheltiere in der Waschmaschine waschen.

❓ Mein Sohn hat Milchschorf. Heißt das, dass er keine Milch verträgt?

Der »Milchschorf« hat seine Bezeichnung daher, dass er gelblich weiße Krusten auf der behaarten Kopfhaut bildet, die wie übergekochte Milch auf der Herdplatte aussehen. Mit einer Milchunverträglichkeit hat dies nichts zu tun. Milchschorf bildet sich oft bei Flaschenkindern ab dem dritten Lebensmonat oder bei der Umstellung auf feste Nahrung. Manchmal kann ein Milchschorf Vorbote einer Allergie sein.
Halten Sie Babys Fingernägel kurz, damit es sich nicht kratzen kann. Achten Sie auf eine gute Pflege: Baden Sie Ihr Kind nicht zu häufig, damit die Haut nicht zusätzlich austrocknet. Verwenden Sie als Zusatz ein medizinisches Ölbad, das wirkt rückfettend. Cremen Sie Ihr Kind regelmäßig mit einer fetthaltigen Salbe ein, und benutzen Sie nur Baumwollwäsche. Bei entsprechender Behandlung verschwindet der Milchschorf innerhalb einer Woche. Kommt er immer wieder, kann das ein Hinweis auf eine Neurodermitis-Erkrankung sein. Sprechen Sie in diesem Fall mit Ihrem Kinderarzt.

❓ Was tue ich gegen die fettigen, gelben Schuppen auf dem Kopf meines Kindes?

Die fettigen, weißgelben bis bräunlichen Schuppen sind wahrscheinlich ein »Kopfgneis«. Diese harmlose Hauterscheinung ist bei Babys in den ersten Lebensmonaten ziemlich häufig. Ursache ist eine Überproduktion der Talgdrüsen, die sich bis zum ersten Lebensjahr aber meist von selbst reguliert. Weichen Sie die Schuppen über Nacht mit etwas Mandelöl ein. Am nächsten Tag lassen sie sich mit einem feinzinkigen Kamm vorsichtig lösen. Nach der Haarwäsche mit einem milden Babyshampoo können Sie die Kopfhaut mit einer weichen Babybürste sanft massieren, das fördert die Durchblutung und regt die Selbstregulation der Talgdrüsen an. Meist stört der Gneis die Eltern mehr als das Kind, er muss nicht unbedingt entfernt werden.

❓ Trotz aller Vorsicht hat mein Baby einen Sonnenbrand bekommen! Was kann ich denn jetzt tun?

Bei einem Sonnenbrand mit leichter Rötung schafft ein Bad in lauwarmem Wasser mit einem Zusatz vom Saft einer unbehandelten Zitrone sofortige Linderung. Oder Sie tränken ein kleines Handtuch mit verdünnter Calendulaessenz (1 Teil Calendula, 4 Teile warmes Wasser), wringen es aus und legen es mehrmals für 10 bis 15 Minuten auf die betroffenen Stellen. Ihr Baby darf währenddessen aber nicht frieren.
Streichen Sie etwa messerrückendick Magerquark (Zimmertemperatur!) auf die betroffenen Hautareale.
Bei jedem stärkeren Sonnenbrand oder Symptomen wie Schwellungen, Blasen, Fieber, Erbrechen oder Unruhe müssen Sie sofort den Kinderarzt kontaktieren. Achten Sie darauf, dass Ihr Kind viel trinkt, damit es nicht austrocknet.

💡 TIPP

- Lassen Sie Ihr Kind möglichst wenig in direkter Sonne.
- Meiden Sie bei starker Sonne den Aufenthalt im Freien.
- Lassen Sie Ihr Kind nie ohne Kopfbedeckung in die Sonne.
- Zum Schutz seiner Augen sollte es eine gute und kindgerechte Sonnenbrille vom Optiker tragen.
- Ziehen Sie Ihrem Kind luftige, aber lange Kleidung (lange Hosen, langärmlige T-Shirts) an.
- Verwenden Sie ein Sonnenschutzmittel mit hohem Sonnenschutz (siehe Seite 60).
- Cremen Sie auch Fußrücken, Hände, Ohren und den Nacken ein.

❓ Was soll ich tun, wenn mein Kind von einem Insekt gestochen wurde?

Nach einem Bienen- oder Wespenstich ist der Schreck oft größer als der Schmerz. Versuchen Sie, beruhigend auf Ihr Kind einzuwirken. Wenn der Stachel noch in der Haut steckt, entfernen Sie ihn vorsichtig mit einer Pinzette. Je schneller ein Stich behandelt wird, desto geringer sind die Folgen. Gegen Juckreiz und Schwellung: reiben Sie den Stich möglichst sofort mit dem Saft einer frisch angeschnittenen Zwiebel ein. Anschließend legen Sie eine frische, dicke Zwiebelscheibe auf und fixieren das Ganze mit einem Pflaster oder einer Mullbinde. Oder Sie betupfen die Hautstelle alle 2 bis 5 Minuten mit Obstessig, Zitronensaft oder einer starken Salzlösung. Verrühren Sie dafür 1 Teelöffel Salz in einem Glas kaltem Wasser. Wenn die Einstichstelle stark geschwollen ist, helfen Auflagen mit Quark oder Heilerde. Gehen Sie sofort zum Arzt, wenn Ihr Kind in die Zunge, den Mund oder den Rachen gestochen worden ist. Geben Sie ihm in der Zwischenzeit Eiswürfel zu lutschen, und kühlen Sie den Hals äußerlich mit einer kühlen Quarkkompresse. Die Schleimhäute schwellen in diesen Körperbereichen sehr stark an. Die Schwellung kann die Atmung beeinträchtigen oder sogar einen lebensbedrohlichen Zustand hervorrufen. Auch bei allergischen Reaktionen, wie Rötung oder Quaddelbildung am gesamten Körper, müssen Sie sofort mit Ihrem Kind zum Arzt.

TIPP

- Verhängen Sie den Kinderwagen mit einem Moskitonetz.
- Halten Sie Getränke im Freien immer bedeckt.
- Lassen Sie keine süßen Speisen im Freien stehen.
- Limonade, besonders aus der Flasche, sollte mit Strohhalm getrunken werden, damit kein hineingefallenes Insekt versehentlich mitgetrunken wird.
- Waschen Sie ihrem Kind nach dem Verzehr von Süßigkeiten unbedingt das Gesicht und die Hände.
- Lassen Sie Ihr Kind nicht barfuß über die Wiese laufen.
- Halten Sie im Sommer Abfallbehälter stets geschlossen.
- Süßlicher Duft zum Beispiel von Parfum, Waschmitteln oder Babypflegecreme kann Insekten anlocken.
- Pusten Sie Insekten niemals direkt an.

Atemwegserkrankungen

❓ Mein Kind hat Schnupfen und bekommt keine Luft beim Trinken. Wie kann ich ihm helfen?

Als beste Medizin wirken hier die Abwehrstoffe aus der Muttermilch: Streichen Sie vor jeder Stillmahlzeit etwas Milch aus Ihrer Brust auf einen Teelöffel und träufeln Ihrem Baby dann einige Tropfen davon in jedes Nasenloch. Wenn Sie dies regelmäßig tun, ist das verstopfte Näschen bald wieder frei. Wenn Sie bereits abgestillt haben, können Sie zum Abschwellen der Nasenschleimhäute auch physiologische Kochsalzlösung verwenden. Physiologisch bedeutet, dass der Salzgehalt der Lösung dem Salzgehalt unserer Körperflüssigkeiten entspricht. Die Lösung gibt es in der Apotheke oder ist auch leicht selbst zu machen: 9 Gramm jodfreies Kochsalz auf 1 Liter abgekochtes Wasser.

Um Babys Nase anschließend von den aufgeweichten Borken und von Schleim zu befreien, besorgen Sie sich einen speziellen Schleimabsauger für Säuglinge aus der Apotheke oder einer gut sortierten Drogerie. Verwenden Sie bitte keine Wattestäbchen, die Verletzungsgefahr ist zu groß. Außerdem verstopft die kleine Nase so noch mehr.

Stellen Sie Ihr Kind warm eingemummelt im Kinderwagen an die frische Luft oder machen Sie mit ihm einen ausgedehnten Spaziergang. Frische Luft mögen die Schnupfenviren nämlich überhaupt nicht. Wie bei allen Erkrankungen, die mit einer vermehrten Schleimbildung einhergehen, sollten Sie Ihrem Kind auch jetzt viel zu trinken geben.

TIPP

Mit einem »Zwiebelsöckchen« können Sie bei einem Schnupfen das Abschwellen der Schleimhäute auf natürliche Weise unterstützen: Sie schälen und würfeln eine mittelgroße Zwiebel, geben sie in ein Babystrümpfchen, binden dieses zu und hängen es über der Wiege auf.

❓ Mein Baby hat etwas Husten. Kann ich seine Brust mit einem Bronchialbalsam einreiben?

Beim Baby sollten Sie mit der Anwendung ätherischer Öle generell vorsichtig sein. Sie können die Atemwege zusätzlich reizen und allergische Reaktionen auslösen. Verwenden Sie auf keinen Fall Präparate, die Eukalyptus, Kampfer oder Menthol enthalten, da diese gefährliche Krämpfe der Atmungsorgane verursachen können.

Ihr Baby sollte jetzt viel trinken, damit der Schleim sich lösen kann. Wenn möglich, stillen Sie es häufiger oder bieten Sie ihm Fencheltee an. Geben Sie Ihrem Kind aber keine speziellen Hustentee-Mischungen, da Säuglinge auf manche darin möglicherweise enthaltenen Pflanzenteile allergisch reagieren können. Hängen Sie in der Nähe der Wiege oder des Bettchens einige feuchte Tücher auf, damit die Raumluft nicht zu trocken ist. Legen Sie eine angewärmte Windel auf Babys Brust, lüften Sie mehrmals täglich gründlich und hängen Sie feuchte Tücher in der Nähe des Bettchens auf. Sehr hilfreich, sanft und unkompliziert in der Anwendung ist eine Bienenwachsauflage (Bezugsadresse siehe Seite 243), die über Nacht angelegt schnell Linderung bringt.

Ätherische Öle bei Babys und Kleinkindern

Verwenden Sie bitte niemals unverdünnte ätherische Öle bei einem Säugling oder einem Kleinkind! Schon kleinste Mengen, die in Mund oder Nase geraten, können zu lebensbedrohlichen Verkrampfungen des Kehlkopfs und zu Atemstillstand führen. Haut- und Schleimhautreizungen, Erbrechen, Bewegungsstörungen oder sogar Krampfanfälle sind weitere unerwünschte Wirkungen.

Verwenden Sie nur solche Produkte, die speziell für die Anwendung bei Säuglingen und Kleinkindern zugelassen sind. Lassen Sie sich im Zweifelsfall vom Kinderarzt oder Apotheker beraten. Stark wirksame ätherische Öle wie

Kampfer dürfen nicht enthalten sein. Halten Sie die vorgeschriebenen Verdünnungsanweisungen ein. Wenden Sie die Präparate nicht im Gesicht an. Wegen der hautreizenden Wirkung tragen Sie sie bitte niemals direkt auf die Kinderhaut auf. Bewahren Sie ätherische Öle immer außerhalb der Reichweite von Kindern auf.

Bei Kindern unter drei Jahren ist bei der Anwendung von Kampfer-, Eukalyptus-, Thymian- und Pfefferminzöl (Menthol) besondere Vorsicht geboten. Diese ätherischen Öle gelten als sehr problematisch.

Bei den Giftinformationszentralen gehen viele Anfragen zu Vergiftungsfällen mit ätherischen Ölen ein. Bei Kindern liegt der Grund häufig in der versehentlichen Aufnahme von Inhalaten oder Duftölen. Oft werden Inhalate zum Schlucken verabreicht, weil die Eltern sie mit Arzneimitteln in Tropfenform verwechseln. Aufgrund der allgemeinen Beliebtheit und der damit verbundenen hohen Verbreitung von ätherischen Ölen gibt es entsprechend viele Vergiftungsfälle.

Zeigt ein Kind nach einer Fehlanwendung akute Symptome wie Atemnot, Krämpfe oder Bewusstseinsveränderungen, informieren Sie bitte sofort den Notarzt beziehungsweise den Rettungsdienst. Als Erste-Hilfe-Maßnahmen können Sie nach einem Hautkontakt die Haut mit reichlich klarem lauwarmem Wasser abspülen und nach versehentlichem Trinken Tee, Wasser oder Saft zur Verdünnung geben. Anschließend sollten Sie zusätzlich in einem Giftinformationszentrum um weiteren Rat fragen (Rufnummern finden Sie im Anhang auf Seite 244).

Je nach Art und Menge des aufgenommenen ätherischen Öls ist es möglich, dass Ihr Kind zu Hause von Ihnen überwacht werden kann. Nach der Aufnahme von Kampfer muss jedoch, nachdem zur Verdünnung Tee, Wasser oder Saft getrunken wurde, unbedingt sofort eine Kinderklinik aufgesucht werden, die das Kind in diesem speziellen Fall für kurze Zeit überwachen wird.

❓ Darf ich meinem erkälteten Baby Honig in sein Fläschchen geben, um den Hals zu beruhigen?

Innerhalb des ersten Lebensjahres sollten Sie dies besser nicht tun. Honig enthält in seltenen Fällen ein Bakterium namens Clostridium botulinum, das bei Kindern im ersten Lebensjahr zu ernsten Gesundheitsstörungen führen kann. Die Erreger vermehren sich explosionsartig im Darm, und ihr Gift, das Botulinustoxin, tritt in den Blutkreislauf über, sodass eine Intensivtherapie nötig wird. Nach Ablauf der ersten zwölf Lebensmonate sind der kindliche Darm und das Immunsystem reif genug, um, wie der Erwachsene, mit diesem speziellen Keim fertig zu werden. Geben Sie Ihrem Kind gegen seine Erkältung öfter zu trinken und sorgen Sie für einen warmen Brustbereich.

❓ Mein Kind hustet stark und bekommt ganz schlecht Luft. Was soll ich tun?

Gehen Sie so bald wie möglich mit Ihrem Kind zum Kinderarzt! Im akuten Hustenanfall nehmen Sie Ihr Kind auf den Arm und sorgen für kühle Luft: Treten Sie mit ihm ans offene Fenster oder setzen Sie sich fünf Minuten vor den geöffneten Kühlschrank. Achtung: Halten Sie Ihr Baby dabei trotzdem warm! Ein offener Kühlschrank oder ein offenes Fenster im Winter ist zwar eine kleine ökologische »Sünde«, hilft aber rasch beim Abschwellen der Atemwege.

Bleiben Sie selbst möglichst ruhig, und reden Sie besänftigend mit Ihrem Kind, damit es aufgrund der Atemnot nicht auch noch Angst bekommt.

⚠️ WICHTIG

Nicht erschrecken: Bei schweren Hustenattacken verschlucken Säuglinge und kleine Kinder häufig Schleim, so dass sie sich erbrechen müssen. So werden sie das ansonsten nur schwer verdauliche, bakterienhaltige Sekret auf schnellstem Wege wieder los.

Die Babygesundheit | 183

❓ Zur Erkältung hat mein Kind jetzt auch noch ein ganz verklebtes Auge. Was kann ich dagegen tun?

Die Bindehautentzündung ist eine häufige Begleiterscheinung bei Erkältungen. Reinigen Sie das verklebte Auge mehrmals täglich vorsichtig mit einer Augentrost-Kompresse vom äußeren Lidrand hin zur Nasenwurzel. In der Apotheke erhalten Sie dazu sterile Einzeldosispipetten des bewährten Arzneimittels. Bevor Sie Ihrem Kind Augentropfen verabreichen, wärmen Sie eine Einzeldosispipette auf Körpertemperatur an, indem Sie diese eine Zeitlang in die Hosentasche stecken oder in der Hand halten. Bei der Gabe von Augentropfen kommen die meisten Eltern ins Schwitzen: Wie sollen da die Tropfen ins Auge gelangen? Keine Angst! Legen Sie Ihr Kind auf den Rücken. Wenn es die Augen nicht offen halten will, ist das kein Problem. Tropfen Sie das Medikament einfach in den inneren Augenwinkel, und ziehen Sie ganz kurz am betreffenden Unterlid. Dann verteilen sich die Tropfen von allein. Kneift Ihr Kind die Lider fest zu, ist das ebenfalls nicht schlimm, denn spätestens wenn es seine Augen wieder öffnet, verteilen sich die Tropfen ebenfalls. Verwenden Sie am Auge niemals Kamille! Sie soll zwar beruhigend wirken, am Auge wirkt sie jedoch austrocknend. Außerdem enthalten selbst hergestellte Kamillen-Extrakte oft Reste von Blütenpollen (Allergie!). Wechseln Sie die Kopfwindel im Bettchen, das Spucktuch und die Wickelauflage mehrmals täglich, damit Ihr Kind sich nicht von Neuem ansteckt. Wenn sich in zwei Tagen keine Besserung zeigt oder wenn das Sekret eitrig ist, gehen Sie bitte mit Ihrem Kind zum Kinderarzt.

Ⓦ WICHTIG

Manchmal haben Babys auch verklebte Augen, weil ihr Tränenkanal noch verengt ist. Dies verwächst sich meistens innerhalb des ersten Lebensjahres. Bei andauernden Entzündungen kann der Kinderarzt den Tränengang jedoch auch mit einer kleinen Sonde weiten.

Ohren

❓ Meine Tochter weint, wenn ich ihre Ohren berühre – hat sie Ohrenschmerzen?

Berührungsempfindlichkeit oder das unruhige Hin- und Herdrehen des Kopfes sind bei Babys sehr häufig Zeichen für Ohrenschmerzen. Die Ohrtrompete (so heißt die Röhre, die das Mittelohr mit der Mundhöhle verbindet) ist bei Babys noch relativ kurz. Bakterien aus dem Nasen-Rachen-Raum haben so nur einen kurzen Weg ins Innere des Ohres. Durch eine Infektion schwellen die Schleimhäute der Ohrtrompete an, verschließen das Mittelohr, und das im Ohr vorhandene Sekret staut sich. Auf diesem Nährboden können sich eingewanderte Bakterien gut vermehren.
Je nach Schwere der Infektion kann eine Ohrentzündung sehr schmerzhaft sein. Drücken Sie kurz auf den vorderen Ohrknorpel Ihres Kindes: Dreht es den Kopf weg, verzieht das Gesicht oder fängt sogar zu weinen an, können Sie sicher sein, dass eine Mittelohrentzündung vorliegt.

WICHTIG

> Zumeist ist eine Belüftungsstörung des Ohres durch einen vorangegangenen Schnupfen oder eine Virusgrippe die Ursache für eine Ohrentzündung. Auch während des Zahnens kommt es durch die Schwellung des Gewebes vermehrt zu Ohrentzündungen.

❓ Was können wir zur Schmerzlinderung bei einer Ohrenentzündung tun?

Als erste und wichtigste Maßnahme beheben Sie die gestörte Belüftung des Innenohres. Das geschieht am besten, indem Sie Ihrem Kind 4- bis 6-mal am Tag einige Tropfen physiologische Kochsalzlösung (aus der Apotheke) oder Muttermilch mit einer Pipette in die Nase träufeln (Vorsicht: auf keinen Fall in das Ohr geben!).

Eines der ältesten und hilfreichsten Hausmittel bei einer Ohrentzündung ist das Zwiebelsäckchen. Es wirkt schmerzstillend, abschwellend und entzündungshemmend. Schälen Sie eine Zwiebel und schneiden sie klein. Verteilen Sie die Zwiebelstückchen so auf einem Stück Gaze oder einem Taschentuch, dass durch Einschlagen eine Rolle entsteht. Die Enden und die Seitennaht kleben Sie mit etwas Heftpflaster zu, damit keine Stückchen herausfallen können.

Noch einfacher geht das allerdings mit einem Stück Schlauchverband (»tg-Fingerverband«), das mit den geschnittenen Zwiebeln locker gefüllt und an den Enden zugebunden wird. Stecken Sie das Zwiebelsäckchen in die Plastiktüte und erwärmen es zusammen mit etwas Baumwollwatte auf einer Wärmflasche (ohne Plastiktüte nimmt die Wärmflasche den Zwiebelgeruch dauerhaft an). Oder Sie erwärmen beides auf einem umgedrehten Topfdeckel über Wasserdampf.

Legen Sie nun das erwärmte Zwiebelsäckchen Ihrem Kind von der Schläfe aus um die gesamte Ohrmuschel herum. Der Knochenanteil hinter dem Ohr sollte unbedingt mit einbezogen werden. Decken Sie das Zwiebelsäckchen mit der warmen Watte ab und befestigen Sie das Ganze mit einer gut sitzenden Mütze, einem Stirnband oder Schal. Das Zwiebelsäckchen kann 30 bis 60 Minuten angelegt bleiben und bei Bedarf 2- bis 3-mal täglich erneuert werden.

WICHTIG

Manchmal findet sich auf dem Laken des Kindes in Kopfhöhe bräunlich gelbliches Sekret, dass auch mit Spuren von Blut vermischt sein kann. Das ist ein Hinweis auf eine eitrige Mittelohrentzündung. Gehen Sie bitte unbedingt mit Ihrem Kind zum Kinderarzt. Treten Ohrenentzündungen immer wieder auf, können auch Nasenpolypen oder vereiterte Rachenmandeln die Ursache sein.

❓ Meine Tochter hat weiße Beläge im Mund, die nicht mehr weggehen. Was kann das denn sein?

Die Beläge werden von einer Besiedelung mit dem Hefepilz Candida albicans verursacht, man nennt diese Infektion Soor. Bei Säuglingen und kleinen Kindern siedelt er sich bevorzugt in der Mundhöhle an und wandert dann durch den Darmtrakt bis zur Windelregion. Behandeln Sie den Mundsoor so schnell wie möglich, da die entzündeten Stellen im Mund Ihrem Baby die Lust am Saugen verleiden.

Achten Sie penibel auf Hygiene: Reiben Sie die Schnuller und Sauger Ihres Kindes täglich mit Salz ab und kochen Sie alles gründlich aus, wechseln Sie die Spuckwindeln mehrmals täglich. Die Mundschleimhaut können Sie mehrmals pro Tag mit verdünnter Calendulatinktur auswischen.

Da der Pilz allerdings oft sehr hartnäckig ist, kommt man um eine medikamentöse Behandlung meist nicht herum. Der Kinderarzt wird Ihnen ein Arzneimittel verschreiben und nach Abschluss der Therapie kontrollieren, ob alles abgeheilt ist. Bei Kindern mit Abwehrschwäche kann ein Soor immer wieder kommen. Auch besteht die Möglichkeit, dass sich der Pilz über den gesamten Verdauungstrakt ausbreitet. Dann muss das Kind ein stärkeres und auf den gesamten Organismus wirkendes Antipilzmittel einnehmen.

ⓘ WICHTIG

Einen Mundsoor können Sie von Milchresten im Mund Ihres Babys unterscheiden, indem Sie versuchen, den Belag mit einem sauberen Wattestäbchen wegzuwischen. Bei einem Soor lässt sich der weißliche Belag nur sehr schwer entfernen, da er fest auf der Schleimhaut haftet. Darunter finden sich häufig entzündete, teilweise blutige Hautstellen. Passen Sie jetzt noch besser auf, dass Ihre Brustwarzen nicht wund werden! Die kleinen Risse wären eine ideale Brutstätte für den Pilz, der dann im Ping-Pong-Effekt zwischen Ihnen und Ihrem Baby »hin- und hergespielt« würde.

Fieber

❓ Ab wann ist Fieber eigentlich für ein Baby gefährlich?

Das Symptom Fieber zeigt im Prinzip einen nützlichen körpereigenen Heilungsvorgang an: Mit der Erhöhung der Körpertemperatur werden alle Stoffwechselvorgänge des Organismus auf Hochtouren gebracht. Das Immunsystem ist in höchste Alarmbereitschaft versetzt und kann jetzt Krankheitserreger schnell bekämpfen. Auch unterstützt die hohe Temperatur die Abtötung von Bakterien, Viren und anderen Keimen, da sie ihre Vermehrung eindämmt.
Die gemessene Höhe des Fiebers ist nicht gleichzusetzen mit der Schwere der Erkrankung. Kinder fiebern häufig und oft hoch, weil ihr Abwehrsystem viele Umweltkeime erst noch kennenlernen muss.
Bei Babys ist die Ursache einer fieberhaften Erkrankung für Eltern anfänglich nur sehr schwer einzuschätzen. Bei einer rektal gemessenen Körpertemperatur über 38,5 °C sollten Sie mit Ihrem Baby unbedingt einen Kinderarzt aufzusuchen. Die normale Körpertemperatur liegt zwischen 36,5 und 37 °C. Bis 38 °C spricht man von erhöhter Temperatur, über 38 °C von Fieber. Temperaturen über 41 °C sind in der Tat lebensbedrohlich!

❓ Welches Fieberthermometer soll ich verwenden?

Die genauesten Ergebnisse können Sie mithilfe der rektalen Messung (siehe nächste Frage) mit einem guten Digitalthermometer ermitteln, das Sie in jeder Apotheke bekommen. Neu auf dem Markt ist das »sprechende« Digitalthermometer, das Ihnen zuverlässig die gemessene Körpertemperatur ansagt. Ohr- oder Stirnthermometer messen die Körpertemperatur Ihres kleinen Patienten dagegen nicht zuverlässig genug: Abweichungen von bis zu einem ganzen Grad sind damit nicht ungewöhnlich.

❓ Wie soll ich bei meinem Baby Fieber messen?

Die zuverlässigste Methode ist noch immer die Messung im Po, auch wenn sie bei den kleinen Patienten nicht gerade besonders beliebt ist. Bestreichen Sie die Spitze eines Digitalthermometers mit etwas Creme und messen 1 bis 2 Minuten in Rückenlage. Heben Sie hierbei mit einer Hand die Füßchen an den Sprunggelenken in die Höhe, mit der anderen Hand führen Sie das Thermometer in den After ein und stützen sich mit Ringfinger und kleinem Finger leicht am Po Ihres Kindes ab. Sollte sich Ihr Kind während des Messens abrupt bewegen, kann so das Thermometer nicht die Darmwand verletzen.

❓ Manchmal hat mein Kind bei Fieber kalte Händchen, und manchmal glüht es regelrecht. Wie kommt das?

Der Verlauf eines Fiebers lässt sich in drei verschiedene Stadien einteilen:

- Im Fieberanstieg hat Ihr Kind eine warme Stirn, sein Kopf fühlt sich heiß an. Der übrige Körper, insbesondere Hände und Füße, sind aber noch kühl. Vielleicht fröstelt oder friert Ihr Kind sogar. Das hängt damit zusammen, dass die Körpertemperatur im Inneren nicht mit der Temperatur an der Körperoberfläche übereinstimmt. Der Organismus versucht dann, den Unterschied durch Zittern und Gänsehaut auszugleichen. Halten Sie jetzt Ihr Baby warm.
- Im Fieberstau glühen die Wangen, Kopf und Körper fühlen sich einheitlich heiß an. Ihr Kind atmet vielleicht etwas schneller, sein Puls ist beschleunigt, und es fühlt sich krank. Jetzt möchte der Körper das Zuviel an Wärme abgeben. Um die Temperatur zu senken, machen Sie einen Pulswickel.
- Im Fieberabfall ist der Höhepunkt des Fiebers bereits überschritten. Je nach Konstitution des Kindes und je nach seiner Erkrankung kann das Fieber nun noch etwas andauern oder auch schnell abfallen. Ihr Kind schwitzt jetzt viel und ist sehr schläfrig.

TIPP

So können Sie Babys Körpertemperatur schonend senken: Sie befeuchten einen Waschlappen mit körperwarmem Wasser und reiben zügig Babys Unterarme ab. Die Haut sollte nur feucht sein. Trocknen Sie die Ärmchen anschließend nicht ab, weil die Verdunstung des Wassers einen kühlenden Effekt bewirkt. Wiederholen Sie die Waschung nach einer halben Stunde. Achten Sie auf jeden Fall darauf, dass Ihr Baby gut und ausreichend trinkt.

❓ Wie kann ich meinem Kind helfen, wenn es Fieber hat?

- Relativ zum Erwachsenen haben Kinder eine viel größere Körperoberfläche, über die sie bei Fieber verstärkt Flüssigkeit verlieren. Achten Sie darauf, dass Ihr Baby ausreichend versorgt ist – wenn nötig, wecken Sie es auf, um es trinken zu lassen. Legen Sie Ihr Stillkind öfter an oder geben Sie zusätzlich etwas Tee oder Wasser aus dem Becher beziehungsweise der Flasche.
- Kleiden und betten Sie Ihr Baby so, dass keine Stauungswärme entstehen kann.
- Fiebernde Kinder schlafen oft unruhig und atmen schneller. Bleiben Sie in der Nähe Ihres Babys und beobachten Sie es. Am besten schläft Ihr fieberndes Baby in der Nacht in Ihrer Nähe; dann können Sie auch Veränderungen in seinem Befinden sofort bemerken.

TIPP

Wichtiger als seine aktuelle Körpertemperatur ist das Verhalten Ihres Babys. Rufen Sie den Arzt, wenn sich Ihr Kind merkwürdig benimmt, völlig abwesend wirkt, Krämpfe oder eine chronische Krankheit hat oder Sie sich unsicher fühlen oder sich Sorgen machen.

❓ Kann ich schon meinem Baby Wadenwickel gegen Fieber anlegen?

Bis zum 6. Lebensmonat sind für Babys Pulswickel besser geeignet als Wadenwickel. Säuglinge reagieren nämlich auf rasche Temperaturwechsel sehr empfindlich und haben dabei oftmals Kreislaufprobleme. Pulswickel entziehen dem Körper auf schonende Weise Wärme, wirken fiebersenkend und kreislaufstabilisierend.

Und so wird es gemacht:
- Schaffen Sie zunächst eine behagliche Atmosphäre der Ruhe, zum Beispiel keine lärmenden Geschwister, kein Fernsehen, keine Radioberieselung, angenehm gedämpftes Licht, eine warme Decke.
- Legen Sie alle Materialien, die Sie benötigen, schon vorher in greifbare Nähe.
- Sie brauchen eine Schüssel mit lauwarmen Wasser, die Temperatur sollte bei 2 °C bis maximal 5 °C unter der gemessenen Körpertemperatur liegen.
- Als Innentuch nehmen Sie zwei Streifen aus dünnem Baumwollstoff, zum Beispiel aus einer alten Mullwindel, im Format 1 1/2 Zentimeter mal 15 Zentimeter. Als Außentücher verwenden Sie zwei Kindersöckchen mit abgeschnittenem Fußteil.
- Tränken Sie die Innentücher zur Hälfte in temperiertem Wasser und wringen sie aus. Beginnen Sie, mit dem feuchten Teil zuerst die Handgelenke Ihres Kindes straff (aber auf keinen Fall einschnürend!) zu umwickeln. Den trockenen Teil wickeln Sie einfach weiter und ziehen die abgeschnittene Socke darüber, das gibt den nötigen Halt.
- Nach etwa 10 Minuten entfernen Sie die Pulswickel und wiederholen das Ganze noch zweimal.
- Nach einer halben Stunde messen Sie bei Ihrem Kind die Temperatur (siehe Seite 188).
- Wenn nötig, kann der Wickel nach einer dreistündigen Pause nochmals wiederholt werden.

Verdauungsprobleme

❓ Der Stuhlgang meines Babys ist nach dem Stillen sehr flüssig und hat »Klümpchen«. Ist das Durchfall?

Ihrer Beschreibung nach handelt es sich um einen normalen Stillstuhl. Dieser ist flüssig bis breiig und enthält kleine helle Körnchen. Das »Farbspektrum« reicht beim Stillstuhl von senffarben bis grünlich. Dies bedeutet jedoch nicht, dass etwas nicht in Ordnung ist. Meistens riecht er leicht säuerlich. Häufig wird der Stuhl heftig donnernd entleert, meist während der Stillmahlzeit oder beim Windelwechsel. Wichtig ist, dass im Stuhl keine Beimengungen wie Blut oder Schaum enthalten sind, das Kind keine Schmerzen beim Stuhlgang hat (etwa bei sehr festem Stuhlgang) und der Stuhl nicht übel riecht. Ist dies der Fall, gehen Sie bitte zum Kinderarzt.

❓ Ist Durchfall bei Babys gefährlich?

Ein richtiger Durchfall ist beim Baby sofort behandlungsbedürftig, weil es dabei sehr rasch viel Flüssigkeit verlieren und in einen lebensbedrohlichen Zustand geraten kann. Ursache kann eine Nahrungsunverträglichkeit sein, meist handelt es sich aber um eine Infektion des Magen-Darm-Traktes. Außer einer sehr häufigen, meist übel riechenden, dünnflüssigen Stuhlentleerung in kurzen Abständen haben die kleinen Patienten dann oft Fieber. Weitere Alarmzeichen: Ihr Kind weigert sich zu trinken, seine Lippen und Mundhöhle sind trocken, es hat tief liegende Augen, oder seine Fontanelle ist eingefallen.

Ⓦ WICHTIG

> Nehmen Sie eine Falte am Bauch Ihres Kindes zwischen zwei Finger, heben sie kurz leicht an und lassen Sie dann wieder los: Bleibt die Falte stehen oder zeigt die Haut eine »Knitterfalte«, müssen Sie sofort zum Kinderarzt!

❓ Was kann der Grund für dauernde Verstopfung bei meinem Kind sein?

Wenn Ihr Kind sich häufig mit Verstopfung quält, kann es sich um eine Unverträglichkeit handeln. Versuchen Sie es mit einer Nahrung eines anderen Herstellers. Wenn dies nicht hilft, sollten Sie den Kinderarzt zu Rate ziehen.

> **WICHTIG**
>
> Der Rat, bei Verstopfung Milchzucker (Laktose) mit in die Babyflasche zu geben, ist nicht empfehlenswert. Heutige Fertigmilchen enthalten bereits eine an die Muttermilch angepasste Menge Milchzucker. Laktose hat unumstritten eine stuhlaufweichende Wirkung und führt dadurch zu einer besseren Fortbewegung der Stuhlmenge im Darm. Doch durch den hohen Druck und die starken Darmbewegungen kann Ihr Kind schmerzhafte Blähungen und einen dünnen Stuhlgang bekommen. Sogar Durchfälle werden dadurch ausgelöst. Verzichten Sie also Ihrem Kind zuliebe auf einen Milchzuckerzusatz.

❓ Mein Kind hat oft einen geblähten Bauch, krümmt sich und weint. Wie kann ich ihm helfen?

Blähungen und Bauchkrämpfe treten in den ersten Lebensmonaten noch sehr häufig auf, weil Babys Darm bei der Geburt noch nicht vollständig ausgereift ist. Bewährt hat sich in diesem Fall der Fliegergriff, bei dem Sie Ihr Kind bäuchlings auf Ihren Unterarm legen, sein Köpfchen gut abstützen und es leicht wippend umhertragen.

Ihr Baby kann sein Gefühl ja nur durch Weinen und Schreien ausdrücken. Das kann auf die Dauer schon sehr kräftezehrend für Sie sein. Wechseln Sie sich mit Ihrem Partner beim Herumtragen ab, und ruhen Sie sich zwischendurch immer wieder ein bisschen aus.

Auch eine Überforderung durch einen aufregenden, unrhythmischen Tag kann bei einem Baby quälendes Bauchweh hervorrufen. Sorgen Sie für ausreichend warme Kleidung, das unterstützt die Verdauungstätigkeit. Ein kleines, auf der Heizung angewärmtes Dinkelspelzkissen, das Sie Ihrem Kind zwischen Hemd und Unterhemdchen stecken, ist ebenfalls sehr hilfreich und angenehm für Ihr Kind. Linderung bringt auch ein moorhaltiges Gelkissen.

Zwei bis drei Teelöffel ungesüßter Anis-Fenchel-Kümmel-Tee vor den Mahlzeiten schafft ebenso wie eine sanfte Baucheinreibung mit einigen Tropfen Sesamöl Linderung.

TIPP

Wenn Sie stillen, sollten Sie selbst mehrfach über den Tag verteilt einige Kümmel- oder Fenchelsamen kauen, denn die darin enthaltenen Wirkstoffe geben Sie über die Muttermilch an Ihr Kind weiter.

Bekommt Ihr Baby die Flasche, rühren Sie bei Empfindlichkeiten das Milchpulver besser in einem Topf ins heiße Wasser ein anstatt die Flasche zu schütteln. Sonst bilden sich zu viele Luftblasen in der Flüssigkeit, die dem kleinen Bäuchlein zu schaffen machen.

Kann ich auch eine Bäuchleinmassage bei meinem Baby machen?

Im akuten Fall sollten Sie die angespannte und schmerzende Bauchdecke Ihres kleinen Patienten nicht zusätzlich berühren. Sanfte Wärme zum Beispiel mit einem Kirschkern-, Dinkelspelz- oder Moorgelkissen am Bäuchlein und viel Ruhe sind jetzt heilsamer.

Wenn Ihr Kind häufig unter Verdauungsproblemen leidet, massieren Sie es besser zwischendurch, zum Beispiel beim Wickeln oder nach dem Baden.

❓ Mein Baby hat zweimal hintereinander die ganze Mahlzeit wieder erbrochen. Was soll ich tun?

Die meisten Säuglinge spucken, wenn sie sich »überfuttert« haben, das Bäuerchen noch klemmt, der Bauch zwickt, sie Zähne oder einen Schnupfen bekommen. Und auch wenn sie zu viel Aufregung hatten, weil alle lieben Omas, Opas, Onkel und Tanten sie zur Begutachtung auf den Schoß nehmen wollten. In Ruhe und im warmen Bettchen gibt sich das nach einer sanften Baucheinreibung, zum Beispiel mit einem verdünnten Melissenöl, meist von ganz allein wieder.
Stärkeres Erbrechen ist bei Säuglingen unbedingt ernst zu nehmen, weil sie sehr schnell austrocknen können.

❓ Unser Baby spuckt nach jedem Trinken. Ist das normal?

Es ist möglich, dass bei Ihrem Kind der Muskel, der normalerweise den Mageneingang verschließt, der sogenannte Magenpförtner, nicht richtig funktioniert (siehe auch Seite 70). Dann erbricht es oft und im Schwall, vielleicht sogar während des Trinkens. Die Behandlung dieser Erkrankung gehört unbedingt in die Hand des Arztes.

Zähne und Zahnen

❓ Mein Kind steckt sich immer die Faust in den Mund. Wissen Sie, warum?

Lange bevor sie sichtbar werden, spüren Babys schon das Einschießen ihrer Zähnchen. Die Fäustchen steckt Ihr kleiner »Nager« in den Mund, weil es schmerzlindernd ist, auf etwas herumzubeißen. Manchmal stecken sich die Kinder die Faust sogar so weit in den Mund, dass sie würgen müssen. Bis die ersten Zähnchen sichtbar werden, kann es trotzdem noch eine Weile dauern. In seltenen Fällen können die Kleinen aber auch von einem Mundsoor (siehe Seite 186) geplagt sein.

❓ Gibt es wirksame Hilfen gegen die Zahnungsschmerzen?

Vielen Kindern hilft das Beißen auf einem gekühlten Beißring, einem Esslöffel oder auf einer Veilchenwurzel (Apotheke). Achten Sie darauf, dass der Beißring keine Weichmacher enthält, und kühlen Sie ihn nur im Kühlschrank, nicht im Eisfach! Beim Zahnen ist das kindliche Immunsystem ohnehin schon sehr belastet. Ein zusätzlicher Kälteschock könnte eine Erkältung mit anschließender Ohren- oder Halsentzündung zur Folge haben.

Tagsüber lassen sich zahnende Kinder oft gut von ihren Schmerzen ablenken, bei Nacht ist das schon schwieriger. In der Apotheke bekommen Sie homöopathische Mittel für den Akutfall und schmerzlindernde Tinkturen, die Sie abends auf das Zahnfleisch aufpinseln können.

Mit einem speichelfesten Fingerling aus weicher Mikrofaser, die Bakterien bindet und ganz ohne chemische Zusätze Beläge entfernt, gewöhnen Sie Ihr Baby schon vor dem Durchbrechen der Zähne spielerisch an die Zahnpflege.

Zahnende Kinder genießen die Massage mit einer Zahnputz-Lernbürste, die statt Borsten kleine Noppen hat und bei der Gewöhnung an die Zahnbürste hilft. Sobald die ersten Mausezähnchen da sind, sollten sie mindestens zweimal täglich mit einem Wattestäbchen oder einem weichen Läppchen geputzt werden. Zahnpasta ist in der ersten Zeit allerdings noch nicht notwendig (siehe Seite 165).

ⓦ WICHTIG

Lassen Sie Ihr Kind nicht ständig an der Flasche nuckeln, das ständige Umspülen der Zähne auch mit zuckerfreien Flüssigkeiten schadet dem Zahnschmelz. Außerdem sollten Sie darauf achten, dass Sie nichts in den Mund nehmen, das Sie anschließend Ihrem Baby in den Mund stecken wollen: Damit würden Sie möglicherweise Karieserreger Ihrer Mundflora auf die Ihres Kindes übertragen.

❓ Meine Tochter sabbert gerade entsetzlich! Was kann ich dagegen tun?

Das »Sabbern« hängt vermutlich mit der erhöhten Speichelproduktion und dem ständigen Kauen beim Zahnen zusammen. Meistens kommt dann ein Schneidezahn aus der unteren Reihe. Durch die gesteigerte Speichelmenge werden Keime in der Mundhöhle rascher ausgeschwemmt und das empfindliche Zahnfleisch so vor einer Entzündung geschützt. Außerdem stellt sich der Organismus Ihres Babys parallel zum Zähnekriegen auf festere Nahrung ein. Und um diese verdauen zu können, braucht es mehr Speichel.

Binden Sie Ihrem Kind eine Weile tagsüber ein kleines Halstuch aus weicher Baumwolle um. Das Tuch können Sie einfach wechseln, wenn es nass ist, und der Pulli bleibt trocken.

💡 TIPP

Im Verlauf seiner Entwicklung lernen Sie die Krankheitssymptome Ihres Sprösslings einzuschätzen. Sie können etwa beobachten, dass den meisten Erkrankungen mehr oder weniger ausgeprägte Quengelphasen vorausgehen: Ihr Kind ist unleidlich, unruhig, mit nichts zufrieden. Versuchen Sie gar nicht, es mit immer neuen Anreizen zu besserer Laune zu bewegen. Ihr Kind braucht jetzt Ruhe und Ihre Ausgeglichenheit, denn manche Krankheit muss erst einmal »ausgebrütet« werden.

Wenn Ihr Kind nach einem Sturz weint und stöhnt, nehmen Sie es ernst und sprechen Sie ihm nicht seine Empfindungen und Gefühle mit einem »Das ist doch nicht so schlimm!« ab. Trösten Sie es, indem Sie es bestätigen und von eigenen Erfahrungen erzählen. Schmerzerfahrungen sind für Ihr Kind wichtig, denn sie wirken sich auf seinen späteren Umgang mit den eigenen und den Schmerzen anderer aus. Nach einer bewältigten Erkrankung ist es um die Erfahrung reicher, auch unangenehme und schmerzvolle Zeiten aus eigener Kraft überstehen zu können.

Vorbeugen ist besser als Heilen

❓ Wie lassen sich Unfälle vermeiden?

Versuchen Sie der Entwicklung Ihres Kindes immer einen Schritt voraus zu sein. Auch wenn Sie mögliche Gefahrenquellen nicht völlig beseitigen können, lassen sie sich im Vorfeld doch meistens entschärfen. Ihr Kind braucht allerdings auch eine klare und eindeutige Anleitung für sein Verhalten. Sie müssen also lernen, Ihr Kind altersgemäß richtig einzuschätzen und ihm auch Grenzen zu setzen – denn sobald Ihr Baby beispielsweise greifen kann, wird es auch nach der heißen Teetasse »grapschen«, wenn diese in Reichweite steht. Krabbler haben einen gewissen Radius, in dem sie sich bewegen können. Sorgen Sie jetzt für eine ungefährliche »Fußboden-Etage«. Sobald Ihr Kind stehen kann, sind auch höher liegende Sachen interessant. Räumen Sie alles weg, was ihm schaden könnte – und ebenso die Dinge, die Sie vor der Entdeckerfreude Ihres Kindes bewahren möchten.

Für seine seelische und motorische Entwicklung ist es wichtig, dass Sie Ihrem kleinen Wirbelwind nicht alles verbieten. Räumen Sie ungefährliche Plastikbehälter in die untere Küchenschublade, dann kann das Baby damit spielen, ohne Schaden anzurichten.

Sichern Sie Schranktüren, Fenster, Steckdosen Treppen und Schubladen mit Kindersicherungen. Das Baby kann sich nicht verletzen, und Sie können gefährliche Gegenstände sicher verwahren. Achten Sie auch im Garten auf Gefahrenquellen wie Gartenteich, giftige Pflanzenteile oder herumliegende Werkzeuge. In vielen Städten werden an Volkshochschulen oder Familienbildungsstätten Kurse zur Vermeidung von Unfällen und spezielle Kinder-Erste-Hilfe-Kurse angeboten, denn auch bei den Soforthilfe-Maßnahmen sind Kinder nun mal keine kleinen Erwachsenen, sondern benötigen eine besondere Behandlung. Adressen finden Sie im Anhang auf Seite 244 f. Mehr zum Thema Kindersicherheit im Haushalt lesen Sie außerdem ab Seite 38.

❓ Wir haben eine Katze und einen Hund. Müssen wir die Tiere jetzt abschaffen?

Nein, das müssen Sie keineswegs. Lassen Sie Ihre tierischen Mitbewohner jedoch regelmäßig vom Tierarzt untersuchen und vor allem vierteljährlich entwurmen. Wenn zusätzlich bei den Vierbeinern Flöhe und andere mögliche Parasiten erfolgreich bekämpft werden, kann von einem Haustier kaum eine infektiöse Gefahr ausgehen – alltägliche Vorsichtsmaßnahmen, wie regelmäßiges Händewaschen vorausgesetzt.

Katzen haben es bekanntermaßen gern gemütlich. Bringen Sie deshalb ein Netz am Kinderbett an, das Ihre Katze daran hindert, hineinzuspringen – denn das wird sie garantiert versuchen. Bringen Sie Ihrem Hund bei, dass er das Baby nicht abschlecken darf, vor allem nicht im Gesicht. Passiert es doch einmal, reicht es, wenn Sie Ihrem Kind danach das Gesicht mit einem warmen, feuchten Waschlappen abwaschen. Millionen von Kindern haben sich von ihrem vierbeinigen Freund solche Liebkosungen gefallen lassen. Sie sind heute bei bester Gesundheit und fühlen sich »pudelwohl«.

Das Katzenklo allerdings sollte für Ihr Krabbelbaby stets unerreichbar sein, da sich darin Erreger vermehren können, die für ein kleines Kind gefährlich sind.

🛈 TIPP

Auch wenn Ihre ganze Aufmerksamkeit jetzt zunächst Ihrem Baby gilt: Vernachlässigen Sie Ihr Haustier bitte nicht. Planen Sie auch Schmuse- und Spielzeiten für Ihr Tier ein! Geben Sie ihm das Gefühl, noch immer ein wichtiger Teil der Familie zu sein – dann gibt es auch keine Eifersuchtsszenen zwischen Haustier und Baby.

Lassen Sie Hund und Katze niemals allein mit dem Baby, auch wenn es bisher keine Probleme bei der Annäherung gegeben hat. Nicht immer ist es vom Tier böse gemeint, wenn es zu einem Unfall kommt! Meist will es einfach nur spielen und ist dabei zu ungestüm.

❓ Was kann man vorbeugend bei Allergiegefährdung tun?

Für das allergiegefährdete Baby (siehe Seite 88) ist es wichtig, äußere Einflüsse, die in der Summe sein noch unreifes Immunsystem überlasten könnten, gering zu halten. Dazu gehören Klimaeinflüsse, Medikamente, Toxine und Stress, aber auch irritative Stoffe und Allergene, wie Duft-, Farb- und Konservierungsmittel in Putz- und Waschmitteln, Körperpflegemitteln und Textilien. Außerdem gefährlich sind Tierhaare, Hausstaub(milben), Schimmelpilze, Pollen, Nickel und zahlreiche Lebensmittel.

Für Ihren Alltag mit Baby bedeutet das:

- Stillen Sie Ihr Baby, wenn irgend möglich, mindestens sechs Monate lang voll. Geben Sie im ersten halben Jahr keinerlei Beikost und füttern Sie auf keinen Fall kuhmilch- oder sojahaltige Säuglingsnahrung zu.
- Pflegeprodukte sollten dermatologisch getestet sein und nur wenige, hochwertige natürliche Inhaltsstoffe aufweisen. Auf parfümierte Produkte verzichten Sie bitte vorerst, auch wenn sie verführerisch riechen. Dazu zählen auch natürliche Duftstoffe wie ätherische Öle.
- Wichtig ist auch, dass Sie die Pflegeprodukte nicht ständig wechseln. Denn dadurch entstehen viel eher Hautirritationen oder sogar Allergien.
- Verwenden Sie ungebleichte Windeln.
- Bevorzugen Sie für die Kleidung Ihres Kindes geprüfte Naturmaterialien.
- Schaffen Sie keine fell- oder federtragenden Haustiere neu an.
- Vorhänge und Teppichboden sind im Kinderzimmer eines allergiegefährdeten Säuglings erst einmal tabu, da sich darin der Staub fängt.
- Frische Luft hingegen ist ein Muss: Lüften Sie häufig und gründlich, um so ein Wachstum von Schimmelpilzen zu vermeiden.

Mehr zum Thema Allergiegefährdung lesen Sie ab Seite 86 und auf Seite 175.

❓ Lässt sich vorbeugend irgendetwas gegen den Plötzlichen Kindstod tun?

Da die Ursachen dieses tragischen Ereignisses nach wie vor nicht vollständig bekannt sind, gibt es leider auch keine Rezepte, mit denen es sich garantiert vermeiden ließe. Nach heutigem Kenntnisstand bieten folgende Maßnahmen jedoch eine bestmögliche Vorbeugung:

- In der Umgebung eines Kindes wird grundsätzlich nicht geraucht. Rauchen ist der wichtigste vermeidbare Risikofaktor für den Plötzlichen Kindstod! Dies gilt bereits schon für das Ungeborene im Mutterleib.
- Das Baby schläft nachts im eigenen Bettchen im Schlafzimmer der Eltern.
- Zum Schlafen liegt es in einem Schlafsack auf dem Rücken – auch wenn es mit im Elternbett schläft.
- Die Raumtemperatur beträgt zum Schlafen 18–22 °C. Babys Händchen dürfen kühl sein, die Füße sollen jedoch warm sein (siehe Seite 109).
- Im Bett beziehungsweise in Babys greifbarer Nähe befinden sich keine Decken, Kissen, Kuscheltiere oder Felle, das Baby könnte sonst ersticken.
- Matratze, Kleidung und Schlafsack sind atmungsaktiv, sodass keine Stauungswärme entsteht. Ebenso sind sie frei von Schadstoffen, die ausgasen können.
- Wenn Ihr Baby einen Schnuller hat, sollte es diesen auch zum Schlafen benutzen dürfen.

❓ Was muss ich beachten, wenn mein Kind krank geworden ist?

Versuchen Sie, die Bedürfnisse Ihres Kindes zu erkennen und darauf einzugehen. Viele Babys sind in Krankheitszeiten quengelig und unzufrieden, weinen viel und wollen ständig herumgetragen werden. Andere hingegen brauchen eher Zeit für sich allein und erholen sich besser in der Stille des Zimmers als auf Mamas Arm.

Bleiben Sie trotzdem in der Nähe Ihres Kindes, beobachten Sie den kleinen Patienten und lassen Sie ihn spüren, dass Sie für ihn da sind. Scheuen Sie sich nicht, bei Unsicherheiten Ihren Kinderarzt um Rat zu fragen, oft geht dies fürs Erste auch telefonisch.

Mit einem kranken Baby benötigen Sie noch ein wenig mehr Geduld als sonst. Wenn es möglich ist, nehmen Sie sich nichts anderes vor. Lassen Sie sich selbst von Freunden, Bekannten oder Ihrer Familie unterstützen.

Sorgen Sie auch für eigene Auszeiten. Trotz aller Sorge ums Kind tut es Ihnen gut, wenigstens eine Stunde am Tag auch einmal etwas anderes zu tun oder mit einem Erwachsenen über andere Themen zu sprechen.

❓ Mein Baby muss zu einer Operation ins Krankenhaus. Wie kann ich ihm während des Klinikaufenthalts helfen?

Gehen Sie möglichst zusammen mit Ihrem Kind ins Krankenhaus – das ist das Beste, um ihm in der ungewohnten Situation Sicherheit und Geborgenheit zu vermitteln. Sorgen Sie für Vertrautes: Nehmen Sie eigene Bettwäsche und ein paar bekannte Spielsachen mit, mit denen Ihr Baby sich gerne beschäftigt. Solange Sie noch stillen, ist es unbedingt nötig, dass Sie mit in die Klinik aufgenommen werden.

Bekommt Ihr Baby eine Infusion, fragen Sie nach einer Verlängerung der Infusionsschläuche, um mehr Bewegungsfreiheit beim Stillen zu haben. Bitten Sie darum, nach Möglichkeit vor einer medizinischen Behandlung noch einmal stillen zu können, während der Behandlung bei Ihrem Kind bleiben zu können und es unmittelbar danach wieder zu stillen. Das wird je nach Eingriff zwar nicht immer möglich sein, aber einen Versuch ist es wert.

Informieren Sie sich über die Kinderkrankenhäuser beziehungsweise Kliniken mit Kinderabteilung vor Ort, damit Sie im Notfall wissen, wo Sie hin müssen.

❓ Was gehört alles in eine ordentlich ausgestattete Hausapotheke für mein Baby?

Welche Medikamente Sie Ihrem Baby im Bedarfsfall verabreichen können oder wollen, besprechen Sie am besten mit Ihrem Kinderarzt beziehungsweise Heilpraktiker.

Abgesehen davon gehören in die Kinderapotheke für die Kleinsten auf jeden Fall folgende Dinge, die Sie immer im Haus haben sollten:

- ein Nasensekretabsauger zur schonenden Reinigung von Babys Nase bei Schnupfen,
- physiologische Kochsalzlösung als Nasentropfen (sterile Einzeldosen),
- eine zinkoxyd- oder panthenolhaltige Wundsalbe und eine Fettcreme,
- eine Kinder-Nagelschere mit abgerundeten Klingen,
- ein digitales Fieberthermometer,
- ein Apothekenfläschchen Alkohol zur Reinigung des Thermometers vor und nach der Benutzung,
- Pflaster in verschiedenen Größen,
- sterile Mullkompressen und Mullbinden,
- eine Splitterpinzette,
- eine Kalt-warm-Kompresse,
- Fencheltee,
- Fieberzäpfchen (allopathisch oder homöopathisch),
- Dauermedikamente wenn Ihr Kind eine chronische Erkrankung hat, gegen die es regelmäßig oder in bestimmten Notfällen diese Medikamente braucht.

ⓦ WICHTIG

Befestigen Sie einen Zettel mit Notrufnummern (Kinderarzt, Notarztzentrale und Giftnotruf) im Inneren Ihrer Hausapotheke und in Ihrem Telefonverzeichnis. Speichern Sie die wichtigsten Nummern außerdem im Nummernspeicher Ihres Mobiltelefons ab. So haben Sie sie auch im Notfall sofort griffbereit.

❓ Wie gebe ich meinem Baby die nötigen Medikamente richtig?

Geben Sie Ihrem Kind nur dann ein Medikament, wenn dies unvermeidlich ist. Der Organismus Ihres Kindes sollte, wenn möglich, Infektionen selbst bekämpfen und dadurch seine wichtigen Abwehrkräfte aufbauen.

Falls Sie auf Anraten Ihres Arztes oder Heilpraktikers doch einmal zu einem Arzneimittel greifen müssen, halten Sie sich bitte unbedingt an die im Beipackzettel für Babys vorgeschriebene Dosiermenge und -häufigkeit.

- Flüssigkeiten geben Sie am besten tropfenweise auf einem Babylöffelchen. Bekommt Ihr Kind zu viel davon auf einmal eingeflößt, kann es sich verschlucken und durch Prusten und Husten alles wieder ausspucken.
- Tabletten zerkleinern Sie am besten und vermischen die Krümel mit etwas Muttermilch oder Flaschennahrung. Legen Sie Ihr Kind gleich nach der Medikamentengabe an oder bieten ihm etwas Tee an, dann wird es eine spätere Einnahme leichter tolerieren.
- Homöopathische Globuli sind auch bei Babys sehr beliebt, weil sie süß schmecken. Bei Säuglingen unter einem Jahr lösen Sie die Globuli auf einem Plastiklöffel mit Muttermilch oder Wasser auf, damit die Kügelchen nicht eingeatmet werden können. Halten Sie die Kügelchen nicht in der Hand, da der homöopathische Wirkstoff bei der Herstellung meistens nur auf die Oberfläche aufgesprüht wird. Verabreichen Sie die Arznei am besten mit einem kleinen Abstand vor der nächsten Mahlzeit.
- Ohren-, Augen- und Nasentropfen wärmen Sie in einem Wasserbad kurz auf Körpertemperatur an, bevor Sie Ihr Kind damit behandeln. Beachten Sie das Verbrauchsdatum und entsorgen Sie mögliche Reste gleich nach dem überstandenen Infekt.
- Zäpfchen sind der Schrecken vieler kranker Kinder. Sie gleiten viel leichter in den After, wenn sie vorher mit einer kleinen Portion Fettcreme bestrichen werden.

Mit Baby unterwegs

Als frischgebackene Eltern erleben Sie sicherlich, dass mit dem Nachwuchs auch Ihr Erholungsbedarf wächst. Durchwachte Nächte, die aufregende und manchmal anstrengende Zeit mit dem Baby lassen den Wunsch entstehen, einmal eine Auszeit zu nehmen. Im Alltag dreht sich meist alles um die Familie und das Kind. Irgendwann erwacht in der Babyzeit bei vielen Eltern der Wunsch, einmal »rauszukommen« und etwas zu erleben – oder einfach nur befreit von Alltagssorgen gemeinsam fünfe gerade sein zu lassen.

Doch die Planung einer Reise mit Baby ähnelt oftmals der Organisation eines Umzugs. Vieles ist zu beachten, damit es dem Kind am ungewohnten und fernen Ort an nichts mangelt und Sie selbst Ihren Urlaub auch wirklich genießen können. Beschäftigen Sie sich deshalb bereits frühzeitig und ausgiebig mit der Reiseplanung.

Schauen Sie sich auch die Angebote der Reiseveranstalter an: Ist die Unterbringung babygerecht? Werden die Sicherheitsstandards erfüllt? Gibt es die Möglichkeit der Kinderbetreuung? Ist die Atmosphäre familienfreundlich? Finden Sie am Urlaubsort alles vor, was Sie benötigen? Und: Ist das alles auch noch bezahlbar?

Ihrem Sprössling ist es übrigens zunächst noch ziemlich egal, wo Sie den gemeinsamen Urlaub verbringen – Hauptsache, Mama und Papa haben viel Zeit zum Spielen und Schmusen! Es muss auch nicht immer Urlaub im Hochsommer sein – wer die Vor- und Nachsaison nutzt, tut sich und seinem Kind gleich mehrfach etwas Gutes: angenehme, gemäßigte Temperaturen, weniger Menschenmassen und Verkehr, moderate Preise. Nutzen Sie also die Gelegenheit, solange Sie noch außerhalb der Schulferienzeiten Urlaub machen können – schon bald wird das für lange Zeit nicht mehr möglich sein!

❓ Ab wann und wie können wir unser Baby auf unsere Radausflüge mitnehmen?

Ihr Kind sollte auf jeden Fall bereits selbstständig stabil sitzen können. Abhängig vom Gewicht des Kindes haben Sie die Wahl: Entweder setzen Sie Ihren Nachwuchs in einen speziellen Fahrradkindersitz, der sich vor dem Lenker oder zwischen Lenkstange und Fahrer montieren lässt und bis zu 15 Kilogramm tragen kann. Oder Sie greifen auf die sichereren Sitze für den Gepäckträger zurück, die bis zu einem Körpergewicht von 25 Kilogramm geeignet sind.

Suchen Sie einen Kindersitz aus, dessen Rückenlehne sich in der Neigung verstellen lässt, falls Ihr Kind unterwegs eine kleine Schlafpause einlegt. Ein Muss: Hosenträgergurte zum Anschnallen und gute, sichere Fußstützen. Wichtig ist, dass der Sitz TÜV-geprüft ist. Auch beim Transport im Kinderfahrradsitz ist ein Helm sinnvoll. So lernt Ihr Kind von Anfang an, dass zum Radfahren ein Helm gehört.

🅣 TIPP

Wenn Sie viel unterwegs sind, ist ein Radanhänger eine geeignete Alternative. Diese sind schon für wenige Monate alte Babys geeignet, müssen dann aber mit einer speziellen Schale ausgestattet sein. Lassen Sie sich in einem Fahrradladen kompetent beraten.

❓ Wir würden gerne mit der Bahn in Urlaub fahren. Ist das mit Baby machbar?

Zugfahren ist entspannend für die ganze Familie: Keine Staus, beide Elternteile haben Zeit für den Nachwuchs, und in der Regel erreicht man das Urlaubsziel recht flott. Zudem hat man mehr Bewegungsfreiheit als im Auto oder Flugzeug. Kinder unter fünf Jahren reisen kostenlos, und Sie können Ihr Gepäck schon vorher aufgeben.

- Verpflegung, Babynahrung, ggf. Schnuller
- ausreichend Windeln
- (feuchte) Tücher
- eine leichte Decke
- Spielzeug
- Sonnencreme – speziell für Kinder, mindestens LSF 30
- Sonnenbrillen
- Fotoapparat
- Sprachführer

Bei Flugreisen gelten für das Handgepäck besondere Regeln.
Flüssigkeiten dürfen nur begrenzt ins Handgepäck:
- Einzelbehältnisse für Flüssigkeiten dürfen ein Fassungsvermögen von 100 Millilitern oder einer gleichwertigen ausländischen Maßeinheit nicht überschreiten.
- Sämtliche Einzelbehältnisse müssen in einem durchsichtigen, wiederverschließbaren Plastikbeutel mit einem Fassungsvermögen von maximal einem Liter zusammen transportiert werden.
- Alle Behälter müssen leicht in den Plastikbeutel passen und dieser muss komplett geschlossen sein.
- Zu den Flüssigkeiten zählen auch Gels, Pasten, Lotionen, Mischungen von Flüssigkeiten und Feststoffen sowie der Inhalt von Druckbehältern: Zahnpasta, Haargel, Getränke, Suppen, Sirup, Parfüm, Rasierschaum, Aerosole und andere Artikel mit ähnlicher Konsistenz – all das gilt als Flüssigkeit.
- Ausnahmen sind Babynahrung sowie Flüssigkeiten für medizinische oder diätetische Zwecke.

Falls nötig, sollten Sie die Authentizität einer Flüssigkeit nachweisen können. Nehmen Sie also alles möglichst im Originalbehältnis mit. Wenn Ihr Baby zwischen Sicherheitskontrolle und Boarding hungrig wird, fragen Sie an einem der kleinen Shops im Duty-free-Bereich nach heißem Wasser.

Bei längeren Autofahrten legen Sie die Reiseroute vorher fest und suchen Sie alle zwei Stunden einen kinderfreundlichen Rastplatz auf. Nehmen Sie Ihr Baby dann aus der Babyschale und lassen Sie es sich ausgiebig strecken und bewegen, wickeln und stillen oder füttern Sie es.

Wenn Ihr Kind beim Autofahren gut und gerne schläft, ist es natürlich optimal, die Reisezeit in die Nachtstunden zu legen. Sind Sie tagsüber unterwegs, sorgen Sie für ausreichenden Schutz vor direkter Sonneneinstrahlung, Zugluft und Hitze. Überprüfen Sie regelmäßig, ob Ihr Baby schwitzt oder friert, und passen Sie seine Kleidung den Temperaturen entsprechend an. Sollte Ihr Kind ungeduldig werden oder etwas haben wollen, drehen Sie sich als Fahrer bitte während der Fahrt nicht zu ihm um, sondern halten Sie dazu unbedingt an. Und lassen Sie bitte Ihr Kind niemals allein im Auto.

TIPP

Das gehört bei längeren Reisen ins Handgepäck:

- gültige Dokumente (überprüfen Sie die Gültigkeit schon einige Wochen vor Ihrem Urlaub – das Ausstellen eines neuen Dokuments in der Behörde dauert seine Zeit): Personalausweise, Kinderausweise, falls erforderlich Reisepässe und Visa; Impfpässe.
- Bargeld in der Landeswährung, Reiseschecks, gültige Scheck- oder Kreditkarte
- Flug- oder Bahntickets
- Führerschein
- grüne Versicherungskarte
- Hotel-, Flug- und sonstige Reisebestätigungen und -informationen
- wichtige, regelmäßig einzunehmende Medikamente
- Arzneimittel gegen Reisekrankheit
- Krankenversicherungsschein
- Handy, Telefonkarte, Kleingeld zum Telefonieren
- Kontakt- und Notrufnummern

Reiseziel und Anreise

❓ Welche Reiseziele sind für einen Urlaub mit Baby zu empfehlen?

Verbringen Sie Ihre erste Familienreise am besten an der Ostsee, im Mittelgebirge oder in den Niederlanden. Wenn es etwas weiter in Richtung Süden gehen soll, empfehlen sich die Balearen, die Kanarischen Inseln oder Griechenland. Oder Sie legen den Urlaub aufs Frühjahr, wenn es auch in südlichen Ländern wie Italien noch nicht so heiß ist. Erkundigen Sie sich zuvor nach den typischen Temperaturen an Ihrem Traumziel. Denken Sie daran, dass die Reise auch für Sie nicht zu beschwerlich werden sollte!

Fernreisen sind aufgrund der langen Anreise für Babys nicht empfehlenswert. Auch von Reisen in tropische Länder ist abzuraten, denn die extreme Hitze und Luftfeuchtigkeit belasten den kleinen Organismus zu sehr. Bei Reisen in exotische Länder sind oftmals spezielle Impfungen nötig, die für Babys noch nicht vorgesehen oder sogar gesundheitsschädlich sind. Zudem sind die Hygienebedingungen und die medizinische Versorgung in vielen dieser Ländern unzureichend, und dann wird eine Erkrankung schnell zum ernsten Problem.

❓ Worauf müssen wir achten, wenn wir mit dem Auto in Urlaub fahren?

Es versteht sich von selbst, dass Sie Ihren Nachwuchs in einer passenden und sicher montierten Babyschale anschnallen. Zwar darf Ihr kleiner Beifahrer auf dem Vordersitz mitfahren, allerdings nur mit dem Rücken zur Fahrtrichtung und – falls vorhanden – ausgeschaltetem Beifahrerairbag. Die Luftkissen, die für Erwachsene entwickelt wurden, blasen sich mit einer solchen Wucht auf, dass sie ein Kind auf dem Beifahrersitz erschlagen oder ersticken könnten. Wiegt Ihr Kind über 15 Kilogramm, fährt es im passenden Kindersitz mit dem Gesicht zur Fahrtrichtung auf dem Rücksitz mit.

Reservieren Sie frühzeitig eines der begehrten Familienabteile (nur im ICE und leider nur eines pro Zug!). Dort sind Sie für sich, haben viel Platz und einen Wickeltisch, Spielmöglichkeiten und auch eine Steckdose. Gläschen wärmt das Servicepersonal gerne im Bord-Bistro auf. Nehmen Sie für sich und Ihr Baby warme Kleidung und eine leichte Decke im Handgepäck mit, denn in Zügen ist es oft kühl.

❓ Worauf müssen wir beim Fliegen mit unserem Baby achten?

Je kürzer die Flugdauer, desto weniger Stress. Zu schaffen macht allen Babys der Druckausgleich. Bei Start und Landung empfiehlt es sich daher, das Kind zu stillen oder das Fläschchen beziehungsweise den Schnuller zu geben. Das Saugen hilft, den Druck in den Ohren auszugleichen.
Packen Sie ausreichend warme Kleidung ein, Decken und Kissen erhalten Sie beim Bordpersonal. Außerdem gehören ins Handgepäck: feuchte Waschlappen, Windeln, etwas zu essen und zu trinken sowie Babys Lieblingsspielzeug.
Fast alle Fluggesellschaften halten Ihnen bei einer Reise mit Baby einen Platz in der ersten Reihe frei – weisen Sie bei der Reservierung darauf hin! Bei manchen können Sie auch ein Babybett anfordern, das an der Kabinenwand befestigt wird. Der Kinderwagen darf meist bis aufs Rollfeld mitgenommen werden. Beim Einsteigen kommt er in den Gepäckraum und steht nach der Landung wieder bereit.

WICHTIG

Verzichten Sie auf einen Flug, wenn Ihr Baby an einer Mittelohr- oder Nasennebenhöhlenentzündung erkrankt ist. Bei Schnupfen helfen abschwellende Nasentropfen, den Druckausgleich besser zu verarbeiten. Die Tropfen sollten jeweils eine halbe Stunde vor dem Abflug beziehungsweise der Landung in das Näschen geträufelt werden.

❓ Kann ich mein Baby in den Skiurlaub mitnehmen?

Auch wenn man ab und zu Eltern sieht, die ihr Kind beim Skifahren in einer Kraxe befördern: Ein Baby gehört wegen der großen Unfallgefahr nicht auf die Piste. Außerdem kühlt ein so junges Kind viel zu schnell aus.

Jenseits der Piste kann Ihr Baby den Winterurlaub genießen, wenn es im Kinderwagen oder Buggy mit einem Lammfellsack und warmer Kleidung (Wärmflasche, Handschuhe und eine warme Mütze) »winterfest« gemacht wird.

Seine zarte Gesichtshaut braucht bei Minusgraden einen speziellen Kälteschutz. Ideal ist eine wasserlose Fettcreme, denn enthaltenes Wasser könnte auf der Haut gefrieren und sie schädigen. Auch ein UV-Schutz, vor allem für Gesicht und Lippen, ist im Gebirge unerlässlich. Tragen Sie diesen am besten über der Fettcreme auf, auch dann, wenn Ihr Kind durch das Kinderwagenverdeck vor direkter Sonne geschützt ist. Ganz wichtig: Lassen Sie Ihr Kind genügend trinken, denn in der Höhenluft verliert es über die Haut sehr viel Flüssigkeit.

❓ Wir möchten einen Bergwanderurlaub mit unserem Baby machen. Geht das?

Wenn Ihr Baby gesund ist, darf es bedenkenlos bis auf 2.500 Höhenmeter reisen. Mehr sollte es jedoch nicht sein, denn mit steigender Höhe nimmt der Luftdruck ab, und Babys Gehirn wird nicht mehr optimal mit Sauerstoff versorgt. Stellen Sie sich bei einem Urlaub in höheren Gefilden immer darauf ein, dass Ihr Kind in den ersten Tagen vielleicht häufiger quengelt, schlechter schläft oder weniger Appetit hat: Es muss sich erst einmal akklimatisieren und an die neuen Gegebenheiten gewöhnen.

Je weiter oben Sie sich aufhalten, desto vorsichtiger müssen Sie mit der Sonneneinwirkung sein. Außerdem ist der Flüssigkeitsbedarf erhöht, achten Sie also konsequent darauf, dass Ihr Kind häufig und regelmäßig trinkt.

Wenn Sie Ihr Kind beim Wandern in einer Kraxe tragen möchten, testen Sie das neue Transportmittel vorher ausgiebig zu Hause. Die Enttäuschung am Urlaubsort ist groß, wenn das Baby sich darin nicht wohl fühlt oder Sie merken, dass die Kraxe unpraktisch oder unbequem ist.

❓ Wir planen mit unserem neun Monate alten Sohn einen Urlaub am Mittelmeer. Darf er im Meer baden?

Wenn das Wasser eine angenehme Temperatur hat, spricht nichts gegen eine kurze Planschrunde im Meer. Die Badedauer sollte für Babys nicht über zehn Minuten pro Wasserspaß liegen, sonst kühlen sie leicht aus. Gehen Sie mit Ihrem Kind besser ins seichte Wasser oder planschen Sie in großen Badepfützen am Strand, hier wärmt sich Meerwasser meist schneller auf. Allzu lange sollten Babys jedoch nicht im Meer baden, denn das Wasser reflektiert das Sonnenlicht und dies begünstigt einen Sonnenbrand. Auch beim Planschen muss Ihre kleine Wasserratte daher immer eine Sonnenmütze tragen. Bei starkem Wind, hohem Wellengang oder allgemeinem Badeverbot (Unterströmungen) ist das Baden im Meer nicht angebracht – auch nicht auf Ihrem Arm, denn es besteht die Gefahr, dass Sie selbst von einer Welle überrascht werden und die Kontrolle verlieren. Vergewissern Sie sich außerdem, dass keine Quallen in Ihrem Umkreis herumschwimmen.

Die Weite des Meeres ist für viele Kinder anfänglich beängstigend, doch deshalb brauchen sie auf das herrliche Nass trotzdem nicht zu verzichten: Kaufen Sie am Urlaubsort ein aufblasbares Planschbecken samt Blasebalg, und schaffen Sie Ihrem Kind darin ein »kleines Meer« neben Ihrer Liege.

🅦 WICHTIG

Sobald Ihr kleiner Entdecker sich auch selbstständig auf Expedition begeben kann, sind Schwimmflügel am Meer und am Pool ein unbedingtes Muss!

🛈 TIPP

Für einen Urlaub am Meer mit Baby sollten Sie unbedingt folgende Dinge einpacken:
- Sonnenschutzmittel (mindestens LSF 30),
- luftige Baumwollshirts für Kinder und Eltern,
- Sonnenhut und Sonnenmütze,
- Sonnenbrillen für Erwachsene und Kinder mit UV-400 und CE-Markierung (europäischer Richtwert),
- Strandschuhe zum Schutz vor spitzen Steinen, heißem Sand, scharfkantigen Muscheln, Seeigeln oder Korallen,
- Handtuch und Badekleidung sowie ausreichend Windeln,
- Strand- oder Bademarte,
- Kühltasche mit Kühlakku,
- Verpflegung,
- kleines Erste-Hilfe-Set: Pflaster, Desinfektionsmittel, Pinzette zum Entfernen von Splittern und Stacheln, kühlendes Gel gegen Sonnenbrand und Insektenstiche,
- Sonnenschirm, Strandmuschel oder Sonnensegel,
- Schwimmflügel, Schwimmreifen,
- Eimer, Schaufeln, Förmchen, Wasserball, Wasserrad
- Bücher und Zeitschriften für Eltern und Kinder,
- (feuchte) Allzwecktücher.

Kleine Wasserfrösche benötigen für den sicheren Badespaß immer eine Schwimmhilfe. Für den richtigen Auftrieb sorgen die sogenannten Kraulquappen, spezielle Schwimmhilfen, die bereits in vielen Babyschwimmkursen zum Einsatz kommen. Die Reifen sind aus Styropor, eine zusätzlich innen liegende Schaumstofffüllung sorgt für doppelte Sicherheit. Das Ärmelloch ist zentral platziert, sodass die Reifen Auftrieb unter den Armen geben und das Kind damit höher aus dem Wasser ragt. Damit können selbst Säuglinge ab dem 7./8. Monat ihren Kopf schon über Wasser halten. Schwimmhilfen ersetzen aber in keinem Fall die Aufsicht der Eltern. Aufblasbares Wasserspielzeug wie Reifen, Enten oder Luftmatratzen sind keine Hilfsmittel beim Schwimmen!

Reisevorbereitungen

❓ Wie kann man der Reisekrankheit vorbeugen?

Eine Reiseübelkeit entsteht dadurch, dass die rasch wechselnden optischen Eindrücke nicht mit den Signalen des Gleichgewichtsorgans übereinstimmen und das Gehirn dies nicht zusammenbringen kann. Doch nicht allen Kindern wird beim Autofahren übel. Vielleicht haben Sie ja ein Kind, dem das Geschaukel im Auto nichts ausmacht.

Verzichten Sie vor Reiseantritt auf reichhaltige Mahlzeiten und bereiten Sie für die Fahrt kleine, leichte Snacks (Zwieback, Reiswaffeln, Dinkelstangen, Cracker) vor. Sorgen Sie während der Fahrt für frische Luft (keine Zugluft).

Nehmen Sie für alle Fälle immer eine Plastiktüte, einen feuchten Waschlappen und frische Kleidung mit. Und: Schimpfen Sie nicht, wenn Ihr Kind doch einmal erbrechen sollte. Denn dadurch bekommt es nur zusätzlichen Stress, und alles wird noch schlimmer.

Medikamente gegen Reiseübelkeit sollten Sie nur nach Absprache mit dem Kinderarzt geben.

❓ Worauf muss ich bei der Ernährung meines Kindes im Urlaub achten?

Am einfachsten ist es, wenn Ihr Baby noch gestillt wird. Bekommt es Flaschennahrung, sollten Sie ausreichend Milchpulver mitnehmen. Nicht immer finden Sie am Urlaubsort die Marke, die Ihr Baby gewohnt ist und verträgt.

Das Wasser fürs Fläschchen sollte selbstverständlich abgekocht werden. Wenn Sie unsicher sind, ob die Wasserqualität gut ist, greifen Sie auf Mineralwasser zurück. Das gilt übrigens nicht nur fürs Trinken, sondern auch für das Zähneputzen. Für Breikinder gilt: Vermeiden Sie unnötigen Stress und nehmen Sie die gewohnten Breie besser mit.

Auch wenn Sie sonst für Ihren kleinen Gourmet lieber selbst kochen, können Sie im Urlaub getrost einmal auf Gläschenkost zurückgreifen. Testen Sie dann ein bis zwei Wochen vor Urlaubsantritt die Gläschenvorlieben Ihres Juniors und nehmen Sie die entsprechenden Sorten mit, damit Sie am Urlaubsort keine Überraschung erleben.

Wenn Ihr Kind schon mit am Tisch isst, achten Sie darauf, was es isst. Speisen und Getränke auf Hotelbuffets werden häufig mit Eiswürfeln garniert beziehungsweise gekühlt. Diese werden aus Leitungswasser hergestellt und können damit eine Quelle für Bakterien und Keime sein, die möglicherweise Durchfall verursachen – nicht nur bei Babys …

Vorsicht ist auch geboten bei rohem Obst oder Gemüse, nicht vollständig gegarten Speisen, offen angebotenem Eis und Cremedesserts – darauf sollte Ihr Kind besser verzichten. Alles andere dürfte aber kein Problem sein.

❓ Was gehört in die Reiseapotheke?

Um gut für eventuelle Notfälle gerüstet zu sein, dürfen folgende Dinge in der Reiseapotheke nicht fehlen:

- Wundheilsalbe,
- Calendula-Essenz zur Reinigung kleinerer Verletzungen,
- ein Nasenspray mit isotoner Kochsalzlösung, das gegen verstopfte Nasen hilft,
- Mittel gegen Sonnenbrand und Insektenstiche,
- Elektrolytlösung, falls Ihr Kind aufgrund von Erbrechen oder Durchfall viel Flüssigkeit verliert,
- Fieberthermometer und ein fiebersenkendes Medikament (wahlweise Paracetamolzäpfchen oder entsprechende homöopathische Mittel),
- Kamillen- oder Fencheltee, falls das Bäuchlein zwickt,
- ein Gel-Kissen zur Kühlung von Insektenstichen, Prellungen und Verstauchungen,
- Pflaster und Verbandmaterial, Pinzette und Zeckenzange.

Falls Ihr Kind regelmäßig bestimmte Medikamente einnehmen muss, dürfen Sie diese auf keinen Fall vergessen. Außerdem können Sie die Reiseapotheke individuell an den aktuellen Bedarf Ihres Babys anpassen und zum Beispiel bewährte Problemhelfer gegen Zahnungsbeschwerden, Dreimonatskoliken, Ohrenschmerzen und so weiter mitnehmen. Arzneimittel müssen stets kühl gelagert werden. In warmen Ländern ist deshalb ein Saft den Zäpfchen vorzuziehen, denn diese sollten nur unter 25 °C aufbewahrt werden. Nehmen Sie unbedingt auch das gelbe Untersuchungsheft und den Impfausweis Ihres Kindes mit in den Urlaub.

Gerade für Familien lohnt sich der Abschluss einer speziellen Reisekrankenversicherung. Diese ist meist sehr günstig und übernimmt einen Großteil der Kosten, falls Sie im Ausland medizinische Hilfe benötigen. Auch eine Reiserücktrittsversicherung macht mit einem Kleinkind Sinn.

Braucht mein Kind einen Reisepass?

Bis zum 16. Lebensjahr müssen sich Kinder innerhalb Deutschlands nicht ausweisen. Anders im Ausland: Hier müssen einreisende Kinder, unabhängig vom Alter, ein gültiges Ausweisdokument besitzen. Sie benötigen entweder einen regulären Personalausweis, einen Kinderreisepass oder einen biometrischen Reisepass. Die Ausstellungsformalitäten nehmen zwischen einer und drei Wochen in Anspruch.
Bei Reisen innerhalb der EU reicht in der Regel der Personalausweis, außerhalb der EU ist ein Kinderreisepass fast immer Pflicht. Bei USA-Reisen brauchen Kinder einen (teuren) biometrischen Reisepass. Haben sie nur einen Kinderreisepass, brauchen Sie dazu ein Visum.
Wenn Sie nicht sicher sind, welche Einreisebestimmungen für Ihr Urlaubsziel aktuell gelten, erkundigen Sie sich online beim Auswärtigen Amt (Adresse siehe Seite 245) oder bei den betreffenden Auslandsbotschaften danach.

Zeit und Geld fürs Baby

Schon seit einigen Jahren haben sich Politik und Wirtschaft dem »Erfolgsfaktor Familie« verschrieben. Zahlreiche Unternehmen engagieren sich mittlerweile mit neuen Ideen und hilfreichen Maßnahmen für eine bessere Vereinbarkeit von Beruf und Familie im betrieblichen Alltag. Kinderbetreuungsangebote sollen konsequent ausgebaut werden.

Dennoch ist die Vereinbarkeit von Familie und Beruf für sehr viele Frauen und auch Männer noch nicht ausreichend gegeben. Beides unter einen Hut zu bringen ist eine echte Herausforderung, und der Spagat zwischen Arbeitswelt und Familienleben ist immer noch sehr groß. Der Wunsch nach einem Zusammenleben mit Kindern hat immer noch allzu oft die Konsequenz, auf eine berufliche Entwicklung über mehrere Jahre verzichten zu müssen.

Erstellen Sie gemeinsam mit Ihrem Arbeitgeber einen Plan für Ihren Wiedereinstieg nach der Familienphase, und erfragen Sie auch betriebliche Möglichkeiten und Angebote. Für den beruflichen Wiedereinstieg spielen außerdem staatliche Leistungen wie Elternzeit und Elterngeld eine wichtige Rolle. Machen Sie von Ihren Rechten Gebrauch! Gute Planung ist hierbei das A und O.

Elternzeit

❓ Wer kann überhaupt die Elternzeit in Anspruch nehmen?

Anspruch auf Elternzeit haben alle Mütter und Väter, die einen Arbeitsvertrag nach deutschem Recht besitzen und in einem Beschäftigungsverhältnis stehen. Voraussetzung ist: Ihr Kind lebt im gleichen Haushalt wie Sie, Sie sind sorgeberechtigt und arbeiten während der Elternzeit höchstens dreißig Wochenstunden.

Wann müssen wir den Antrag auf Elternzeit stellen?

Möchten Sie die Elternzeit unmittelbar nach der Geburt oder nach Ablauf der Mutterschutzfrist in Anspruch nehmen, müssen Sie diese für die ersten beiden Jahre spätestens sechs Wochen vor dem gewünschten Beginn der Elternzeit beantragen. Soll die Elternzeit erst zu einem späteren Zeitpunkt in Anspruch genommen werden, ist der Antrag für die ersten beiden Jahre spätestens acht Wochen vor Beginn der Elternzeit zu beantragen. Für das dritte Jahr müssen Sie die Elternzeit spätestens acht Wochen vor Inanspruchnahme beantragen.
Wird die Anmeldefrist nicht eingehalten, verschiebt sich der Beginn der Elternzeit entsprechend.

❓ Können wir die Elternzeit teilen, auch wenn wir nicht verheiratet sind?

Auch unverheiratete Elternteile oder eingetragene Lebenspartner können Elternzeit nehmen, sofern der sorgeberechtigte Elternteil zustimmt. Das optimale Modell für Dauer, Wechsel, Einteilung der Zeiten sieht für jede Familie ein wenig anders aus, und vieles ist möglich. Die kostenlos beim Bundesfamilienministerium (Adresse siehe Seite 246) erhältliche Broschüre »Erziehungsgeld, Elternzeit« informiert Sie über gültige Regelungen und enthält viele erläuternde Beispiele.

❓ Wie lange haben wir Anspruch auf Elternzeit?

Elternzeit kann bis zum dritten Geburtstag eines Kindes in Anspruch genommen und von jedem Elternteil in zwei Zeitabschnitte aufgeteilt werden. Eine weitere Aufteilung ist mit Zustimmung der Arbeitgeberseite möglich.

❓ Kann ich auch mit einem befristeten Arbeitsvertrag Elternzeit beanspruchen?

Natürlich, diesen Anspruch haben Sie bei einem befristeten ebenso wie bei einem unbefristeten Arbeitsvertrag. Jedoch ändert die Elternzeit selbstverständlich nichts an der Befristung des Arbeitsvertrages.

❓ Müssen wir gleich zu Beginn die kompletten drei Jahre Elternzeit festlegen?

Zu Beginn der Elternzeit müssen Sie den Antrag bei Ihrem Arbeitgeber stellen und sich für die kommenden zwei Jahre festlegen. Der Antrag des Elternteils, der erst zu einem späteren Zeitpunkt in die Elternzeit gehen will, muss dann ebenfalls sieben Wochen vor Beginn dieser Elternzeit dem Arbeitgeber vorliegen.

Wenn Sie das dritte Jahr auf einen späteren Zeitraum verschieben möchten, sollten Sie so bald wie möglich die schriftliche Zustimmung über Beginn und Dauer von Ihrem Arbeitgeber einholen.

💡 TIPP

Es ist auf jeden Fall empfehlenswert, die Elternzeit beim Arbeitgeber zunächst nur für zwei Jahre anzumelden. Auf diese Weise bleiben Sie flexibel und können zu einem späteren Zeitpunkt entscheiden, ob Sie das dritte Jahr noch eine Zeitlang aufschieben oder direkt an die ersten beiden Jahre anhängen wollen.

❓ Kann ich einen Teil der Elternzeit bis zur Einschulung meines Kindes aufsparen?

Maximal zwölf Monate der Elternzeit können auf die Zeit zwischen dem 3. und 8. Geburtstag des Kindes verschoben werden. Das flexible dritte Jahr können Sie bereits bei der Antragstellung genehmigen lassen. Allerdings besteht hier kein Rechtsanspruch, Sie benötigen die Zustimmung des Arbeitgebers. Sollten Sie diesen wechseln, ist der neue Arbeitgeber nicht an die Zustimmung des vorigen gebunden.

❓ Wann kann der Vater Elternzeit nehmen?

Ab der Geburt des Kindes kann auch der Vater Elternzeit in Anspruch nehmen. Der Antrag dafür sollte dem Arbeitgeber sechs Wochen vor dem errechneten Geburtstermin vorliegen. Kommt das Kind früher, kann der Vater sich auf eine verkürzte Frist wegen dringender Gründe berufen.

❓ Darf ich während der Elternzeit arbeiten?

Sie dürfen während der Elternzeit bis zu dreißig Wochenstunden arbeiten – mit Erlaubnis Ihres Arbeitgebers sogar bei einem anderen Arbeitgeber.

❓ Darf mein Arbeitgeber mir während der Elternzeit kündigen?

Nein. Der besondere Kündigungsschutz beginnt mit der Anmeldung der Elternzeit, frühestens acht Wochen vor dem Beginn. Er endet mit Ablauf der Elternzeit und gilt auch für Teilzeitkräfte. Wechseln Sie sich bei der Elternzeit ab, gilt der besondere Kündigungsschutz für den Elternteil, der sich gerade in Elternzeit befindet. Während der Arbeitszeitabschnitte dazwischen gilt er nicht. Nehmen Sie für bestimmte Zeitabschnitte gemeinsame Elternzeit, genießen Sie in dieser Zeit beide besonderen Kündigungsschutz.

KINDERBETREUUNG NACH DER ELTERNZEIT

Erkundigen Sie sich nach öffentlichen und privaten Einrichtungen wie Kinderhort, Tagesheim oder Tagesmutter. Vielleicht haben Sie Interesse und Möglichkeiten, ein Au-Pair-Mädchen aufzunehmen. Im Anhang auf Seite 246 finden Sie eine entsprechende Adresse.

Kinderbetreuungskosten können steuerlich geltend gemacht werden. Fragen Sie bei Ihrem Arbeitgeber nach, ob er einen Teil Ihrer finanziellen Aufwendungen bezuschusst. Dieser Zuschuss ist nicht nur für Sie, sondern auch für Ihren Arbeitgeber steuerfrei und damit eine attraktive Alternative zur Gehaltserhöhung – für beide Seiten!

Das eigene Kind einem anderen Menschen in Obhut zu geben, ist Vertrauenssache und will gut vorbereitet sein. Wem gestehe ich erzieherischen Einfluss zu? Wer wird zu einer weiteren wichtigen Person im Leben meines Kindes? All dies sind Fragen, die Eltern bei der Suche nach einer geeigneten Tagesmutter oft bewegen. Sehen Sie sich frühzeitig nach einer passenden Betreuungsstelle für Ihr Kind um. Dabei helfen Ihnen die folgenden Fragen.

1. **Ist Ihnen die Tagesmutter sympathisch?** Beantworten Sie sich diese Frage ehrlich und am besten »aus dem Bauch heraus«. Wenn Sie Ihnen nicht zu 100 Prozent sympathisch ist, heißt das zwar noch nicht, dass sie auch für Ihr Kind nicht passt. Doch die Abneigung sollte nicht so groß sein, dass klärende Gespräche zwischen Ihnen und der Tagesmutter unmöglich sind.
2. **Was ist Ihnen besonders wichtig an einer Tagesmutter?** Vertrauen, Toleranz, verantwortliches Handeln, pädagogische Qualifikation, längjährige Erfahrung, Nichtraucherin, Biokochin oder etwas ganz anderes? Gehören Tiere zum Haushalt? Hat Ihr Kind Allergien gegen entsprechende Tierhaare? Welche Personen leben noch im

Haushalt? Welche Qualifikation und Referenzen kann die Tagesmutter nachweisen? Ist sie beim Jugendamt bekannt? Gibt es ein polizeiliches Führungszeugnis?

3. **Für welche Zeitdauer und in welchem Umfang benötigen Sie den Betreuungsplatz für Ihr Kind?** Kurzfristig oder langfristig, ganztags, halbtags, einzelne Wochentage, ergänzend zur Kinderkrippe oder zum Hort? Wie viele Stunden müssen und können es sein? Passen Bring- und Abholzeiten? Wie flexibel ist die Tagesmutter? Wie lange vorher müssen Ausnahmen angekündigt werden? Betreut die Tagesmutter täglich oder nur an bestimmten Wochentagen? Hat sie eigene Kinder? Wann und wie oft macht die Tagesmutter Urlaub? Liegt dieser zum Beispiel wegen eigener Kinder in den Schulferien? Wird Urlaubszeit der Tagesmutter auch ganz oder teilweise bezahlt?

4. **Wie wird gezahlt?** Stundensatz, Wochenpauschale oder monatlich? Zahlung im Voraus oder am Monatsende? Wie hoch sind die Mehrkosten, wenn Ihr Kind zu spät abgeholt wird? Kann das Kind im Notfall auch mal über Nacht betreut werden?

5. **Was passiert, wenn die Tagesmutter krank ist?** Sorgt sie selbst für eine Ersatzbetreuung? Gibt es eine Vertretung, die kurzfristig die Betreuung übernehmen kann?

6. **Wie sieht ein typischer Tag der Tagesmutter mit ihren Tageskindern aus?** Wie oft gehen die Kinder an die frische Luft? Was geschieht bei schlechtem Wetter?

7. **Hat die Tagesmutter Einfühlungsvermögen und Sensibilität für kindliche Bedürfnisse?** Beobachten Sie den ersten Kontakt zwischen der Tagesmutter und Ihrem Kind! Wie geht sie auf das Kind zu, und wie geht sie auf es ein, wenn es unruhig ist oder gar weint? Haben Sie zu Hause ähnliche Regeln? Fördert die Tagesmutter Ihr Kind, oder beaufsichtigt sie es lediglich?

8. **Wie viele weitere Kinder werden im Höchstfall gleichzeitig betreut?** Wie ist die Gruppe zusammengesetzt?
9. **Ist ausreichend kind- und altersgerechtes Spielzeug vorhanden?** Wie sieht es mit Fernsehen/Video/DVD und Musikberieselung aus?
10. **Welche Vorstellung existiert über das »Sauberwerden«?** Ab welchem Alter hilft die Tagesmutter bei der Sauberkeitserziehung? Sind die Windeln im Preis enthalten? Können Stoffwindeln benutzt werden? Wie wird Ihr Kind schlafen – bekommt es ein Bett, ein Reisebett, eine Liege oder Matte?
11. **Kocht die Tagesmutter selbst?** Gibt es einen Essensservice? Oder müssen Sie für das Essen sorgen? Wie hoch ist das Essensgeld und ist dieses im Betreuungsbetrag enthalten? Wird Rücksicht auf Lebensmittelallergien genommen? Können Sie beeinflussen, welches Essen es gibt beziehungsweise nicht geben soll? Werden Zwischenmahlzeiten angeboten? Wie steht es mit Süßigkeiten?
12. **Kann die Tagesmutter mit medizinischen Notfällen umgehen?** Hat sie eine aktuelle Erste-Hilfe-Ausbildung? Wie schnell muss das Kind abgeholt werden, wenn es krank wird? Wann ist ein Kind so krank, dass die Tagesmutter es nicht mehr betreuen würde? Was passiert bei ansteckenden Krankheiten anderer Kinder?
13. **Kann Ihr Kind einmal unverbindlich zum Schnuppern kommen?** Wie lange dauert die Eingewöhnungszeit? Dürfen Sie in dieser Zeit anwesend sein? Welches besondere Kündigungsrecht fällt in die Probezeit? Wie lang ist die Kündigungszeit für die Eltern, wie lang für die Tagesmutter? Werden Vorauszahlungen bei Kündigung einbehalten? Welches sind Kündigungsgründe?
14. **Wird das neue Kind einzeln aufgenommen?** Oder kommen zeitgleich andere Kinder neu dazu? Passt Ihr Kind in die vorhandene Gruppe?

Kindergeld

❓ Wo und wie beantrage ich denn das Kindergeld?

Der Antrag auf Kindergeld muss schriftlich bei der Familienkasse (Agentur für Arbeit), in deren Bezirk Sie wohnen oder sich normalerweise aufhalten, gestellt werden. Am besten benutzen Sie zur Antragstellung die Vordrucke, die bei der Familienkasse oder als Internet-Vordruck erhältlich sind. Sie können den Antrag persönlich abgeben, per Post senden oder jemanden mit der Abgabe beauftragen. Auch eine Übermittlung per Fax ist möglich. Haben Sie für ein Kind schon einmal Kindergeld bezogen und liegen zwischen dem Ende der letzten Zahlung für dieses Kind nicht mehr als sechs Monate, genügt ein sogenannter Kurzantrag.

❓ Wir sind gerade beide arbeitslos – können wir ein höheres Kindergeld beantragen?

Nein, höheres Kindergeld können Sie nicht beanspruchen, aber einen zusätzlichen Kinderzuschlag für Familien mit geringem Einkommen, der maximal 140 Euro pro Kind und Monat beträgt. Zuständig für die Gewährung des Kinderzuschlags ist die Familienkasse bei der örtlichen Agentur für Arbeit. Sie müssen dort Angaben zum eigenen Einkommen und Vermögen machen, wie zum Beispiel bei der Beantragung von Arbeitslosengeld II oder bei den Wohngeldstellen bei der Beantragung von Mietzuschuss. Schauen Sie zuvor auf der Website des Familienministeriums (Adresse siehe Seite 246) nach, ob Sie anspruchsberechtigt sind.

TIPP

Kindergeld gibt es grundsätzlich
- für alle Kinder bis zum 18. Lebensjahr,
- für Kinder in Ausbildung bis zum 25. Lebensjahr,
- für arbeitslose Kinder bis zum 21. Lebensjahr.

❓ Wir sind Doppelverdiener. Bekommen wir trotzdem Kindergeld?

Kindergeld bekommen alle Eltern, unabhängig vom Einkommen. Das Kindergeld beträgt derzeit 164 Euro, ab dem dritten Kind 170 Euro und für jedes weitere Kind 195 Euro monatlich (Stand August 2009).

❓ Wir sind beide berufstätig. Können wir die Kinderbetreuung steuerlich geltend machen?

Ja, zu zwei Dritteln beziehungsweise bis zu einem Höchstbetrag von 4000 Euro sind Kosten für Kinderbetreuung als Werbungskosten absetzbar. Die steuerliche Regelung zur Kinderbetreuung hat keine Auswirkungen auf den Kinderfreibetrag und das Kindergeld.

🅣 TIPP

Nützliche und hilfreiche (Web-)Adressen rund um die Themen Geld, Steuern, Beruf und Kinderbetreuung finden Sie im Anhang auf Seite 246.

Pflege kranker Kinder

❓ Muss mein Arbeitgeber mich freistellen, wenn mein Kind krank ist?

Ist Ihr erkranktes Kind jünger als zwölf Jahre, haben Sie nach § 616 BGB (Bürgerliches Gesetzbuch) einen Anspruch auf bezahlte Arbeitsfreistellung für höchstens fünf Arbeitstage pro Jahr. Diese Regelung ist aber nicht verpflichtend und möglicherweise durch eine tarifliche oder arbeitsvertragliche Regelung ungültig. Wenn Sie Hilfe benötigen, wenden Sie sich am besten an den örtlichen Kinderschutzbund. Dort kennt man seriöse Anbieter privater Betreuungsdienste.

❓ Gibt es auch eine unbezahlte Freistellung?

Bei der Erkrankung Ihres Kindes bekommen Sie vom Kinderarzt eine Bescheinigung, die Sie beim Arbeitgeber und bei Ihrer Krankenkasse einreichen. Der Arbeitgeber mindert Ihren Lohn um den Anteil der versäumten Arbeitstage. Davon bekommen Sie 70 bis 90 Prozent von der Krankenkasse als Pflegekrankengeld wieder ersetzt. Je Elternteil und Kind kann für 10 Arbeitstage (Alleinerziehende 20 Tage), maximal jedoch 25 Tage je Elternteil (Alleinerziehende 50 Tage) auch bei drei und mehr Kindern Pflegekrankengeld beantragt werden.

🛈 TIPP

Arbeitgeber und Kollegen zeigen sich oft verständnisvoll, wenn ein Kind krank ist. Wenn möglich, treffen Sie schon vorab mit Ihren Vorgesetzten eine Vereinbarung, ein »Überstundenpolster« anzulegen, über das Sie im Bedarfsfall verfügen können. Treffen Sie mit Ihren Kollegen rechtzeitig gegenseitige Vertretungsvereinbarungen, dann profitieren alle.

❓ Was ist, wenn mein Kind ins Krankenhaus muss?

Je kleiner ein Kind ist, desto mehr braucht es die Nähe seiner Eltern. Darum werden diese heute in der Regel bei der Krankenhausroutine eingeplant. Oft können sie einen Teil der Pflege ihres Kindes übernehmen. Viele Krankenhäuser bieten auch die Möglichkeit, über Nacht beim Kind zu bleiben. Klären Sie im Vorfeld, ob die Krankenkasse dann die Kosten übernimmt oder sich zumindest daran beteiligt. Die Regelungen zur Freistellung gelten genauso wie bei der häuslichen Pflege eines kranken Kindes. Im Krankenhaus macht nicht nur das Alleinsein Ihrem Kind Angst. Es werden Dinge mit und an ihm gemacht, die es nicht kennt und deren Sinn es nicht erfassen kann. Darum ist es außerordentlich wichtig, ihm zu erklären, was warum geschieht.

RECHTLICHES

Hier finden Sie einen Überblick, welche Ämtergänge nach der Geburt Ihres Kindes nötig werden und was Sie jeweils dazu brauchen.

1. Geburtsurkunde.

Hierbei erfolgt auch die Wahl des Vor- und Familiennamens des Kindes.

- Wo: Standesamt des Geburtsortes. In der Regel können Sie Ihr Kind direkt im Krankenhaus anmelden und müssen nur noch zum Abholen der Geburtsurkunden zum Standesamt.
- Wann: innerhalb einer Woche nach der Geburt.
- Benötigte Unterlagen: Geburtsbescheinigung der Klinik. Für Verheriratete außerdem: Personalausweis, Heiratsurkunde oder beglaubigte Abschrift aus dem Familienbuch. Für Nichtverheiratete außerdem: Personalausweis, Geburtsurkunde der Mutter, Vaterschaftsanerkennung, falls schon vorhanden.

2. Elterngeld.

- Wo: Erziehungsgeldstelle. Eine Liste der in Ihrem Bundesland zuständigen Erziehungsgeldstelle finden Sie unter www.familien-wegweiser.de.
- Wann: Innerhalb der ersten sechs Monate nach der Geburt des Kindes.
- Benötigte Unterlagen: Geburtsbescheinigung des Kindes*, Nachweise zum Einkommen vor der Geburt*, Bescheinigung der Krankenkasse über das Mutterschaftsgeld, Bescheinigung über den Arbeitgeberzuschuss zum Mutterschaftsgeld, Bestätigung der beabsichtigten Arbeitszeit während des Elterngeldbezugs, Eigenerklärung der beabsichtigten Arbeitszeit.

Die mit * gekennzeichneten Unterlagen müssen in jedem Fall vorgelegt werden. Ob auch die anderen Bescheinigungen und Erklärungen abgegeben werden müssen, hängt von der individuellen Situation des Antragstellers ab.

3. Krankenversicherung.

- Wo: bei der Krankenkasse, bei welcher der berufstätige beziehungsweise der meistverdienende Elternteil versichert ist.
- Wann: so schnell wie möglich nach der Geburt. Informieren Sie die Krankenkasse zunächst telefonisch, sie benötigt die Geburtsurkunde (siehe Seite 226) als Nachweis und schickt Ihnen ein Formular zum Ausfüllen. Für das Kind erhalten Sie nach etwa zwei Wochen eine eigene Versicherungskarte.

4. Kind anmelden, Lohnsteuerkarte ändern.

- Wo: Einwohnermeldeamt des Wohnortes der Eltern.
- Wann: so früh wie möglich nach der Geburt.
- Benötigte Unterlagen: Personalausweis oder Pass, Lohnsteuerkarte (bei Änderung der Steuerklasse auch Lohnsteuerkarte des Ehegatten), Geburtsurkunde des Kindes, gegebenenfalls Urkunde über die Vaterschaftsanerkennung. Soll das Kind in den Reisepass eingetragen werden, müssen Nichtverheiratete zusätzlich eine Sorgerechtsbescheinigung vorlegen.

5. Elternzeit

- Wo: Arbeitgeber.
- Wann: spätestens sieben Wochen vor Beginn der Elternzeit beziehungsweise sechs Wochen, wenn die Elternzeit direkt an den Mutterschutz anschließen soll. Der Antrag muss schriftlich vorgelegt werden und die Angabe über die Dauer der Elternzeit beinhalten.

6. Vaterschaft anerkennen (Nichtverheiratete)

- Wo: Standesamt oder Jugendamt
- Wann: vor oder nach der Geburt möglich (Zustimmung der Mutter nötig).
- Benötigte Unterlagen: Ausweise, Geburtsurkunden oder Abstammungsurkunden beider Eltern, Geburtsurkunde des Babys.

So entwickelt sich Ihr Kind im ersten Jahr

Nie mehr in seinem ganzen Leben macht der Mensch so beeindruckende Entwicklungsschritte wie in den ersten zwölf Monaten. Gerade noch haben Sie das kleine, hilflos scheinende Wesen zum ersten Mal im Arm gehalten, fängt es auch schon zu krabbeln und brabbeln an. Und kaum ist ein Jahr vergangen, steht Ihr Kind schon auf seinen eigenen Füßen und versucht sich an seinen ersten Schritten in ein selbstständiges Leben.

Dabei entwickelt sich jedes Kind in seinem ganz individuellen Tempo. Die im folgenden Entwicklungskalender angegebenen Zeiträume dienen allein der Orientierung. Setzen Sie sich und Ihr Baby bitte keinem Konkurrenz- und Leistungsdruck aus, indem Sie es ständig mit anderen Kindern im selben Alter vergleichen.

Auch Sie werden im Alltag mit Ihrem Kind jede Menge dazulernen. Nach und nach werden Sie im Umgang mit ihm immer sicherer. Mit der Zeit können Sie die Blicke, Laute und Bewegungen Ihres Kindes richtig einschätzen und auf seine Empfindungen und Bedürfnisse entsprechend eingehen.

Die ersten zwölf Monate sind für Eltern und Kind die wichtigste Zeit, um sich kennenzulernen und den Alltag miteinander zu gestalten.

Der erste Monat

- Ihr Baby besitzt schon viele Fähigkeiten: Es atmet selbstständig, kann Mamas Geruch wahrnehmen, es kann schlucken und saugen und verfügt über einen Such- und Saugreflex, der ihm dabei hilft, seine Nahrungsquelle zu finden.
- Ihr Neugeborenes kann »zupacken«, dies ermöglicht der Klammer- und Greifreflex. Ihr Baby umklammert alles, was es in die Hände bekommt. Wenn Sie einen Finger in seine Handfläche legen, wird es diesen sofort ergreifen, oft mit unglaublicher Kraft. Auch die Füße haben diesen Greifreflex: Berühren Sie die Fußsohlen Ihres Kindes, krümmen sich sofort seine Zehen.
- Auch »flüchten« kann Ihr Baby: Wenn Sie seine Füße berühren, während es mit angewinkelten Beinen auf dem Bauch liegt, stößt es sich ab, als wollte es sagen: »Schnell weg hier!« Dies ist der sogenannte Bauer-Reflex.
- Ihr Baby hat auch einen Schreitreflex: Berührt es in aufrechter Haltung mit den Füßen den Boden, hebt es den Fuß an, beugt das Knie und macht einen Schritt nach vorn.
- Um überleben zu können, ist das Neugeborene mit einem weiteren Reflex »ausgestattet«, dem Moro-Reflex: Hat es das Gefühl zu fallen, spreizt es seine Arme auseinander und legt sie dann sofort um seinen Körper. All diese »mitgebrachten« Reflexe eines Neugeborenen erlöschen jedoch, sobald sie durch bewusstes Handeln abgelöst werden können. Je weiter das Nervensystem und das Großhirn heranreifen und ihre Funktion entwickeln, umso mehr müssen die frühkindlichen Reflexe in den Hintergrund treten.
- Das Sehvermögen entwickelt sich von allen Sinnen zuletzt. Die Augen des Babys müssen sich erst an Licht und Farben gewöhnen. Ihr Neugeborenes kann nur rund 25 Zentimeter weit scharf sehen.
- Hören: Ihr Kind kann schon nach zwölf Stunden die Stimme seiner Mutter von anderen unterscheiden.
- Ebenso gut kann es riechen und schmecken und bereits die vier Geschmacksrichtungen unterscheiden.

Der zweite Monat

- Ihr Baby gewinnt immer mehr Kontrolle über seinen Körper. So kann es seinen Kopf um etwa 45 Grad anheben, wenn es auf dem Bauch liegt, manchmal schon für zehn Sekunden! Eine bemerkenswerte Leistung, bedenkt man, dass der Kopf fast ein Drittel des Körpergewichts ausmacht.
- Auch die Rückenmuskulatur ist mittlerweile kräftiger, in sitzender Position ist Babys Rücken nicht mehr so stark gerundet. Der Greifreflex (siehe erster Monat) lässt langsam nach, die kleinen Händchen öffnen sich.
- Um die sechste Woche herum schenkt Ihnen Ihr Baby das erste Lächeln! Ein wunderbarer, wichtiger Augenblick, denn Ihr Kind nimmt nun bewusst Kontakt mit Ihnen auf. Lachen Sie ihm oft zu, es wird zurücklächeln und Ihr Lob und Ihre Anerkennung spüren.
- Ihr Kind kann nun auch Gegenstände mit den Augen fixieren und verfolgen. Zeigen Sie Ihrem Kind immer wieder einfache Dinge, am besten farbige.
- Seine Ohren sind hellwach: Weckt ein Geräusch seine Aufmerksamkeit, versucht es, den Ursprung zu finden.
- Genauso schön wie das erste Lächeln sind die ersten Laute, die Ihr Baby nun von sich gibt. Das Schreien wird differenzierter, und es kommen neue Laute dazu. Ihr Kind fängt an zu lallen, zu gurren; die ersten Vokale sind aus seinem Mund zu vernehmen. Besonders nach dem Aufwachen oder vorm Einschlafen nimmt das Brabbeln scheinbar kein Ende. Das hört sich wunderbar an, und zusätzlich trainiert Ihr Baby damit seine Stimmbänder sowie sein Hör- und Sprechvermögen. Um dies zu unterstützen, singen Sie ihm oft etwas vor!
- Ihr Baby genießt es, Ihre Hände auf seiner nackten Haut zu spüren, etwa wenn Sie seinen Nacken streicheln oder den kleinen Rücken leicht massieren.
- Ihr Kind ist nun in der Lage, vertraute Menschen von fremden zu unterscheiden, es erkennt Ihr Gesicht, Ihre Hände, Ihre Stimme, Ihren Duft.

Der dritte Monat

- Im Laufe des dritten Monats sieht Ihr Baby die Welt mit anderen Augen, denn seine Nackenmuskeln sind nun so gut ausgeprägt, dass es sich in Bauchlage auf die Unterarme stützen und den Kopf für Sekunden oben halten kann.
- Babys liebstes Spielzeug sind nun seine Hände: Es wird sie jetzt immer intensiver wahrnehmen und erkunden, drehen und wenden, befühlen und neugierig in den Mund stecken – um schließlich festzustellen, dass diese Hände zu ihm gehören. Ist dieser Zeitpunkt gekommen, können Sie mit Fingerspielen beginnen, bei denen Ihr Kind seine Geschicklichkeit trainiert. Sie können auch über dem Bettchen einen Wasserball oder Luftballon an einem Faden befestigen, nach dem Ihr Baby greifen oder den es treten kann.
- Zu den Vokalen aus dem zweiten Monat gesellt sich nun beim Sprechen der eine oder andere Konsonant. Ihr Baby wird gern mit Ihnen gleichzeitig brabbeln und Ihnen ein lustiges Kauderwelsch aus Lauten präsentieren. Sprechen Sie mit, erklären Sie ihm anhand seiner Händchen die einzelnen Finger, das bildet Seh-, Hör- und Tastvermögen aus.
- Ihr Baby will nun auch immer mehr selbst bestimmen, in welcher Haltung es in seinem Bettchen liegt. Auf dem Rücken liegend ist es sehr aktiv: Es strampelt mit den Beinen, und die Arme halten nur selten still. Liegt Ihr Kind auf dem Bauch, kann es nun schon passieren, dass es sich auf den Rücken rollt, aber noch eher zufällig. Dennoch ist Vorsicht angebracht: Gerade auf dem Wickeltisch sollten Sie Ihr Kind nie aus den Augen lassen!
- Der Kontakt zwischen Ihrem Baby und anderen Personen wird immer intensiver. Es fixiert sein Gegenüber mit den Augen, fuchtelt mit Armen und Beinen: Ihr Kind will am Leben der Familie teilhaben und nicht allein sein. Ist ihm langweilig, beginnt es möglicherweise zu weinen, bis Sie es in den Arm nehmen. Wenn es Hunger oder Schmerzen hat, schreit oder weint es. Geht es ihm gut, jauchzt und gluckst es vor Freude.

Der vierte Monat

- Das Interesse Ihres Babys an seinen Händen und seiner Stimme wird nun noch intensiver. Die Hände werden bewegt, gedreht, angefasst und genauestens begutachtet. Aus dem Mund kommen Laute in den verschiedensten Tonlagen, angespornt durch die bewundernden Blicke der Eltern.
- Alles was Ihr Baby zu greifen bekommt, wird untersucht, ob es sich um die andere Hand, ein Tuch oder einen Bauklotz handelt. Ihr Kind probiert aus, wie das unbekannte Ding schmeckt und sich anfühlt. Auch Ihr Gesicht wird ertastet. Passt etwas nicht in Babys Mund, wird es zumindest abgelutscht. Als Schnullerersatz verwendet es wie im Mutterleib die eigenen Finger. Das Daumenlutschen muss Sie nicht beunruhigen: Es ist eine wichtige Erfahrung, die den Tast- und Geschmackssinn mit ausbildet.
- Auch der Geruchssinn spielt eine immer größere Rolle, zum Beispiel beim Essen. Die Duftmoleküle, die durch Babys Nase hochsteigen, signalisieren dem Gehirn, was schmeckt und was nicht schmeckt.
- Auf dem Bauch kann Ihr Kind sich schon recht gut mit den Unterarmen abstützen. Es versucht nun auch immer wieder einmal, seinen Kopf zu drehen. Entdeckt es etwas Interessantes, entwickelt es erstaunliche Fähigkeiten und den starken Willen, dorthin zu gelangen. Aber die bevorzugte Position Ihres Babys ist nach wie vor auf dem Rücken liegend, da dies weniger anstrengend ist.
- Setzen Sie Ihr Kind auf, kann es seinen Kopf schon gut halten und nach allen Seiten drehen. Wird es an den Händen genommen, versucht es, sich in den Stand hochzuziehen.
- Ihr Kind nimmt seine Umwelt immer intensiver wahr, es erkennt nun auch Geschwister oder die Großeltern.
- Auch beschäftigt werden will es: Singen Sie ihm Lieder vor, präsentieren Sie ihm neue Geräusche: eine Spielzeugtröte, eine Rassel, das Rascheln von Papier oder ein Fingerschnipsen. Sprechen Sie mit ihm in verschiedenen Stimmlagen, laut und leise. Flüstern fasziniert Ihr Baby!

Der fünfte Monat

- Die anfänglichen Schwierigkeiten mit der Bauchlage sind passé, Ihr Baby beherrscht diese in- und auswendig. Immer öfter dreht es sich nun bewusst auf den Rücken. Oder umgekehrt! Aber nicht alle Babys sind gleich: Manche machen diesen Schritt erst im siebten Monat, auch das ist normal.
- Das Sitzen bereitet ebenfalls immer weniger Schwierigkeiten, da die Nackenmuskeln nun gut ausgeprägt sind. Ihr Kind hält mit Unterstützung mehrere Minuten seinen Kopf oben und kann für kurze Zeit schon allein sitzen. Sitzt es auf Ihrem Schoß, kann es den Kopf mühelos ausbalancieren, wenn Sie es beispielsweise sanft hin und her schaukeln.
- Ihr Baby unterscheidet Tonlagen in Ihrer Stimme und auch, mit welcher Stimmung sie zusammenhängen. So reagiert es bei strengen Lauten erstaunt oder sogar ängstlich.
- Auch anhand Ihrer Mimik kann Ihr Baby erkennen, in welcher Verfassung Sie sich gerade befinden. Die Antennen Ihres Kindes erfassen jeden Gemütszustand genau.
- Vor Babys Händchen ist nichts sicher. Reichen Sie Ihrem Kind die Hand, wird es sich so fest daran klammern, dass Sie es problemlos hochziehen können (nicht an den Handgelenken ziehen!). Es zeichnet sich eine bevorzugte Hand ab; die meisten Babys nehmen lieber die rechte zum Greifen. Dies kann jederzeit wechseln und ergibt sich im Laufe der Zeit von allein. Versuchen Sie nicht, Ihr Kind umzuerziehen, dies kann zu Entwicklungsproblemen führen!
- Die ersten Stehversuche sind jetzt möglich: Wenn Sie Ihr Baby unter den Achseln festhalten und seine Füße den Boden berühren, wird es kurz auf den Füßen stehen, die Beine durchdrücken und sich gegen den Boden stemmen.
- Ihr Baby setzt die erlernten Laute nun rhythmischer zusammen und fängt an, Selbstgespräche zu führen.
- Es erkennt nun die ersten Rituale. Singen Sie ihm zum Beispiel vor dem Einschlafen immer das gleiche Lied vor. Dann weiß es genau: Wenn diese Melodie ertönt, ist es Zeit, die Augen zu schließen und sich dem Schlaf hinzugeben.

Der sechste Monat

- Ihr Baby wird immer mobiler, dreht sich vom Bauch in die Rückenlage und umgekehrt. Es verweilt am liebsten in der Bauchlage, weil es so mehr zu entdecken gibt. In Bauchlage kann es sich meist schon mit ausgestreckten Armen nach oben drücken.
- Den Schritt vom Liegen ins Sitzen schafft es noch nicht selbstständig. Aber es kann im Liegen und im Sitzen seinen Kopf problemlos oben halten und drehen.
- Ihr Baby zeigt sich nun immer mehr von seiner kommunikativen Seite: Es brabbelt vor sich hin, bringt sich aber auch selbst in Gespräche ein, nach wie vor mit dem Vokal-Konsonanten-Gemisch wie »ba-ba« oder »ga-ga«. Das Plappern wird häufiger und: lauter!
- Seine Hände versteht Ihr Baby immer besser. Jedes Ding wird genauestens untersucht, auch wieder mit dem Mund. Aber nun wird es auch genau betrachtet und von einer in die andere Hand gegeben. Dabei kann es auch mal passieren, dass der Bauklotz herunterfällt und Mami ihn wieder aufheben muss. Ihr Kind beobachtet Sie dabei genau.
- Wenn Sie mit Ihrem Baby scherzen, gluckst es vor Freude. Sind Sie in seiner Nähe, wird es Sie »ansprechen«, damit Sie sich ihm wieder zuwenden.
- Ihr Kind will nun aktiv am Familienleben teilhaben; es will mit am Tisch auf Ihrem Schoß sitzen. Aber Vorsicht: Alles, was sich auf dem Tisch befindet, wird inspiziert, aber vieles davon ist nicht für Babys Hände oder Mund gedacht, etwa kleine Gegenstände, Spitzes und Scharfes. Auch die Tischdecke und alles darauf leben gefährlich.
- Nun ist die Zeit für den ersten Brei gekommen. Am Anfang landet mehr neben dem Mund, denn die Umstellung vom Saugen an der Brust oder aus der Flasche auf das neue Vom-Löffel-Essen ist nicht leicht: Die Zunge Ihres Babys transportiert den Brei anfangs wieder aus dem Mund heraus. Doch mit ein wenig Geduld lernt Ihr Kind in wenigen Tagen, Brei mit dem Löffel zu essen.

Der siebte Monat

- Ihr Baby entdeckt nun seine Füße, befühlt sie und steckt sie in den Mund; ein Kunststück, das viele Eltern fasziniert.
- Die Rückenlage interessiert Ihr Kind nun kaum noch, es verweilt lieber in Bauchlage. Dabei kann es sich abstützen und nach einem Gegenstand greifen. Es strampelt mit Armen und Beinen und vollführt wahre Schwimmmarathons. Dadurch stärkt es seine Muskulatur. Den »erbeuteten« Gegenstand kann es auch für kurze Zeit in die Höhe halten.
- Auch auf eigenen Beinen zu stehen und die ersten Schritte zu versuchen bereitet den meisten Babys nun viel Vergnügen. Halten Sie Ihr Kind fest, es wird mit seinen Knien einknicken, um sich gleich darauf vom Boden abzudrücken.
- Ließ Ihr Kind in den Wochen zuvor noch viele Dinge aus Versehen fallen, geschieht dies nun immer öfter mit Absicht. Spielen Sie das Spiel ruhig eine Zeitlang mit; Ihr Kind will Sie nicht ärgern, sondern spielen, und dabei entwickeln sich wichtige Nervenverbindungen in seinem Gehirn.
- Die Interaktion zwischen Ihnen und Ihrem Kind wird immer differenzierter. Waren Sie in den Monaten davor nicht im Zimmer, hat es sie auch nicht vermisst. Das ändert sich nun schlagartig! Sobald Ihr Kind Sie nicht mehr sehen kann, spürt es dennoch Ihre Gegenwart und fühlt sich allein. Das macht ihm Angst, und es schreit oder weint laut.
- Auch das Fremdeln beginnt nun langsam. Ihr Baby verhält sich Fremden gegenüber scheu und abweisend, fängt vielleicht zu weinen an und schreit, wenn es jemand auf den Arm nehmen möchte.
- Ist Ihr Kind gut gelaunt, brabbelt es wie gehabt drauflos. Das Repertoire an Lauten wird immer reichhaltiger.
- Ihr Baby will die Umgebung intensiv wahrnehmen. Lassen Sie es zusehen, wie Sie zum Beispiel Hausarbeit verrichten, und erklären Sie ihm ruhig, was Sie gerade tun. Es wird Ihnen gespannt zuhören und Sie beobachten. Achten Sie darauf, dass keine gefährlichen Gegenstände in der Nähe Ihres Kindes sind, die es neugierig untersuchen könnte!

Der achte Monat

- Fast alle Babys beherrschen nun das Drehen perfekt: vom Rücken auf den Bauch, vom Bauch auf den Rücken. In Bauchlage kann sich Ihr Baby nun auf den Händen abstützen. Ansonsten passiert, was die Bewegung angeht, nicht viel Neues. Ihr Baby trainiert vielmehr das schon Gelernte. So werden zum Beispiel die Bauchmuskeln gefördert: Reichen Sie ihm einen Finger, und es zieht sich daran hoch, bis es sitzt. Die Beine bleiben dabei ausgestreckt am Boden, den Kopf hält es in Verlängerung des Rückens. So kann es für einige Sekunden sitzen bleiben, wenn Sie es loslassen.
- Langweilig wird es aber nicht: Die ersten Zähnchen kommen nun bald. Ihr Baby greift sich vermehrt in den Mund, beißt auf seinen Fingern herum, und der Speichel fließt in Strömen – die Zahnung ist im vollen Gange. Zuerst wachsen die unteren beiden Schneidezähne, rund vier Wochen später folgen die oberen. Der Zeitraum kann aber variieren, machen Sie sich also keine Sorgen, wenn es noch nicht so weit ist. Der erste Zahn kommt bestimmt!
- Auch das Greifen geschieht nun viel differenzierter. Ihr Kind kann in jeder Hand einen Gegenstand ein paar Sekunden halten: die doppelseitige Koordination, ein Meilenstein in der Hand-Augen-Koordination. Ihr Kind kann sich jetzt kurze Zeit auf zwei Dinge gleichzeitig konzentrieren!
- Das Greifen mit der ganzen Hand wird weniger. Gegenstände, die dünn genug sind, ergreift Ihr Kind mit Daumen und gebeugten Fingern. Geben Sie ihm unterschiedliche Gegenstände zum Greifen: eine Wäscheklammer, einen Schlüsselbund, eine Haarbürste ... Sagen Sie ihm, wie der Gegenstand heißt, ob er hart oder weich ist, rot oder grün. Flüstern Sie zwischendurch auch mal. Ihr Baby versucht Sie nachzuahmen und selbst einen Flüsterton anzustimmen.
- Um die Feinmotorik zu schulen, können Sie Ihr Kind auch einen Bauklotz oder ein Tuch in eine Dose stopfen lassen. Gar nicht so einfach: Wie muss ich meine Hand drehen? Was passt wo hinein?

Der neunte Monat

- Für 90 Prozent aller Babys ist es nun so weit: Sie können sich allein aufrecht hinsetzen. Dazu drehen sie sich aus der Rückenlage auf den Bauch, legen sich auf die Seite und drücken sich hoch, bis sie sitzen. Auf einer Unterlage, auf der es seine Beine auflegen kann, sitzt Ihr Baby ein paar Minuten lang allein und aufrecht. Die neue Perspektive heizt seinen Entdeckerdrang an.
- Es macht auch große Fortschritte beim Robben, kriecht rückwärts und vorwärts oder robbt in Bauchlage durch die Wohnung. Robben ist eine Vorphase des Krabbelns und dauert in der Regel nicht länger als zwei Monate.
- Gegenstände kann Ihr Baby mittlerweile gezielt greifen, der Pinzettengriff weicht langsam dem so genannten Zangengriff. Damit kann Ihr Kind auch feine Dinge wie Fäden, Steine oder Ähnliches greifen und inspizieren. Spannend fürs Baby, anstrengend für Sie, denn Sie müssen nun sehr aufpassen, dass es nichts verschluckt!
- Immer öfter versucht Ihr Kind, sich an Möbeln hochzuziehen. Auch Kartons oder Boxen im Regal sind vor Ihrem kleinen Entdecker nicht sicher. Längst hat Ihr Baby begriffen, dass sich in größeren Dingen oft interessante kleine Dinge verbergen.
- Auch das bewusste Loslassen von Sachen beherrscht Ihr Kind nun. Wenn Sie etwas fallen lassen, wird Ihr Kind Sie nachahmen, denn es hört ein Geräusch und will dieses ebenfalls erzeugen können. Damit kann sich Ihr Kind eine Zeitlang beschäftigen.
- Babys Persönlichkeit wird im neunten Monat immer ausgeprägter. Ist es unzufrieden, protestiert es lautstark oder wendet sich ab. Routine kehrt ein: Es kennt und liebt die täglich wiederkehrenden Rituale beim Aufstehen und das altbekannte Lied beim Gutenachtritual.
- Sprechen Sie mit Ihrem Kind und wiederholen Sie auch das von ihm Gesagte. Im neunten Monat sprechen Kinder Doppelsilben wie ba-ba häufiger und viel klarer.

Der zehnte Monat

- Jetzt macht Ihr Baby den nächsten Schritt in Sachen Bewegung: Es setzt sich aus dem Liegen selbstständig auf und verweilt in dieser Position gern eine ganze Weile. Sein Rücken ist noch sehr gerade, seine Wirbelsäule hat die typische S-Form noch nicht ausgebildet.
- Auch das Krabbeln bereitet Ihrem Kind keine Probleme mehr, der Vierfüßlerstand ist meist schon so stabil, dass es – wenn auch noch etwas unkoordiniert – loskrabbeln kann. Nun kann es wählen, ob es den Ort, an dem es gerade liegt oder sitzt, verlassen und in die große, weite Welt der Wohnung hinauskrabbeln will. Sichern Sie Treppen und andere Gefahrenstellen! Krabbeln Sie immer mal gemeinsam mit Ihrem Kind, oder setzen Sie sich in die andere Ecke des Zimmers und warten, bis Ihr kleiner Wonneproppen zu Ihnen herangekrabbelt kommt.
- Ihr Kind kann nun schon für einen Moment stehen, wenn Sie ihm helfen – doch nicht allzu lange, denn so gut sind seine Oberschenkelmuskeln noch nicht trainiert. Nach einer kurzen Verschnaufpause kann der nächste Versuch starten.
- Die Dinge, die Ihr Baby nun entdecken und inspizieren will, werden immer kleiner: Je kleiner, desto faszinierender. Das können Fusseln auf Mamas Pulli sein oder die Krümel vom Frühstück unter dem Küchentisch. Daumen und Zeigefinger tun ihre Dienste und befördern das Objekt direkt vor Babys Augen oder in den Mund.
- Den Löffel können Sie Ihrem Kind nun in die Hand geben. Was anfangs danebengeht, landet auf dem Lätzchen.
- Das Innenleben verschiedener Gegenstände erweckt nun vermehrt Babys Interesse. Eine Cornflakes-Packung, die so interessant raschelt, die Klappe am DVD-Player ... Alles gilt es zu erkunden.
- Ihr Baby versteht mittlerweile viele Sätze und kann darauf entsprechend reagieren. Fragen Sie, wo das Bettchen steht, in dem es schläft, wird es den Kopf in die richtige Richtung drehen und das Bett mit den Augen suchen.

Der elfte Monat

- Die meisten Babys beherrschen im elften Monat das »richtige« Krabbeln mit gekreuzter Hand-Knie-Koordination und können sich auf diese Weise effektiv und schnell fortbewegen. Nun ist also spätestens der Zeitpunkt gekommen, Ihre Wohnung sicher zu gestalten!
- Das Gleichgewicht im Sitzen ist inzwischen auch so gut ausgeprägt, dass Ihr Kind nicht mehr umfällt. Probieren Sie es aus: Heben Sie eines seiner Beine im Sitzen etwas an. Es wird Widerstand leisten und sich mit den Händen abstützen.
- Die Versuche, sich an Tischbeinen oder Möbelstücken in den Stand hochzuziehen, werden häufiger. Gelingt es, steht Ihr Baby zwar noch mit wackligen Beinen da, aber mithilfe von Tisch oder Sofa sind Seitwärtsbewegungen möglich.
- Wenn Sie Ihrem Kind die Arme entgegenstrecken, können Sie unter Umständen an den ersten Gehbewegungen teilhaben. Mit etwas Übung, Lob und Aufmunterung werden aus den unbeholfenen, breitbeinigen Gehversuchen sehr bald die ersten richtigen Schritte. Dann gibt es kein Halten mehr: Die Wohnung wird im Sturm erobert.
- Auch die Beschäftigung mit verschiedenen Gegenständen, speziell dem eigenen Spielzeug, wird intensiver, da die Feinmotorik der Hände nun gut mit den Augen und dem Verstand kooperiert. Die Dinge werden aus der Spielzeugkiste genommen und eventuell wieder hinein gelegt, oder sie krachen zu Boden. Das macht Ihrem Baby Freude, denn es weiß, dass es selbst dieses tolle laute Geräusch erzeugt.
- Manche Babys sprechen nun ihre ersten richtigen Wörter, zumindest aber ihre eigene »Babysprache«, die Eltern auch meist verstehen, da sie die Bedeutung der Wörter kennen.
- Nicht nur sprechen, auch verstehen kann Ihr Baby im elften Monat immer besser. Wenn Sie beim Bilderbuchbetrachten nach einem Gegenstand fragen, kann Ihr Kind eventuell schon darauf deuten. Auch die Bedeutung von »Ja« und »Nein« versteht es. Erst wenn es den Sinn eines Wortes »begriffen« hat, spricht es dieses auch aus.

Der zwölfte Monat

- Im zwölften Monat ziehen sich Kinder an allem Möglichen hoch. Sind sie einmal im Stand angekommen, geht es los: Die meisten Kinder können nun an Mamas Hand laufen, manche schaffen es auch schon ganz allein. Deswegen sollte spätestens jetzt alles im Haushalt gesichert sein!
- Treppensteigen ist verlockend. Nehmen Sie Ihr Kind an die Hand und erklimmen mit ihm langsam Stufe für Stufe. Das schult die Koordination und ist gut für die Beinmuskulatur Ihres Kindes, zudem stärkt es sein Selbstvertrauen.
- Ihr Kind kann nun willentlich einen Ball werfen oder ihn absichtlich fallen lassen.
- Jetzt beginnt auch das eigentliche Spielen. Zuvor war Ihr Kind zwar auch interessiert an Dingen, aber eher aus Neugierde und Entdeckerdrang. Nun kommt die Fantasie hinzu. Ihr Kind kann sich allein über einen längeren Zeitraum hinweg mit sich beschäftigen und konzentriert spielen.
- Sehr beliebt ist es, zwei Bauklötze aneinanderzuklopfen und sich am Lärm zu erfreuen. Vielleicht überreicht es Ihnen die Bauklötze und fordert Sie auf, es ihm gleichzutun.
- Bilderbücher werden immer spannender. Ihr Kind genießt es, sie mit Ihnen anzuschauen, und freut sich, wenn es Figuren und Dinge wiedererkennt. Fragen Sie es nach dem Kater oder der Fee oder dem grünen Ball. Es wird vielleicht darauf deuten und sein eigenes Wort für das Gesuchte sagen.
- Ein neuer Reiz ist Musik: Jetzt beginnt sich Ihr Kind dafür zu interessieren und mitzusingen. Singen Sie mit ihm oder lassen Sie es ab und zu andere Musik lauschen.
- Ihr Kind erkennt Sie als seine Mutter und sagt mittlerweile »Mama« zu Ihnen. Es ist nun auch in der Lage, Zuneigung auszudrücken, indem es Sie umarmt oder sich an Sie schmiegt. Geizen Sie nicht mit Körperkontakt und Umarmungen, loben Sie Ihr Kind oft, und lachen Sie mit ihm.
- Vergessen Sie aber auch nicht, Grenzen zu setzen. Hat Ihr Kind zum Beispiel etwas in der Hand, das dort nicht hingehört, sagen Sie ein deutliches Nein.

Zum Nachschlagen

Adressen, die weiterhelfen

Rund ums Baby
Mitmach- und Informationsportal für Eltern
www.hoppsala.de
Internetmagazin »Babyclub«
www.babyclub.de

Babyausstattung
Öko-Test online
www.oekotest.de
(Rubrik Kinder/Familie)
Stiftung Warentest
Lützowplatz 11–13
10785 Berlin
www.test.de
Perbelle – kleine Wäsche, große Hilfe
Längenhardstraße 34
79104 Freiburg im Breisgau
www.perbelle.de
(Frühchenkleidung und Hängewiege)

Wochenbett
Schatten & Licht – Krise nach der Geburt e. V.
Obere Weinbergstraße 3
86465 Welden
www.schatten-und-licht.de
Interaktives Netzwerk »Geburtskanal«
www.geburtskanal.de

Mehrlinge
ABC-Club e. V. Internationale Drillings- und Mehrlingsinitiative
Helga und Ute Grützner
Strohweg 55
64297 Darmstadt
www.abc-club.de

Hebammen
Bund deutscher Hebammen
Gartenstraße 26
76133 Karlsruhe
www.bdh.de
Bund freiberuflicher Hebammen Deutschlands e. V.
Kasseler Straße 1 a
60486 Frankfurt/M.
www.bfhd.de
Internetportal zur Hebammenhilfe
www.hebammen.de
Österreichisches Hebammengremium
Postfach 438
A-1060 Wien
www.hebammen.at
Schweizerischer Hebammenverband
Flurstraße 26
CH-3000 Bern 22
www.hebamme.ch

Stillen

Arbeitsgemeinschaft freier Stillgruppen (AFS)
Rüngsdorfer Straße 17
53173 Bad Godesberg
www.afs-stillen.de

La Leche Liga Deutschland e. V.
Gesellenweg 13
32427 Minden
www.lalecheliga.de

La Leche Liga Österreich
Postfach
A-6500 Landeck
www.lalecheliga.at

La Leche Liga Schweiz
Postfach 197
CH-8053 Zürich
www.lalecheliga.ch

Bund Deutscher Laktationsberaterinnen
Hildesheimer Straße 124e
30880 Laatzen
www.bdl-stillen.de

Still- und Laktationsberaterinnen IBCLC
Kantor-Rose-Straße 9
31868 Ottenstein
www.stillen.de

Frauengesundheitszentren
www.fgzn.de

Stillfreundliche Krankenhäuser
www.stillfreundlicheskrankenhaus.de

Nationale Stillkommission
(»Checkliste für Wöchnerinnen«)
www.bfr-bund.de/cd2404

Babyernährung

Arbeitskreis Neue Ernährung e. V.
Boppstraße 10
10969 Berlin
www.eme.de

Aktionsgruppe Babynahrung
www.babynahrung.org

Forschungsinstitut für Kinderernährung
Heinstück 11
44225 Dortmund
www.fke-do.de

Ratgeber für Babyernährung
www.babyernaehrung.de
(Wichtiges zu Ernährung und Allergieprophylaxe)

Fläschenwasser-Abkühler
www.cool-twister.de

Weitere Ernährungs-Links

www.was-wir-essen.de
www.aid-medienshop.de
(Empfehlenswerte Broschüren über Kinderernährung auch bei speziellen Problemen wie Übergewicht, Neurodermitis/Lebensmittelallergie usw.)

Schlafen

Kinderschlaflabor Cottbus
www.kinderschlaflabor.net

Elternratgeber Babyschlaf
www.das-kind-muss-ins-bett.de

Deutsche Gesellschaft für Schlafforschung und Schlafmedizin
www.dgsm.de

Schreibabys

Schreibaby-Seite im Internet
www.schreibaby.de
(mit nach Postleitzahlen sortierten Anlaufstellen)

Gesundheit
Bienenwachsauflagen
  WACHSWERK
  Dirk-Hinrich Otto
  Schmachtenbergstraße 172
  45219 Essen
  www.wachswerk.de
Wachs-Öl-Kerze zur Babymassage
  JUNGEBAD KG
  Heckenweg 30
  73087 Bad Boll
  www.jungebad.com
Gesundheitsplattform »Kinder- und Jugendärzte im Netz«
  www.kinderaerzteimnetz.de
Website Kind und Gesundheit
  www.kindundgesundheit.de
Deutscher Allergie- und Asthmabund e.V. (DAAB)
  Fliethstraße 114
  41061 Mönchengladbach
  www.daab.de
Plötzlicher Säuglingstod
  GEPS e. V.
  (Gemeinsame Elterninitiative Plötzlicher Säuglingstod)
  Rheinstraße 26
  30519 Hannover
  www.sids.de
Aktionskomitee KIND IM KRANKENHAUS (AKIK)
  Bundesverband e. V.
  Kirchstraße 34
  61440 Oberursel
  www.akik-bundesverband.de
Bundesverband »Das frühgeborene Kind« e. V.
  Kurhessenstraße 5
  60431 Frankfurt/M.
  www.fruehgeborene.de
Förderkreis Neonatologie für das frühgeborene und kranke neugeborene Kind e. V.
  Meloner Straße 37
  70569 Stuttgart
  www.neonatologie-foerderkreis.de
Bundesverband
  Herzkranke Kinder e. V.
  Kasinusstraße 84
  52066 Aachen
  www.herzkranke-kinder-bvhk.de
Kindernetzwerk e. V. für kranke und behinderte Kinder und Jugendliche in der Gesellschaft
  Hanauer Straße 15
  63739 Aschaffenburg
  www.kindernetzwerk.de
Ständige Impfkommission (STIKO) am Robert-Koch-Institut
  Nordufer 20
  13353 Berlin
  www.rki.de
Österreichisches Impfkomitee
  http://www.impf.at/
Österreichische Ärztekammer
  www.aek.or.at/Impfinfo.htm
ARGE Gesundheitsvorsorge
  www.zecken.at
  (Zeckengefahr und -schutzimpfung in Österreich)
Impf-Information Schweiz
  www.sich-impfen.ch
Weltgesundheitsorganisation (WHO) (kostenlose Software »WHO anthro«)
  www.who.int/childgrowth/software/en

Giftnotrufzentralen
Pharmakovigilanz- und
 Beratungszentrum für
 Embryonaltoxikologie
 Haus 10B
 Spandauer Damm 130
 14050 Berlin
 Giftnotruf Tel.: 030/19240
Giftinformationszentrale
 München
 Giftnotruf München
 Tel.: 089/19240
Giftinformationszentrum Nord
 37075 Göttingen
 Tel.: 0551/19240
Informationszentrale gegen
 Vergiftungen Bonn
 53113 Bonn
 Tel.: 0228/19240
Giftinformationszentrale Mainz
 55131 Mainz
 Tel.: 06131/19240
Giftinformationszentrale
 Homburg/Saar
 66421 Homburg/Saar
 Tel.: 06841/19240
Vergiftungs-Informations-
 zentrale Freiburg
 79106 Freiburg
 Tel.: 0761/19240
Giftinformationszentrale
 Nürnberg
 90419 Nürnberg
 Tel.: 0911/3982451
Giftinformationszentrum Erfurt
 99089 Erfurt
 Tel.: 0361/730730
Vergiftungs-Informations-
 Zentrale Wien
 A-1090 Wien
 Tel.: 4064343

Schweizerisches Toxikologi-
 sches Informationszentrum
 CH-8028 Zürich
 www.toxi-ch
 Tel.: 145

Fördern
Prager Eltern-Kind-Programm
 (PEKiP) e. V.
 Am Böllert 7
 47269 Duisburg
 www.pekip.de
Deutsche Gesellschaft für Baby-
 und Kindermassage
 e. V.
 Küfergasse 5
 77652 Offenburg
 www.dgbm.de
Puck-Anleitung im Internet
 www.babyclub.de/pucken

Familie und Erziehung
Deutsche Arbeitsgemeinschaft
 für Jugend- und Eheberatung
 e. V.
 Neumarkter Straße 84 c
 81673 München
 www.dajeb.de
 (bundesweite Suche nach
 Erziehungsberatungs-stellen)
Die Deutsche Liga für das Kind
 Charlottenstraße 65
 10117 Berlin
 www.liga-kind.de
Deutscher Caritasverband e. V.
 Karlstraße 40
 79104 Freiburg
 www.caritas.de

Deutscher Familienverband
(DFV)
Luisenstraße 48
10117 Berlin
www.deutscher-familien-
verband.de

Deutsches Kinderhilfswerk e. V.
Leipziger Straße 116–118
10117 Berlin
www.dkhw.de

Deutscher Kinderschutzbund
e. V.
Bundesgeschäftsstelle
Hinüberstraße 8
30175 Hannover
www.kinderschutzbund.de

Deutsches Rotes Kreuz
Generalsekretariat
Carstenstraße 58
12205 Berlin
www.drk.de

PRO FAMILIA
Deutsche Gesellschaft für
Familienplanung, Sexual-
pädagogik und Sexual-
beratung e. V.
Stresemannallee 3
60596 Frankfurt/M.
www.profamilia.de

Reisen

Deutsche Gesellschaft für Reise-
und Touristikmedizin e. V.
www.drtm.de

Auswärtiges Amt
www.auswaertiges-amt.de
(Rubrik Reise und Sicherheit)

Außenministerium Österreich
www2.bmaa.gv.at
(Rubrik Pass und Visum)

Eidgenössisches Departement
für auswärtige Angelegen-
heiten
www.eda.admin.ch
(Rubrik Reisehinweise)

Finanzen und Rechte

Arbeiterwohlfahrt Bundes-
verband e. V. (AWO)
Verbindungsbüro
Mainstraße 11
14612 Falkensee
www.awo.de

Verband alleinerziehender
Mütter und Väter (VAMV)
Bundesverband e. V.
Hasenheide 70
10967 Berlin
www.vamv.de

Berufstätigkeit

Verband berufstätiger Mütter
Bundesgeschäftsstelle
Postfach 290426
50525 Köln
www.berufstaetige-
muetter.de

Bundesarbeitsgemeinschaft
Elterninitiativen (BAGE e. V.)
Einsteinstraße 111
81675 München
www.bage.de

National Coalition für die Um-
setzung der UN-Kinderrechts-
konvention in Deutschland
Mühlendamm 3
10178 Berlin
www.national-coalition.de

Dachverband der Familien-
organisationen –
PRO FAMILIA Schweiz
www.profamilia.ch

Gesetzliche Regelungen
Bundesministerium für Famile,
  Senioren, Frauen und Jugend
  (BMFSFJ)
  Alexanderstraße 6
  10178 Berlin
  www.bmfsfj.de
Bundesministerium für Arbeit,
  Soziales und Konsumenten-
  schutz
  Stubenring 1
  A-1010 Wien
  www.bmsk.gv.at
Bundesministerium für
  Gesundheit, Familie und
  Jugend
  Radetzkystraße 2
  A-1030 Wien
  www.bmglj.gv.at
Bundesamt für Sozial-
  versicherung
  Elfingerstraße 20
  CH-3003 Bern
  www.bsv.admin.ch
Staatssekretariat
  für Wirtschaft
  Effingerstrasse 31
  CH-3003 Bern
  www.seco.admin.ch

Selbsthilfegruppen
Nationale Kontakt- und Informa-
  tionsstelle zur Anregung und
  Unterstützung von Selbsthilfegruppen – Nakos
  Wilmersdorfer Straße 39
  10627 Berlin
  www.nakos.de

Netzwerk Geburt und Familie
  e. V.
  Häberlstraße 17
  80337 München
  www.nguf.de

Kinderbetreuung
Mütterzentren Bundesverband
  e. V.
  Geschäftsstelle
  Müggenkampstraße 30 a
  20257 Hamburg
  www.muetterzentren-bv.de
Tagesmütter Bundesverband für
  Kinderbetreuung
  Moerserstraße 25
  47798 Krefeld
  www.tagesmuetter-bundes-
  verband.de
pme Familienservice GmbH
  Zentrale
  Flottwellstraße 4–5
  10785 Berlin
  www.familienservice.de
Verein für Fraueninteressen
  e. V.
  Thierschstraße 17
  80538 München
  www.fraueninteressen.de
Gütegemeinschaft Au-pair e. V.
  Geschäftsstelle, Christoph
  Bruners
  Godesberger Allee 142–148
  53175 Bonn
  www.guetegemeinschaft-
  aupair.de
  (Liste von Agenturen mit
  Gütezeichen)

Bücher, die weiterhelfen

Allgemeine Ratgeber

Bolster, A.: Muttersein. 101 Tipps für Mütter von Neugeborenen. La Leche Liga International

Caivj, J.: Das Baby ist da! blv, München

Gebauer-Sesterhenn, B.: Das große GU Babybuch. GRÄFE UND UNZER VERLAG, München

Gienger, Z.: Mein Baby schreit – was tun? Urania, Stuttgart

Grewing, S.: Let's talk Wonneproppen. Babygebärdenbuch. Jacobsen, Hamburg

Karp, H: Das glücklichste Baby der Welt. Goldmann Verlag, München

Klenk, C.: Besser einfach – einfach besser. Das Baby-Survival-Buch. Brockhaus, Haan

Pighin, G., Simon, Dr. med. B.: Babys erstes Jahr. GRÄFE UND UNZER VERLAG, München

Sears, W.: Das »24-Stunden-Baby«. La Leche Liga International

Stern, D.N.: Tagebuch eines Babys. Was ein Baby sieht, spürt, fühlt und denkt. Piper Verlag, München

Stoppard, M.: Das große Babybuch. Urania Verlag, Stuttgart

Zimmermann, D. (Hrsg.), Lutje, W., Osang, Dr. med. M., Struthmann, S.: Knaurs Babybuch. Knaur Verlag, München

Stillen

Guóth-Gumberger, M.: Stillen. GRÄFE UND UNZER VERLAG, München

Herman, F.: Vom Glück des Stillens. Hoffmann und Campe Verlag, Hamburg

Lothrop, H.: Das Stillbuch. Kösel Verlag, München

Moorhead, J.: So stillen Sie Ihr Baby richtig. Dorling Kindersley, München

Salis, B.: Was stillende Mütter essen sollten. Rowohlt Verlag, Reinbek

La Leche Liga

Board, T.: Das Stillen eines Babys mit Down-Syndrom. La Leche Liga in Deutschland e. V.

Bemgarmer, N. J.: Wir stillen noch ... Über das Leben mit gestillten Kleinkindern. La Leche Liga International (LLL)

»Handbuch für die stillende Mutter« der La Leche Liga International (LLL)

Stillen von Frühgeborenen. La Leche Liga Deutschland e. V.

Stillinformationsmappe, La Leche Liga Deutschland e. V.

Kindermedizin

Bergmann, R.: Gesunde Haut für mein Kind. Hampp, Stuttgart

Goebel, W., Glöckler, M.: Die Kindersprechstunde. Urachhaus, Stuttgart

Keudel, Dr. H.: Kinderkrankheiten. GRÄFE UND UNZER VERLAG, München

Laue B., Salomon A.: Kinder natürlich heilen, Rowohlt Verlag, Reinbek

Nitsch, C.: Dr. Mama – das andere Buch der Kinderkrankheiten. Mosaik Verlag, München

Stellmann, Dr. M.: Kinderkrankheiten natürlich behandeln. GRÄFE UND UNZER VERLAG, München

Stumpf, W.: Homöopathie für Kinder. GRÄFE UND UNZER VERLAG, München

Rituale

Kunze, P., Salamander, C.: Die schönsten Rituale für Kinder. GRÄFE UND UNZER VERLAG, München

Stoppard, M.: Kreative Spiele für Babys. Dorling Kindersley, München

Voorman, C., Dandekar, Dr. G.: Babymassage. GRÄFE UND UNZER VERLAG, München

Fördern

Ahrendt, I.: Säuglingsschwimmen. Meyer & Meyer Sport, Aachen

Hüther, G., Nitsch, C.: Wie aus Kindern glückliche Erwachsene werden. GRÄFE UND UNZER VERLAG, München

Pulkkinen, A.: PEKiP: Babys spielerisch fördern. GRÄFE UND UNZER VERLAG, München

Stoppard, M.: Kreative Spiele für Babys. Dorling Kindersley, München

Schlafen

Herman, F.: Mein Kind schläft durch. Econ Verlag, Berlin

Kunze, P., Keudel, Dr. H.: Schlafen lernen. Sanfte Wege für Ihr Kind. GRÄFE UND UNZER VERLAG, München

Sears, W.: Schlafen und Wachen. La Leche Liga International

Ernährung

Cramm, D. von: Kochen für Babys. GRÄFE UND UNZER VERLAG, München

Erckenbrecht, I.: Das vegetarische Baby. pala Verlag, Darmstadt

Laimighofer, A.: Babyernährung. So entwickelt sich Ihr Kind gesund. GRÄFE UND UNZER VERLAG, München

Plitzko, U., Tenberge-Weber, U., Walter, A.: Bärenstarke Kinderkost. Verbraucherzentrale Nordrhein-Westfalen e. V.

Rhemann-Lorenz, K., Schwartau, S.: Gesunde Ernährung von Anfang an. Verbraucher-Zentrale Hamburg e. V.

Partnerschaft

Kettenring, M.: Erotische Partnermassage. GRÄFE UND UNZER VERLAG, München

Themessl, P., Tillmerz, E.: Eltern werden – Partner bleiben. Ein Überlebenshandbuch für Paare mit Nachwuchs. Kösel Verlag, München

Berufstätigkeit

Homburg, F.: Zurück in den Job. Redline Wirtschaft. Frankfurt/M.

Kertl-Römer, B.: Elterngeld. Haufe Verlag, Freiburg

Nussbaum, C.: Familien-Alltag sicher im Griff. GRÄFE UND UNZER VERLAG, München

Das Dschungelbuch – Leitfaden für berufstätige Mütter. Hrsg: Verband für berufstätige Mütter, Köln

Verbraucherzentrale: Mein Kind in guten Händen. Kinderbetreuung von Anfang an.

Väter

Beyer, L.: Das Baby-Buch für neue Väter. Goldmann Verlag, München

Goldman, M.: Vater und Kind. Goldmann, München

Papi, G.: Hallo Papa! Goldmann, München

Richter, R.: Das Papa-Handbuch. GRÄFE UND UNZER VERLAG, München

Sachregister

Abendbrei 92, 113
Abkürzungen
  (auf Babynahrung) 79
Abstillen 76 f.
Alleinerziehende 152 f.
Allergien 86 ff., 199
Altersangabe 90
Ämtergänge 226 f.
Anfangsmilch 78
APGAR-Index 161
Atemwegserkrankungen 179 ff.
ätherische Öle 180 f.
Augen 40, 183
Ausfluss 46
Auto 33 f., 205
Azulen 42

Babyausstattung 6 ff.
Babybett 7 ff., 107
Babyernährung 62 f., 213 f.
Babyfon 12
Babygesundheit 156 ff.
Babyhopser 10, 129
Babymassage 13, 144 ff., 193
Babynagelschere 44
Babynahrung 95
Babypflege 40 ff.
Babyschale 35 f.
Babyschlaf 106 ff.
Badeeimer 55
Baden 53 ff., 211 f.
Badewanne 7, 55
Badezusatz 54
Barfußlaufen 29
Bauchkrämpfe 192 f.
»Bäuerchen« 70 f.
Bauer-Reflex 229
Beikost 77, 89 ff.
Beikosteinführung 89 ff.
Belag im Mund 186

Beruhigungsmittel 141
Betäubung (örtliche) 73
Betreuung 220 ff.
Bett 107 f.
Bewegungsfreiheit 10
Bezugspersonen 154
Bienenstich
  siehe Insektenstich
Bilirubin 171
Bio-Baumwolle 23, 27
Bisphenol A 84
Blähungen 192 f.
Borken in der Nase 43, 179
Brei 94, 96, 99 ff.
Brust 64
Brustwarzen 6 f., 72 f.
Buggy 36 f.
Butter 96

C-Griff 64
Cool Twister 83
Craniosacraltherapie 139

Daumenlutschen 128
Dentalfluorose 165 f.
Digitalthermometer,
  »sprechendes« 187
Drehen 122
Durchfall 78, 191
Durchschlafen 113

Eier 99
Eigelb 99
Eincremen 59
Einfachimpfung 168
Einelternfamilien 152 f.
Einwegwindeln 45
Elektrosmog 12
Elternzeit 217 ff.
Entwicklung 118 ff., 144 ff.

Entwicklungsförderung 144 ff.
Erbrechen 78, 80, 194
Erkältung 182 f.
Erkrankungen 171 ff., 196, 200 f., 209
Ernährung
  siehe Babyernährung
Ernährungsfahrplan 63
Ersatznahrung 78
Erste-Hilfe-Kasten 38
Erziehung 134, 154 f.
Ess-Lern-Set 91
Essen 104 f.
exotische Früchte 97

Familienhebamme 142 f.
Fernsehen 130
Fertignahrung 93 f.
Feuchttücher 59
Fieber 187 ff.
Fieberthermometer 187
Finanzrahmen 6
Fingernägel 44
Fläschchen 84 f.
Fläschchenkost 78
Fleece-Kleidung 25
Fleisch 97 f.
fleischlose Ernährung 98
Fliegen 207, 209
Fliegerposition 70
Fluorid 165
Föhnen 56
Folgenahrung 79
Freistellung 224 f.
Fremdelphase 128
Früherkennungsprogramm 161 ff.
Frühgeborene 21 f., 124 ff.
Fußfehlstellungen 10, 29
Fußmuskulatur 29
Fußstütze 11

Gehör 119, 164
Gelkissen, moorhaltiges 193
Genitalbereich pflegen 48
gentechnisch veränderte Nahrungsmittel 87
Geräuschkulisse 131
Geschwister 102, 150 ff.
Geschwistereifersucht 151
Gesundheit 156 ff., 171 ff.
Gesundheitsstörungen 171 ff.
Getreidesorten 99
Gewicht 66 ff.
Gitterbettchen 8
Gitterstäbe 8
Gläschenkost 93 ff.
Großeltern 150 ff.
Gutenacht-Ritual 28, 116 f.

Haarshampoo 56
HA-Nahrung
  siehe hypoallergene Nahrung
Hals 61
Handgepäck 206 f.
Handtuch 16
Hängewiege 22
Hausapotheke 202
Hautpflege 58 ff.
Hautreaktionen 27
Heben, rückenschonendes 11
Heilsalbe 58
Heizstrahler 17, 19
Heizungsluft 108
Hinsetzen 129
Hodensack 48
Honig 103, 182
Hopfenkissen 141
Hören 119, 164
Hornissenstich
  siehe Insektenstich
Hüftprobleme 174

Hund
  siehe Tiere
Husten 180, 182
hypoallergene Nahrung 80, 87 f.

Immunsystem 126
Impfkalender 169
Impfungen 166 ff.
Inhaltsstoffe 58
Insektenstich 178
Intimhygiene 46

Jogger-Buggy 37
Joghurt 100
Johannisbrotkernmehl 79

Kalium chloratum 170
kalte Hände 109, 188
Kamille 42, 183
kalte Jahreszeit 25
Karottenbrei 89, 100
Katze
  siehe Tiere
»kbA«
  siehe Bio-Baumwolle
Kekse 103
Kinderarzt 157 ff.
Kindergarten 151
Kindergeld 223 f.
Kinderhochstuhl 12 f.
Kinderwagen 9, 30, 34 f.
Kinderzimmer 7 ff.
Kindstod, Plötzlicher 108, 200
KISS-Syndrom 173
Kleidergrößen 21
Kleiderschrank 7
Kleidung 20 ff.
Klinikaufenthalt 201, 225
Körperkontakt 13
Körpertemperatur 28, 109, 126, 188 f.

Krabbeldecke 9 f.
Krankenhaus 201, 225
Kraulquappen 212
Kuhmilch 86, 100

Lächeln 120
Laktose 78
Latex 85
Lanolin 72
Lattenrost 9
Laufgitter 11
»Lauflernhilfe« 129
LCP (LC-PUFA) 79
Leitungswasser 81
long-chain-polyunsaturates
  siehe LCP

Magenpförtnerkrampf 70
Mahlzeit 67
Massageöl 146 f.
Massieren 144 ff., 193
Matratze 9
Medikamente 76, 141, 203
Mehrfachimpfung 168
Mekonium, Kindspech 171
Merinowolle 25
Milchnahrung 80, 100
Milchschorf 176
Milien 174
Mineralwasser 82
»Minimal Handling« 21
Möbelkauf 7
Mobiliar fürs Kinderzimmer 7
Moro-Reflex 110, 229
Mundsoor 186
Muttermilch 54, 68
Mutterschutz 217
Mütze 28

Nabelöl 41
Nabelpflege 41 f.
Nabelschnurrest 41

Nabelstumpf 41
Nachahmung 134
Nacht 28
Nagelknipser 44
Nase 42
Naturfasern 21
Nein sagen 135
»Nestschutz« 166
Neugeborenenakne 174
Neugeborenengelbsucht 125, 171 f.
Neurodermitis 24 f., 88, 175
Niesen 41

Obst 97
Ohren 40 ff., 184 ff.
Ohrenentzündung 184 f.
Ohrenschmerzen 184 f.
Operation 201
Osteopathie 139

PEKiP 10, 147
Penis 48
Pflanzenöl 58
Pflegeprodukte 58 ff.
Pflegeprogramm 38
Phimose
   siehe Vorhautverengung
Pickel 174
Pikler-Kurse 149
Pilzinfektion 51, 186
Plötzlicher Kindstod 108, 200
Plüschtiere 15
Polyacryl 23
Polyester 23
prebiotische Zusätze 80
Pre-Nahrung 78, 80, 82
probiotische Zusätze 80
Pucken 109 f.
Puder 39
Putzmittel 38
PVC 16

Quark 100
Qualität 8
Quietschtiere 15

Radausflug 208
Raumtemperatur 108
Reboardschale
   siehe Babyschale
Reise 204 ff.
Reiseapotheke 214 f.
Reisekrankheit 213
Reisepass 215

Sabbern 196
Salmonellen 99
Saugen 64 ff.
Sauger 85 f.
Saugverwirrung 65, 68
Säuglingsanfangsnahrung 78
Schadstoffe 9
Schamlippen 46
Schaukel 10
Schaukelbewegung 8
Scheide 46
Schiefhals 173
Schielen 172
Schlaf 106 ff.
Schlafanzug 28
Schlafphasen 112
Schlafrhythmus 111 ff.
Schlafrituale 116 ff.
Schlafstörung 115
»Schlaftraining« 115
Schlafumgebung 107
Schluckauf 71
Schmelzflocken 89
Schnuller 65, 127 f.
Schnupfen 41, 88, 179
»Schreibaby« 136 ff.
Schreien 133, 136 ff.
Schuhe 29
Schuhgröße 29

Schuppen 176
Schüßler-Salz 170
Schutzimpfung 166
Schwiegereltern 154 f.
Schwimmkurs 148
Second Hand 17, 19
Sehen 119
Sekret 40
Sexualität 75
Shampoo 56
Sicherheit 38
Sitzen 129
Silikon 85
Skiurlaub 210
Sojamilch 88
Sommer 24
Sonnenbrand 60, 177
Sonnencreme 60
Soor 186,
Speiseöl 96
Spieldosen 15
Spielen 15
Spielzeug 13 ff.
Spielpartner 13
Sprachentwicklung 132
Spucken 69 f., 80, 194
Spülmaschine 85
Stärke 78
Steckdosen 38
Stillen 64 ff.
Stillstuhl 191
Stoffwindeln 45
Strahlung 12
Strampler 26
Stubenwagen 8
Stuhlgang 80, 171, 191
–, zu fester 89
Stutenmilch 88
Süßigkeiten 102

Tafelwaser 82
Tag-Nacht-Rhythmus 28

Tagesmutter 220 ff.
Tauchen 148
Tee 68
Tenside 34, 54, 56
Textilien 20
Tiere 198
Tragehilfen 9, 30 ff.
Tragetuch 30 ff.
Trinken 64 ff., 103 f.
Trösten 133 ff.
TÜV-/GS-Prüfzeichen 15

Überlastung 31
Überwärmung 26
Umgebungstemperatur 17
Umziehen 26
Unfallrisiko 11, 36, 197 ff.
Unterwegs 204 ff.
Unverträglichkeiten 86 ff.
Urin, rot verfärbter 46
Urlaub 204 ff.

Vater-Kind-Beziehung 75
vegetarische, Ernährung 98
Verdauung 125, 191 ff.
Verdauungsprobleme 191 ff.
Vergleiche zwischen
  Geschwistern 150
Verpackung 9
Verletzungsrisiko 11
Verpackungsmaterialien 9
Versteckspiele 13
Verstehen 133 ff.
Verstopfung 192
Vitamin D 164 f.
Vorbeugen 197 ff.
Vorhaut 48
Vorhautverengung 48
Vorsorgeuntersuchungen 160 ff.

Wachsen 119 ff., 156
Wachstumsschübe 121 f.

Wadenwickel 190
Wärmelampe 17
Waschen 53 ff.
Waschlappen 58
Waschmittel 24
Waschschüssel 16
Wasser 58, 68
Wassertemperatur 53, 82 f.
Wegwerfwindeln 45
Weichspüler 24, 27
Weinen 138, 140 f.
Wespenstich
   siehe Insektenstich
Wickelauflage 16
Wickelaufsatz 7
Wickelecke 16
Wickelkommode 7, 16
Wickeln 43 ff., 50
Wickeltasche 51

Wickeltisch 17, 52
Wiege 8
Wiegen 67, 78
Windeldermatitis 49 ff.
Windelgröße 52
Windeln 45 ff.
Windelwechsel 46 f.
Winter 25, 61
Wippe 10
Wollfett 72
Wundsein 49 ff., 61, 72

Zahnarztbesuch 73
Zähne 194 f.
Zahnen 194 f.
Zahnungsschmerzen 195
Ziegenmilch 88
Zimmer fürs Baby 7
Zunehmen 66

Impressum

© 2010 GRÄFE UND UNZER VERLAG GmbH, München

Alle Rechte vorbehalten. Nachdruck, auch auszugsweise, sowie Verbreitung durch Film, Funk und Fernsehen und Internet, durch fotomechanische Wiedergabe, Tonträger und Datenverarbeitungssysteme jeder Art nur mit schriftlicher Genehmigung des Verlages.

Projektleitung: Sarah Fischer
Lektorat: Barbara Kohl
Fotos: Cover: Photolibrary, U4: Picture Preess (links), Studio L'EVEQUE / H. u. T. Bischof (rechts)
Gestaltung: Independent Medien Design, Horst Moser, München
Herstellung: Markus Plötz
Satz: abavo GmbH, Buchloe
Druck und Bindung: Druckerei Auer, Donauwörth

ISBN 978-3-8338-1843-1

1. Auflage 2010

Ein Unternehmen der
GANSKE VERLAGSGRUPPE

Die **GU Homepage** finden Sie im Internet unter **www.gu-online.de**

Umwelthinweis:
Dieses Buch wurde auf chlorfrei gebleichtem Papier gedruckt.
Um Rohstoffe zu sparen, haben wir auf Folienverpackung verzichtet.